古今易學要籍選刊

漢上易傳

〔宋〕朱震／撰
劉景章／點校

上

上海古籍出版社

圖書在版編目(CIP)數據

漢上易傳 /(宋)朱震撰;劉景章點校. —上海:
上海古籍出版社,2023.4
(古今易學要籍選刊)
ISBN 978-7-5732-0639-8

Ⅰ.①漢… Ⅱ.①朱… ②劉… Ⅲ.①《周易》—研
究 Ⅳ.①B221.5

中國國家版本館CIP數據核字(2023)第051595號

漢上易傳
(全二册)
(宋)朱震 撰
劉景章 點校
上海古籍出版社出版發行
(上海市閔行區號景路159弄1-5號A座5F 郵政編碼201101)
(1)網址:www.guji.com.cn
(2)E-mail:guji1@guji.com.cn
(3)易文網網址:www.ewen.co
浙江臨安曙光印務有限公司印刷
開本890×1240 1/32 印張21.375 插頁5 字數431,000
2023年4月第1版 2023年4月第1次印刷
印數:1—1,500
ISBN 978-7-5732-0639-8
B·1311 定價:89.00元
如有質量問題,請與承印公司聯繫

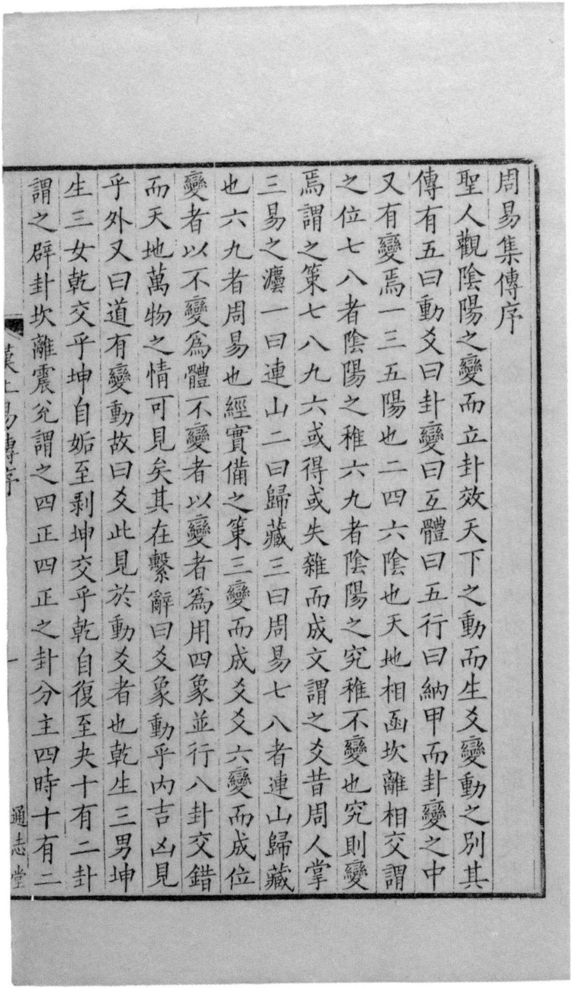
周易集傳序

聖人觀陰陽之變而立卦效天下之動而生爻變動之別其傳有五曰動爻曰卦變曰互體曰五行曰納甲而卦變之中又有變焉一三五陽也二四六陰也天地相函坎離相交謂之位七八者陰陽之稚六九者陰陽之究稚不變也究則變焉謂之策七八九六或得或失雜而成文謂之爻昔周人掌三易之灋一曰連山二曰歸藏三曰周易七八者連山歸藏也六九者周易也經實備之策三變而成爻爻六變而成位變者以不變爲體不變者以變者爲用四象並行八卦交錯而天地萬物之情可見矣其在繫辭曰爻象動乎內吉凶見乎外又曰道有變動故曰爻此見於動爻者也乾生三男坤生三女乾交乎坤自姤至剝坤交乎乾自復至夬十有二卦謂之辟卦坎離震兑謂之四正四正之卦分主四時十有二

漢上易傳序　一　通志堂

哈佛大學燕京圖書館藏通志堂經解本《漢上易傳》書影一

周易上經乾傳卷第一
翰林學士左朝奉大夫知制誥兼侍讀兼資善堂翊善長林縣開國男食邑三佰戶賜紫金魚袋朱震集傳
䷀乾下乾上 乾元亨利貞
乾健也元始也亨通也升降往來周流六虛而不窮者也利者得其宜也貞者正也初九九三九五正也九二九四上九變動亦正也故九二曰龍德而正中者也乾具此四德故爲諸卦之祖程頤曰一德不具不足謂之乾伏羲初畫八卦乾坤坎離震巽兊艮因而重之歸藏之初經是也商人作歸藏首坤次乾夏后氏作連山首艮而乾在己其經卦皆六十有四至于文王首乾次坤以乾坤坎離爲上篇震巽艮兊爲下篇繫以卦下之辭周公繼之乃有爻辭
初九潛龍勿用九二見龍在田利見大人九三君子終日乾乾夕惕若厲无咎九四或躍在淵无咎九五飛龍在天利見
漢上易傳卷一　一　通志堂

哈佛大學燕京圖書館藏通志堂經解本《漢上易傳》書影二

出版説明

本書初版於二〇二〇年，收入「『馬一浮編選《群經統類》』整理」叢書。今收入「古今易學要籍選刊」叢書。

本次出版，對原書作了以下三個方面的修改：第一，訂正了少量文字、標點上的訛誤。第二，增補、修訂了少量校記。第三，擴充了附録。初版附録只收入了文淵閣四庫全書本《漢上易傳》卷首的提要，本次出版增補了兩篇序跋，以及各種書目書志中有關《漢上易傳》的記載，並收入了《漢上先生履歷》。《履歷》以哈佛燕京圖書館藏通志堂經解本《漢上易傳》爲底本，並校以《中華再造善本》影印的清初毛氏汲古閣影宋抄本。

本書出版過程中得到谷繼明教授的幫助，在此謹致謝意。

上海古籍出版社

二〇二三年二月

整理説明

朱震（一〇七二—一一三八），字子發，今湖北荆門人，居漢水之濱，世稱漢上先生，謚文定。《宋史·朱震傳》記載，政和五年（一一一五），朱震登進士第。「仕州縣，以廉稱。胡安国一見大器之，薦於高宗。召爲司勛員外郎，震稱疾不至。會江西制置使趙鼎入爲參知政事，上諮以當世人才，鼎曰：『臣所知朱震，學術深博，廉正守道，士之冠冕，使位講讀，必有益於陛下。』上乃召之，既至，上問以《易》、《春秋》之旨，震具以所學對，上説。」以致紹興四年（一一三四）以來，幾年之中數見擢升。其告詞有言：「以爾純白内備，博見洽聞，羲易麟經，尤所精貫，華光勸講，宏益滋多」，「學深象數，智潛幽眇，會於道要，得其本原」，「廷論倚如蓍龜，正人賴爲領袖」。先生白首窮經，意則不倦。雖遇知明主，金馬玉堂，而有恬退之風，數番請辭歸鄉，悉詔不允。在朝期間，屢以直聲進諫。全祖望在《宋元學案·漢上學案》中贊曰：「漢上之立身，則粹然真儒也！」紹興八年（一一三八），朱震以疾卒。先生身後，斯文德化，在桑梓之地備受推重，清乾隆十年（一七四五）建成之書院，即名漢上書院。爲立三賢祠，與陸九淵、胡安國二公共祠祀之。

《漢上易傳》是朱震在易學方面的代表作。紹興六年（一一三六），朱震奉旨進書，其《進周易表》言：「造次不捨，十有八年，起政和丙申，終紹興甲寅，成《周易集傳》九卷〔二〕、《周易圖》三卷、《周易叢説》一卷。」書前序云：「聖人觀陰陽之變而立卦，效天下之動而生爻。變動之别，其傳有五：曰動爻，曰卦變，曰互體，曰五行，曰納甲。」「凡此五者之變，自一二三四言之，謂之數；自有形無形言之，謂之象。」開宗明義，已點出漢上易學推本於象數之源。後世，亦多以該書爲上接兩漢、下啓元明的象數易學中興之作。

此著「上采漢、魏、吴、晋、元魏，下逮有唐及今，包括異同，補苴罅漏」，撰者志在救正王弼以降「雜以老莊」、「專尚文辭」的傳《易》之風，復合七百餘年間久被分裂的天人之道。易道廣大，潔净精微。研玩漢上之傳《易》，可知其以卦變爲綱，統攝象數條例；融通象數、圖書、義理爲一爐，而歸宗於義理；采輯和會易學諸家之論，而别開生面，自成體系。其《卦圖》三卷，特具搜集整理之功，尤有珍貴史料價值。正爲其成書兼綜並蓄，未免失之龐雜牽合，諸儒褒貶評論具載《四庫》館臣之提要，此不贅。

《漢上易傳》傳本主要有宋刻本《漢上周易集傳》（存三至十一卷）、清初毛氏汲古閣影宋抄

〔二〕 自《郡齋讀書志》著録《集傳》已作十一卷，可能是將原書卷九《説卦傳》、《序卦傳》、《雜卦傳》分而爲三卷，故多二卷。王鐵：《宋代易學》，第一六一頁，上海古籍出版社，二〇〇五年。

本《漢上易傳》、通志堂經解本《漢上易傳》、文淵閣四庫全書本《漢上易傳》、摛藻堂四庫全書薈要本《漢上易傳》。通志堂本和文淵閣四庫本、四庫薈要本皆包含《周易圖》和《叢説》，汲古閣抄本則無。四部叢刊續編也收録有《漢上易傳》，係影印宋刻本《漢上周易集傳》，闕者配以汲古閣抄本。

《漢上易傳》已有數個整理本。岳麓書社二〇〇七年出版的《朱震集》，繁體豎排，完整地收録了《周易集傳》、《周易圖》、《叢説》三個部分，以四庫本爲底本。二〇〇九年出版的《儒藏·精華編(三)》，繁體豎排，收録有《周易集傳》，以叢刊本爲底本。九州出版社二〇一二年出版的《漢上易傳》和華齡出版社二〇一九年出版的《漢上易傳導讀》，都是簡體横排，完整地收録了三個部分。前者以四庫本爲底本，後者以叢刊本和通志堂本爲底本。除九州版外，各本皆有較爲詳細的校勘。

本次整理，以臺灣商務印書館影印的文淵閣四庫全書本爲底本，以四部叢刊續編本(簡稱「叢刊本」)、江蘇廣陵古籍刻印社影印的通志堂經解本(簡稱「通本」)和世界書局影印的摛藻堂四庫全書薈要本(簡稱「薈要本」)爲參校本。除明顯的版刻誤字外，底本有誤者一律出校説明。底本避諱者徑改，不出校。如有可資參考的異文，則酌出校記。除《周易叢説》這一部分外，遇到較長的段落，則依文義分段。提要原在卷首，此次整理移於書末作爲附録。點校過程中參考了已出版的整理本，在此向諸作者敬致謝忱！責任編輯徐卓聰先生，業精意誠，對點校工作助力最多，不勝感激之至！由於筆者水平有限，本次整理亦難免疏漏，祈諸方家批評指正。

劉景章於暨南園

二〇二〇年四月二十六日

目録

漢上易傳卦圖

漢上易傳叢説

漢上易傳

漢上易傳原序〔一〕

聖人觀陰陽之變而立卦，效天下之動而生爻。變動之别，其傳有五：曰動爻，曰卦變，曰互體，曰五行，曰納甲。而卦變之中又有變焉，一、三、五，陽也；二、四、六，陰也。天地相函，坎離相交，謂之位。七八者，陰陽之稚；六九者，陰陽之究。稚不變也，究則變焉，謂之策。七八九六，或得或失，雜而成文，謂之爻。昔周人掌三易之法，一曰《連山》，二曰《歸藏》，三曰《周易》。七八者，《連山》、《歸藏》也，六九者，《周易》也，經實備之。策三變而成爻，爻六變而成位。變者以不變爲體，不變者以變者爲用。四象並行，八卦交錯，而天地萬物之情可見矣。其在《繫辭》曰：「爻象動乎内，吉凶見乎外。」又曰：「道有變動，故曰爻。」此見於動爻者也。乾生三男，坤生三女，乾交乎坤，自《姤》至《剥》，坤交乎乾，自《復》至《夬》，十有二卦，謂之辟卦。坎、離、震、兑謂之四正，四正之卦，分主四時，十有二卦，各主其月。乾貞於子而左行，坤貞於未而右行，左右交錯，六十卦周天而復。陰陽之升降，四時之消息，天地之盈虚，萬物之盛衰，咸繫焉。其在《易》之《復》曰：「七日來復。」

〔一〕漢上易傳原序，薈要本同，叢刊本、通本作「周易集傳序」。

《象》曰：「至日。」在《革》曰：「先王以治曆明時。」在《說卦》曰：「震，東方也；巽，東南也；離，南方之卦也；兌，正秋也；乾，西北之卦也；坎，正北方之卦也；艮，東北之卦也。」此見於卦變者也。乾生者四卦，坤生者四卦，八卦變，復生六十四〔一〕。坎、離肖乾、坤者也，《大過》、《小過》、《頤》、《中孚》肖坎、離者也。故乾、坤不動，而坎、離四卦亦莫之動。其略陳於《雜卦》，其詳具於六十四卦之《象》，所謂「辨是與非」者也。此卦變之中又有變焉者也。一卦含四卦，四卦之中復有變動，上下相揉，百物成象。其在《易》，則離、震合而有《頤》，坤、離具而生《坎》。在《繫辭》，則網罟取《離》，耒耨取《益》，爲市取《噬嗑》，舟楫取《渙》，服乘取《隨》，門柝取《豫》，杵臼取《小過》，弧矢取《睽》，棟宇取《大壯》，棺槨取《大過》，書契取《夬》。又曰「八卦相蕩」，又曰「六爻相雜，唯其時物也」，又曰「雜物撰德」，此見於互體者也。一生水而成六，二生火而成七，三生木而成八，四生金而成九，五生土而成十。生於陽者成於陰，三天兩地也；生於陰者成於陽，兩地而三天也。天以三兼二，地以二兼三，五位相得，合而爲五十。其在《繫辭》曰：「天一，地二，天三，地四，天五，地六，天七，地八，天九，地十。」在《說卦》曰：「巽爲木，坎爲水，離爲火。」此見於五行者也。乾納甲壬，坤納乙癸，震納庚，巽納辛，坎納戊，離納己，艮納丙，兌納丁。庚、戊、丙三者得於乾者也，辛、己、

〔一〕四，叢刊本、通本、薈要本作「二」。

丁三者得於坤者也。始於甲乙，終於壬癸，而天地五十五數具焉。其在《易》之《蠱》曰：「先甲三日，後甲三日。」在《巽》曰：「先庚三日，後庚三日。」在《離〔一〕》曰：「己日乃孚。」在《繫辭》曰：「懸象著明，莫大乎日月。」此見於納甲者也。凡此五者之變，自一二三四言之，謂之數；自有形無形言之，謂之象；自推考象數言之，謂之占；聖人無不該也，無不遍也，隨其變而言之，謂之辭。辭也者，所以明道也。故辭之所指，變也，象數也，占也，無不具焉。是故可以動、可以言、可以制器、可以卜筮。蓋不如是，不足以明道之變動而盡夫時中也。故曰：「繫辭焉而命之，動在其中矣。」夫《易》，廣矣大矣，其遠不可禦矣，然不越乎陰陽二端，其究則一而已矣。一者，天地之根本也，萬物之權輿也，陰陽動靜之源也，故謂之太極。學至於此止矣，卦可遺也，爻可忘也，五者之變反於一也，是故聖人之辭因是而止矣。

〔一〕離，各本同，據文義當作「革」。

漢上易傳表〔一〕

右臣伏奉四月二十九日聖旨，令臣進所撰《周易集傳》等書，仍命尚方給紙札書吏者。臣聞商瞿學於夫子，自丁寬而下，其流爲孟喜、京房。喜書見於唐人者，猶可考也，一行所集房之易傳，論卦氣、納甲、五行之類，兩人之言同出於《周易·繫辭》《説卦》，而費直亦以夫子《十翼》解説上下經，故前代號《繫辭》、《説卦》爲《周易大傳》。爾後馬、鄭、荀、虞各自名家，説雖不同，要之去象數之源，猶未遠也。獨魏王弼與鍾會同學，盡去舊説，雜之以莊、老之言，於是儒者專尚文辭，不復推原《大傳》，天人之道自是分裂而不合者七百餘年矣。國家龍興，異人間出。濮上陳摶以《先天圖》傳种放，放傳穆修，修傳李之才，之才傳邵雍。放以《河圖》、《洛書》傳李溉，溉傳許堅，堅傳范諤昌，諤昌傳劉牧。修以《太極圖》傳周敦頤，敦頤傳程頤、程顥。是時張載講學於二程、邵雍之間。故雍著《皇極經世》之書，牧陳天地五十有五之數，敦頤作《通書》，程頤述《易傳》，載造《太和》、《三兩》等篇。或明其象，或論其數，或傳其辭，或兼而明之，更唱迭和，相爲表裏，有所未盡，以待後學。臣頃

〔一〕漢上易傳表，通本作「進周易表」，叢刊本與薈要本無此篇。

者遊宦西洛，獲觀遺書，問疑請益，遍訪師門，而後粗窺一二，造次不捨，十有八年。起政和丙申，終紹興甲寅，成《周易集傳》九卷、《周易圖》三卷、《周易叢説》一卷。以《易傳》爲宗，和會雍、載之論，上采漢、魏、吴、晋、元魏，下逮有唐及今，包括異同，補苴罅漏，庶幾道離而復合。不敢傳諸博雅，姑以自備遺忘，豈期清問，俯及芻蕘。昔虞翻講明秘説，辨正流俗，依經以立注，嘗曰：「使天下一人知己，足以不恨。」而臣親逢陛下曲訪淺陋，則臣之所遇，過於昔人遠矣！其書繕寫一十三册，謹隨狀上進以聞。謹進。

漢上易傳卷一

上　經[一]

☰乾下乾上

乾，元亨利貞。

乾，健也。元，始也。亨，通也，升降往來、周流六虛而不窮者也。利者，得其宜也。貞者，正也。初九、九三、九五，正也；九二、九四、上九變動，亦正也。故九二曰：「龍德而正中者也。」乾具此四德，故爲諸卦之祖。程顥曰：「一德不具，不足爲[二]之乾。」伏羲初畫八卦，乾、坤、坎、離、震、巽、兑、艮，因而重之，《歸藏》之初經是也。商人作《歸藏》，首坤次乾。夏后氏作《連山》，

[一]「上經」二字原闕，據薈要本補。
[二]爲，叢刊本、通本、薈要本作「謂」。

首艮而乾在七[一]，其經卦皆六十有四。至於文王，首乾次坤，以乾、坤、坎、離爲上篇，震、巽、艮、兑爲下篇，繫以卦下之辭。周公繼之，乃有爻辭。

初九，潛龍勿用。九二，見龍在田，利見大人。九三，君子終日乾乾，夕惕若，厲，无咎。九四，或躍在淵，无咎。九五，飛龍在天，利見大人。上九，亢龍有悔。用九，見群龍无首，吉。

《易》有四象：六、七、八、九。七、八，不變者也；六、九，變者也。《歸藏》、《連山》用七、八，《易》用六、九而七、八在其中。變者，以不變者爲基；不變者，以變者爲用。陸績曰：「陽在初稱初九，去初之二稱九二，則初復七；陰在初則稱初六，去初之二稱六二，則初復八矣。」卦畫七八，經書九六，七八爲彖，九六爲爻，四者互明，聖人之妙意也。」乾爲馬，六爻皆以龍言之，何也？乾體本坤，陽以陰爲基也，自震變而爲乾，震變乾則乾爲龍，乾變震則震爲馬，故震其究爲健。

《彖》曰：大哉乾元！萬物資始，乃統天。雲行雨施，品物流形。大明

[一]　七，薈要本同，叢刊本、通本作「巳」。薈要本校記以爲作「七」是。

終始，六位時成，時乘六龍以御天。乾道變化，各正性命，保合太和，乃利貞。首出庶物，萬國咸寧。

夫子作《上彖》、《下彖》、《上象》、《下象》、《文言》、《上繫》、《下繫》、《説卦》、《序卦》、《雜卦》十篇，以贊《易》道。其篇不相附近，不居聖也。至陳元、鄭衆傳《費氏易》，馬融作傳，鄭康成傳之，康成之後，注連經文。王輔嗣始分彖辭，附於爻下，《乾》存古文也。一者，數之始，乾之元也。陽生於子，萬物資之而有氣。一變而七，七變而九，四之爲三十六，六之爲二百一十有六，而乾之策備矣。乾，天也。萬物資始於天，天之道始於一，故曰「乃統天」。此贊元也。六爻天地相函，坎、離錯居。坎、離者，天地之用也。「雲行雨施」，坎之升降也；「大明終始」，離之往來也；所謂亨也。萬物殊品，流動分形，陰陽異位，以時而成。乾，自子至戌；坤，自未至酉。男卦從乾而順，女卦從坤而逆，所謂時也。六位循環，萬物生生而不窮者乎？此贊亨也。聖人時乘六龍，潛、見、躍、飛，御天而行，體元、亨也。乾坤相交，是生變化，萬物散殊，各正性命，性源同而分異，命稟異而歸同。「太和」者，相感絪緼之氣，天地之所以亨也。各正性命，保之而存，合之而聚，不貞則不利，故曰「乃利貞」。不曰「乾坤」而曰「乾道」者，乾行坤從，天之道也。此贊利、貞也。乾爲首，震生萬物；坤爲衆，變震爲蕃庶。積震成乾，首出乎庶物之上。五辟、四諸侯、三公、二大夫、初元士，各正其位，萬國咸寧，體利、貞也。乾，君道，體元亨利貞而後盡大君之道。

《象》曰：天行健，君子以自强不息。

易者，象也，有卦象、有爻象。「象也者，言乎象者也」，言卦象也。「爻象〔二〕動乎內」，言爻象也。夫子之《大象》，別以八卦取義，錯綜而成之。有取兩體者，有取互體者，有取變卦〔三〕者。大概《彖》有未盡者，於《大象》申之。天所以爲天者，健也。萬里一息，其行不已，君子以是自强不息，不敢橫私其身也。夫不息則久，久則徵，徵則悠遠，悠遠則博厚，博厚則高明。博厚配地，高明配天。乾言不息，配天也；坤言厚德，配地也。兩者誠而已矣。獨於乾言誠者，誠，天之道也。

「潛龍勿用」，陽在下也。「見龍在田」，德施普也。「終日乾乾」，反復道也。「或躍在淵」，進无咎也。「飛龍在天」，大人造也。「亢龍有悔」，盈不可久也。「用九」，天德不可爲首也。

〔二〕「象」字原闕，據叢刊本、通本、薈要本補。

〔三〕變卦，叢刊本、通本、薈要本作「卦變」。

夫子《小象》辭也。晋太史蔡墨曰：「在《乾》之《姤》，曰『潛龍勿用』；在《乾》之《同人》，曰『見龍在田』。」此《繫辭》所謂乾一索、再索、三索，陸績所謂初九、九二也。初九變坤，下有伏震，「潛龍」也，陽氣潛藏在下之時。《玄》曰：「昆侖旁薄，幽也。」二居地表，「田」也。坤變爲離，離爲文，文章炳明，「見龍」也。龍德而見，如日下照，施及於物者普矣。《玄》曰：「龍出乎中，龍德始著也。」三變離兑，日在下，「終日」也。初九、九二「乾乾」也。初九，始正也；九三，終正也。終則有始，反復乾乾，動息不離於道者也。三則極，極則反，反則復，非終日乾乾，能之乎？《玄》曰：「首尾可以爲庸。」程顥曰：「終日乾乾，對越在天，蓋上天之載无聲臭也。」初、二、三有伏震，震爲龍，爲足。五爲坎。九四變離兑，兑爲澤。澤，淵也。足進乎五，「或躍」也。伏震爲龍，退而在淵也。九居四，履非其位，宜有咎，進則无咎。堯老而舜攝，舜老而禹徂征之時乎？《玄》曰：「東動青龍，光離于淵。」程頤《易傳》曰：「量可而進，其適時則无咎。」九五，坎變離，離爲飛。乾爲天，離淵而飛，「飛龍在天」也。離爲目，見也。九五動，九二大人應而往造之，利見大人也。《玄》曰：「龍幹於天，長類無疆。」上九變兑，兑爲毁折，亢滿之累也。盈極則虚，「不可久」也。《玄》曰：「南征不利。」九，陽剛之極。乾，天德在萬物之先，復用陽剛之極，則剛過矣，人所不能堪也。九、六，陰陽之變也。九變則六，六變則九，九、六相用，剛柔相濟，然後適乎中。闗子明曰：「以六用九。」《易傳》曰：「以剛爲天下先，凶之道也。」伏爻，何也？曰：京房所傳飛伏也。乾坤坎離震巽兑艮，兑〔二〕，相伏者也。見者爲飛，不見者爲伏。飛，方來也；伏，既往也。《説卦》巽「其究爲躁卦」，例飛伏也。太史公《律書》曰「冬至，一陰下藏，一陽上舒」，此論《復》卦初爻之伏巽也。

《文言》曰：元者，善之長也；亨者，嘉之會也；利者，義之和也；貞者，事之幹也。君子體仁足以長人，嘉會足以合禮，利物足以和義，貞固足以幹事。君子行此四德者，故曰：「乾，元亨利貞。」

文言者，錯雜四德六爻，反復成文。設爲問答，往來相錯，亦文也，故《太玄》準之以《玄文》。天地之大德曰生。元者，生物之始，善之長也，其在人則仁也。亨者，天地之極通，衆美之期會也。利，由屈信相感而生。或屈或信，各得其宜。義者，宜也。語義則利在其中矣。貞，正也，在物則成也。《玄》所謂「水包貞」也。有德乃有事，德不正則事不立，立事之謂幹。唯仁者宜在高位，故「君子體仁足以長人」，凡長於人皆長也。物不可以苟合，必致飾焉，故「嘉會足以合禮」，嘉會如「嘉魂魄」是也。利順物理而行之，各得其所欲者也，故「利物足以和義」。守

〔二〕兑，叢刊本、通本同，薈要本校改爲「互」。

正堅固，不爲萬物之所撓奪，乃能建立庶事，故「貞固足以幹事」。君子剛健不息，行此四德，故曰：「乾，元亨利貞。」張載曰：「天下之理得，元也。亨，會而通也。説諸心，利也。一天下之動，貞也。」

初九曰「潛龍勿用」，何謂也？子曰：「龍德而隱者也，不易乎世，不成乎名，遯世无悶，不見是而无悶，樂則行之，憂則違之，確乎其不可拔，潛龍也。」

九二曰「見龍在田，利見大人」，何謂也？子曰：「龍德而正中者也。庸言之信，庸行之謹，閑邪存其誠，善世而不伐，德博而化。《易》曰『見龍在田，利見大人』，君德也。」

九三曰「君子終日乾乾，夕惕若，厲，无咎」，何謂也？子曰：「君子進德修業。忠信所以進德也。修辭立其誠，所以居業也。知至至之，可與幾也；知終終之，可與存義也。是故居上位而不驕，在下位而不憂，故乾乾因其時而惕，雖危无咎矣。」

九四曰「或躍在淵，无咎」，何謂也？子曰：「上下无常，非爲邪也。進退无恒，非離群也。君子進德修業，欲及時也，故无咎。」

九五曰「飛龍在天，利見大人」，何謂也？子曰：「同聲相應，同氣相求。水流濕，火就燥，雲從龍，風從虎。聖人作而萬物睹，本乎天者親上，本乎地者親下，則各從其類也。」

上九曰「亢龍有悔」，何謂也？子曰：「貴而无位，高而无民，賢人在下位而无輔，是以動而有悔也。」

乾之變化，龍德也。初九變坤，謂之潛龍，龍德而隱者也。初之四，變九爲六，易世也。初九隱伏，「不易乎世」也。「易」如「天下有道，吾不與易也」之「易」。歷有元會運世。世者，辰也。初九，子之四易午，故曰「易世」。震爲聲，巽見震伏，「不成乎名」也。二爲中，二動爲庸，初九依乎中庸，初之四成兑説，遯世而无悶也。初九變不正，「不見是而无悶」也。不見是而无悶者，舉世非之而不加損也。之四，行也。兑，説樂也，「樂則行之」也。退而失位爲憂，憂則退違之也。

巽爲木，在下確乎其不可拔，潛龍也。初九一爻之四，或曰遯，或曰行，何也？曰：自依乎中庸言之，二陰遯也。自初九之四言之，行也。此所謂曲而中也。九二之動，龍德而正中者也。庸者，中之用也。二之五，兑爲口、爲言，上行爲行，言行也。言中庸而應，「庸言之信」也；行中庸而正，「庸行之謹」也。言行變化不失其中，故謂之庸。初九、九三，上下正，「閑邪」也。九二動正中，「存誠」也。誠，自成也，非外鑠也。閑邪則誠自存，猶之烟盡火明，波澄水静。閑之者誰歟？莫非誠也。言信行謹，閑邪存誠，其德正中，自二之五，善涉乎世矣。然且不自伐，以正中而遊人間者也。兑隱矣，二不行矣，不聞其言，不見其行，不伐也。德施而光普，博也；文明而巽，化也。唯至誠爲能化其德如是，宜之五爲君也，是以利見九五之大人，故曰「君德」。五，君位也。顔子擇乎中庸而弗失之，夫子告之以爲邦。九二，君德故也。乾剛之德，自初至三，「進德」也。九二動成巽，巽爲事，業者事之成，動而巽，「修業」也。兑爲口，正以動，「忠信」也，忠信所以進德也。巽言不離於忠信，「修辭」也。二正，「誠」也。巽爲股，「立」也。修辭以立誠，誠立而其業定，修辭所以居業也。初九知中之可至，則行而至之，初可與乎幾也。九三知中之不可過，則動而終之，三可與存乎義也。義者，時措之宜也。《玄》曰：「諸一則始，諸三則終，二者其得中乎？」是故九三動而弗處，「居上位而不驕」也。初九遯而无悶，「在下位而不憂」也。是則乾乾者，進德、修業、立誠以居之而已，非安夫上位而不去也。故乾乾因其時而惕，雖危无咎。巽爲多白眼，「惕」也。

九二之動，危厲也。離日在上爲朝，在五爲晝，在三、四爲日昃、爲夕、爲終。日在二，爲暮夜、爲明入地中。日在三，故曰「夕惕」。九四動之五，進而上也，復之四，退而下也，故曰「或躍」。或，疑辭也，謂非必也。九四動，正也。之五，不正，疑爲邪。四，臣位；五，君位，出乎臣之類，「離群」也。三陽爲群，然上下進退无常者，乃九三進德修業，至是欲及時爾，故進則无咎，不然四近君多懼，安得无咎？《易傳》曰：「聖人之動，无不時也。」五變之二成巽，下有伏震，巽風震雷，「同聲相應」也。二動之五成兑，下有伏坎，兑澤坎水，「同氣相求」也。五之二，兑澤流坎，「水流濕」也。二之五，離火見，離燥卦，「火就燥」也。五變來之二，二有伏震，「雲從龍」也。二巽往之五，五兑成虎，「風從虎」也。九五中正而居天位，「聖人作」也。二震爲萬物，離目爲睹，「萬物睹」也。九五變六，六本乎地，故親下而見二；九二應五，九本乎天，故親上而見五。《易傳》曰：「乾之二、五，則聖人既出，上下相見，共成其事。所利者，見大人也。」九居上，處極貴而失尊位，无位也。王弼謂初上无位，誤也。三變成坤，坤爲衆民也；三不變，「高而无民」也。賢人九三，剛正也，不變以應之。賢人在下位而上无輔也。故動則有悔，貴高而盈亢則窮也。爻辭曰「大人」，《文言》曰「聖人」，聖人有大之極而不爲其大，大而化也。

「潛龍勿用」，下也。「見龍在田」，時舍也。「終日乾乾」，行事也。「或躍在淵」，自試也。「飛龍在天」，上治也。「亢龍有悔」，窮之災也。

乾元用九，天下治也。

《易傳》曰：「言乾之時也。」「潛龍勿用」，時在下也；「見龍在田」，時可止也。舍，止也。《井》初六爲九五捨之，與此象異，二陽方進而未泰，故可舍止。音芟舍之舍。九二變《遯》，艮有止意。「終日乾乾」，進而行事之時，非乾乾不能堪其事。巽，行事也。「或躍在淵」，上下進退无常，自試時也。「飛龍在天」，在上而致治時也。「亢龍有悔」，陽窮於九，陰窮於六，位窮於上，窮則變，變則通，通則久。上九窮不知變，窮之災也。天災曰災，數極時也。《玄》有三統九會，陽以九終〔一〕，極數也。然天人有交勝之理，故有悔。天德不可爲首，用九不見其首則不過。不過，中也。六位得中，天下治也。

「潛龍勿用」，陽氣潛藏。「見龍在田」，天下文明。「終日乾乾」，與時偕行。「或躍在淵」，乾道乃革。「飛龍在天」，乃位乎天德。「亢龍有悔」，與時偕極。乾元用九，乃見天則。

〔一〕「終」下，叢刊本、通本、薈要本有「以」字。

《易傳》曰：「言乾之義也。」乾伏坤見，陽氣潛藏，故曰「潛龍勿用」。坤文離明，德施之普，光於天下人，文明也，故曰「見龍在田」。三陽方行，亦與之行，故終日乾乾，行不息也。周公繼日待旦之時乎？四，人位；五，天位。離人之天，水火相息，乾道革矣。故曰「或躍在淵」。天不可階而升也，不曰「位乎君位」，而曰「位乎天德」者，成性躋聖也。張載曰「受命首出，則所性不存焉」，故曰「飛龍在天」。亢龍有悔，上極也。消息盈虛，與時偕行，則无悔。偕極則窮，故有悔也。六九相變，天地之道，不可違之則也。乾元，始也。於其始也用九，其終不過矣，以其不可過也，故曰「天則」。見天則，則知中道，乃固然之理，非人能爲之也。

乾元者，始而亨者也；利貞者，性情也。乾始能以美利利天下，不言所利，大矣哉。大哉乾乎！剛健中正，純粹精也；六爻發揮，旁通情也；「時乘六龍」，以御天也；「雲行雨施」，天下平也。

元者，乾之始，剛反而動，亨在其中矣。利貞者，乾之性情也。性情，猶言資質也。動而生物，利也；不有其功，常久而不已，貞也。貞，正也。始則亨，亨則利，利則貞在其中。諸卦言利者，指事而言之，利於此或不利於彼。乾始，萬物資之，天下至大，无不蒙其利者。不言所利，則其利大矣，故謂之「元」。元，又訓大故也。夫子欲言乾道之大，其辭有不能盡者，故曰：「大哉乾乎！」乾，總言之，則剛不撓也，健不息也。健者，積剛而成也。悉數之，則中正而不倚也，純全而粹美也。一、三、五，正也；二、五，中也。中而正者，其九五乎？八卦皆純也，純而粹者，其重乾乎？故《玄》準之以《睟》，其首辭曰：「陽氣袀睟清明。」道至於純粹，无以復加，而六者皆原於一。一者何？乾始也。天地之本，萬物之一源，精之又精，剛健中正，純粹自此而出，故曰：「剛健中正，純粹精也。」《易傳》曰：「精謂六者之精極也。」以一言該之曰「正」。正者，乾之性也。六爻發越揮散旁通於諸卦，被於三百八十四爻，无往而不利者，乾之情也。情變動也，性不變者也。「時乘六龍」者，以御天而行也；「雲行雨施」者，天下平均也。二者體元亨也，元亨則利貞在其中矣。蓋雲行雨施，品物流形，則萬物各正其性命矣。鄭康成本作「情性〔一〕」。

君子以成德爲行，日可見之行也。「潛」之爲言也，隱而未見，行而未成，是以君子弗用也。君子學以聚之，問以辯之，寬以居之，仁以行之。《易》曰「見龍在田，利見大人」，君德也。九三重剛而不中，上不在天，下不在田，故乾乾因其時而惕，雖危无咎矣。九四重剛而不中，上

〔一〕情性，原作「性情」，據叢刊本、通本、薈要本乙正。

不在天，下不在田，中不在人，故「或」之。或之者，疑之也，故无咎。夫大人者，與天地合其德，與日月合其明，與四時合其序，與鬼神合其吉凶。先天而天弗違，後天而奉天時，天且弗違，而況於人乎？況於鬼神乎？「亢」之爲言也，知進而不知退，知存而不知亡，知得而不知喪。其唯聖人乎！知進退存亡而不失其正者，其唯聖人乎！

君子積善成德，以其成德行之爲行。日可見於外而不可掩者，行也，九二是也。「隱」之爲言，隱伏而未見於世，行而其德未成，是以弗用。張載曰：「未至於聖，皆行而未成之地。」初九正其始，二益之而説，「學以聚之」也。聚者，升而上也。兑爲口，「問以辯之」也。二動中虛，虛則有容，「寬以居之」也。動而以巽行，「仁以行之」也。學聚、問辯、寬居、仁行，二與五應，有君德也，是以言行如上云。九三、九四，以剛乘剛而不中，過乎剛也。二爲田，九三居下位之上，雖上不在天，而下已離田，動則危且有咎。故乾乾不息，因其可危之時而惕，則雖危无咎矣。中二爻，人也。四，上不在天，下不在田，或進而之五，則中不在人，可懼之地也，故疑而未決。上下進退不必於處，是以无咎。九三之惕、九四之疑，可謂能用九矣。雖重剛不中，何患於過乎？道者，循萬物之理而行其所无事者也。天地之覆載，日月之照臨，四時之消長，鬼神之吉凶，豈有意爲之哉？大人其道，與天地、日月、四時、鬼神合，故順至理而推行之，先後天而不違。天且不違，而況於人乎？況於鬼神乎？鬼神者，流行於天地之間者也，是以九五利見大人也。亢者，處極而不知反者也。萬物之理，進必有退，存必有亡，得必有喪，亢知一而不知二，故道窮而致災。人固有知進退存亡者矣，其道詭於聖人，則未必得其正。不得其正，則與天地不相似。知進退存亡而不失其正者，其唯聖人乎！故兩言之，前曰「大人」，此曰「聖人」，知進退存亡不失其正，則德合陰陽，與天地同流而无不通矣。此大而化之者也。

䷁坤下坤上

坤，元亨，利牝馬之貞。君子有攸往，先迷，後得主，利。西南得朋，東北喪朋，安貞吉。《彖》曰：至哉坤元，萬物資生，乃順承天。坤厚載物，德合无疆，含弘光大，品物咸亨。牝馬地類，行地无疆。柔順利貞，君子攸行，先迷失道，後順得常。西南得朋，乃與類行。東北喪朋，乃終有慶。安貞之吉，應地无疆。

萬物資乾以始而有氣，資坤以生而有形。乾始而亨，无所待也，是以能大。坤待乾而行，乃能至於大，有氣而後有形也，故乾元曰「大哉」，坤元曰「至哉」。天，健也，坤順而承之，故曰「坤」。天先地後而生萬物，坤爲大輿，自下載之積厚也。天，无疆者也，坤所以配之者，載物之德，合乎无疆，故地配天，坤合乾。乾坤之始皆謂之元。光者，坎離也；大者，乾陽也。静翕含之也，以育其根；動闢弘之也，以成其形。一静一動，品物咸亨，故曰「亨」。「品物咸亨」者，離之時也。乾爲馬，坤變之爲牝馬。牝馬，地類也。「无疆」者，乾之行也，坤依乾而行，以柔承剛，以順承健，乃能行地无疆，故曰「利牝馬之貞」。利牝馬之貞，則非不言所利，此坤之利所以異於乾之利歟？君子，乾之象；柔順，坤之德。一、三、五，天也；二、四、六，地也。陽以奇爲正，陰以偶爲正。陽先陰後，柔順承乾，乃得坤正，則柔順者，利於承乾以爲正也，是以君子體坤而行。行者，攸往也，故曰「君子攸往」，猶乾言「時乘六龍，首出庶物也」。一、三、五不得其正，先迷也，失坤道也。牝雞无晨，西雲不雨，故曰「先迷」。二順一，四順三，六順五，順乾得主，坤道有常，有常者，坤之利也。臣待君唱，女須男行，故曰「後得主，利」。子夏傳曰：「先迷，後得主也。」二進至三，坤體成。西南，坤也。止而不進，成艮。東北，艮也。坤陰生於午，至申，三陰成矣。自申抵戌，群陰得朋，宜若有得也。而至亥成坤，萬物皆虛，故曰「西南得朋，乃與類行」。乾陽生於子，至寅，三陽成矣。自寅抵辰，陰類浸亡，宜若有喪也。而至巳成乾，萬物皆盈，故曰「東北喪朋，乃終有慶」。是以得君者，臣之慶；得親者，子之慶；得夫者，婦之慶。三者未有不離其朋類而得者也，故曰「東北喪朋，乃終有慶」。坤以順爲正，而地之順天而无疆者，順夫正也。臣有獻替，婦有警戒，子有幾諫，各安其正，乃能悠久而无窮。安貞之吉，應乎地之所以无疆也，故曰「安貞吉」。張載曰：「東北喪朋，雖得主有慶，而不可懷也。」虞翻以月之生死論之曰：「從震至乾，與時偕行，消乙入坤，滅藏於癸，坤終復生，陰陽之義配日月。」其大致則同。

《象》曰：地勢坤，君子以厚德載物。

天高西北，地傾東南以順之，故水潦有所歸，而萬物各得其所。君子積順德而至博厚，故能容載萬物。

初六，履霜，堅冰至。《象》曰：「履霜堅冰」，陰始凝也。馴至〔一〕其道，至堅冰也。

〔一〕至，叢刊本、通本、薈要本作「致」。

陰者，小人之道也。一陰生於午，剥《乾》之初也。五陰而霜降，六陰而堅冰。初六之動，柔成剛，「陰始凝」也。莫之禦焉，駸駸然馴致乎盛陰，而小人之道極矣。故觀其所踐履，則一陰始凝，知其必至於履霜堅冰也。震爲足，自下而進，「履」也。或曰：《坤》之初六，五月也，何以有履霜堅冰之象？曰：所謂見微者也。寒露者，《剥》之初六也；霜降者，《剥》之六五也。《剥》之初六即《坤》之初六也，《剥》之六五即《坤》之六五也。《剥》窮成《坤》上六也。露者，坤之氣，寒氣入之，故露爲霜。立冬水始冰，亦《坤》之初六也。於斗建爲亥，乾金之氣爲冰。故《坤》之初六一爻，自《姤》卦言之爲五月，自《剥》卦言之爲九月，至五陰而霜降，自《坤》卦言之，爲十月，爲亥，至於六陰而成冬。《玄》所謂「水凝地坼」，非見不見之形者，其能知小人之禍於甚微之時乎？

六二，直方大，不習无不利。《象》曰：六二之動，直以方也；「不習无不利」，地道光也。

六二，中正而動，中故直，正故方。直者，遂也；方者，不易其宜也。《易》曰：「乾，其静也專，其動也直，是以大生焉。」又曰：「坤至柔而動也剛，至静而德方。」而《説卦》乾爲直，坤爲方，方亦剛也，故曰「六二之動，直以方也」。重坎爲習，二動成坎，「不習」也；動而之五得正，「不習无不利」也。坎爲光，光，大也。《易傳》曰：「二爲《坤》之主，中正在下，盡地之道，故以直方大三者形容其德。由直方大，故不習而无不利。」不習，謂自然也，在坤道則莫之爲而爲也，在聖人則從容中道。

六三，含章可貞，或從王事，无成有終。《象》曰：「含章可貞」，以時發也；「或從王事」，知光大也。

坤離爲文明，三文之成爲章。坤見離伏，「含章」也。人臣當含章不耀，以其美歸之君。六三不正，非容悦者也，可正也。六三動則正，惟含章也，故當可動而動，「以時發」也。坤德含弘光大。含章者，坤之静也；以時發者，坤之[二]動也。静而含，動而弘，坤之所以承天歟？乾爲王，伏巽爲事。三，内卦之上，爲成；上，爲外卦之終。「或從王事」者，三之上也。坤作成物，无以成功自居，有終其事而已。爲臣而終其事，職當然也。六三以是從王事，得恭順之道，知光大矣。坎離合爲知，知如日月之光明[三]，大也。邵雍曰：「陽知其始而享其成，陰效其法而終其勞。」

六四，括囊，无咎无譽。《象》曰：括囊无咎，慎不害也。

[二]「之」字原闕，據叢刊本、通本、薈要本補。
[三]光明，叢刊本、通本、薈要本作「明光」。

坤爲囊，六四動成艮，艮爲手，「括囊」也。六四正，動則不正。四有伏兑，兑爲口。不正，无譽可也，无咎何邪？六四當天地否塞、賢人遯藏之時，不利君子正，故止其口而不出者，「愼」也。愼以全身，故於義不害。若立人之本朝，道不行矣而括囊緘默，罪也，安得无咎？故此爻不以位言之。

六五，黄裳，元吉。《象》曰：「黄裳元吉」，文在中也。

五尊位，六居之，人臣當此，唯守中居下乃得元吉，否則必凶。黄，地之中色。文者，地道之美見於山川動植者也。裳，下體之飾。曰「黄」，則守中，有地道之美而不過，故曰「文在中也」。曰「裳」，則居下，雖處尊位而不失坤之常，惟守中不過，斯能居下矣。以是而動，動則得二，「元吉」也。元吉者，言其始本自吉，非變而吉也。故元吉在吉爲至善。

上六，龍戰于野，其血玄黄。《象》曰：「龍戰于野」，其道窮也。

上六，坤之窮，十月也，其位在亥。乾之位，十一月復，震，震變乾爲龍。上六變乾，乾爲天，卦外，天際也，野之象。野，莫知所適之地。坤道已窮，動而不已。臣疑於君，乾坤交戰，君臣相傷，不知變通故也。

用六，利永貞。《象》曰：用六永貞，以大終也。

六陰，柔之極，不濟之以陽剛，則邪佞之道。故以九用六，乃能永久不失其正。杜欽曰：

「地道貴斂，陽始之，陰終之，未始離陽，故曰『以大終也』。」

《文言》曰：坤至柔而動也剛，至静而德方，後得主而有常，含萬物而化光。坤道其順乎，承天而時行。積善之家，必有餘慶；積不善之家，必有餘殃。臣弑其君，子弑其父，非一朝一夕之故，其所由來者漸矣，由辯之不早辯也。《易》曰「履霜，堅冰至」，蓋言順也。直，其正也；方，其義也。君子敬以直内，義以方外，敬義立而德不孤。「直方大，不習无不利」，則不疑其所行也。陰雖有美，含之以從王事，弗敢成也，地道也，妻道也，臣道也。地道无成而代有終也。天地變化，草木蕃；天地閉，賢人隱。《易》曰「括囊，无咎无譽」，蓋言謹也。君子黄中通理，正位居體，美在其中，而暢於四支，發於事業，美之至也。陰疑於陽必戰，爲其嫌於无陽也，故稱龍焉；猶未離其類也，故稱血焉。夫玄黄者，天地之雜也，天玄而地黄。

至柔至静者，坤之體也；動而剛方者，坤之用也。方亦剛也，以其不可易言之，謂之方。其體則坤，用則隨乾，觀其所動而坤之順德見矣。含萬物而生[一]者，陰含陽也。《玄》曰：「天鬱化精，地隱魄榮。」隱，所謂含萬物也，及其化生，品物咸章，保厥昭陽，坤道乃光，坤之光即乾之光大也。《玄》曰：「天，炫炫出於无畛，熿熿出於无垠。」炫炫熿熿，所謂「化光」也。坤道至矣，一言可盡，其順矣乎。天動地隨，其行有時，故承天而時行。善不善之報必有餘者，馴而不已，積之既久，則末流必多，乾坤是也。家，言臣子也。坤積至五，子弑父、臣弑君。離日坎月，自下而進，非一朝一夕之故，其所由來者漸矣。辯之不早，其禍至此，矧不辯乎？先儒嘗以乾坤論之，謂君子之道有時而消，於是有坤化陽滅者矣。然而《復》出爲震者，餘慶之不亡也。小人之道有時而消，於是有陽息陰盡者矣。然而極《姤》生巽者，餘殃猶在也。觀諸天道，月之生死，晦盡而生明，既滿而成虧，先儒「餘慶」、「餘殃」之論爲不誣矣。是故有虞之子不肖而陳齊永祚，商辛之後有國而禄父再亡。敬者，操持其誠心而弗敢失也。二動以直，「敬以直内」也。直内，言内省不疚，其理直也。方者，義之不可易也，有所不爲，有所不行也。二往之五，「義以方外」也。誠者合内外之道，内直外方，敬義立矣。敬義立則相應相與，其德不孤，放諸四海而準，以直方大也。爻動爲行，巽

[一]「生」下，叢刊本、通本、薈要本有「之」字。

爲不果，二動，震見巽伏，不習无不利，則不疑其所行也。上曰「中則直」，此言「直其正」，何也？曰：正而不中者有矣，中則正矣。天地之間，萬物粲然而陳者，皆陽麗於陰，托之以爲美也。陽盡則陰之惡畢見，不能自美矣。然陰雖有陽之美，當含蓄之以從王事，待時而發，不有己也，豈敢當其成功哉？乾巽從王事也，地道无成，順天而行。乾知大始，坤代有終，自然之道也。故臣終君之事，妻終夫之事。不言子者，臣子一也。《泰》之時，天地變化，草木亦蕃，而况人乎？《否》之時，天地閉塞，賢人亦隱，而况草木乎？三才一理也，是故併言之。「括囊无咎」，非閉其言而不出，蓋言謹也。謹者，莊子所謂慎爲善也。陰進至三成《否》，《否》、《泰》反其類，故其言如此。

《坤》五黄中，動而成坎，《傳》所謂《坤》之《比》也。坎爲通，有美在中而通於理。理者，中正也，天地萬物之所共由者也。通於理則大美具矣，美在其中矣。五，君位，六變九，「正位」也。正位而居坤體，不失爲臣之道，黄裳也。九五艮，艮爲手，二五相易成震，震爲足，「暢於四支」也。巽爲事業者，事之成，「發於事業」也。誠則形，形則不可掩，故美在其中，暢於四支，發於事業。通於理者，无往而不通，其伊尹、周公、共伯和之事乎？月盛則掩日，臣强則疑君，陰疑於陽必戰。十月，純坤用事而稱龍者，天地未嘗一日而无陽，亦未嘗一日而无君子，爲其純陰嫌於无陽也，故稱龍焉，乾在故也。上六之動，坤成乾，其體《剥》。《剥》者，《復》之反，震變也。十一月，《復》；《復》，初九庚子；子，坎之位；坎爲血，震爲玄黄，血幽陰也。上六，疑陽未離陰類，故稱血焉。

震者，天地之一交，天玄而地黃。玄者坎中之陽，黃者離中之陰，天地之雜也。「其血玄黃」者，君臣相傷也。雖欲力勝，莫之助也。故聖人於初六戒之，上六則无及矣。鄭本作「爲其兼於陽也，故稱龍焉」。或問：初之四，二之五，三之上，六爻反復相應，何也？曰：京房所傳世應。三畫之卦，一、二、三重爲六爻，四即初，五即二，上即三，各以其類相應。邵雍曰：「有變必有應也。變乎內者應乎外，變乎外者應乎內，變乎下者應乎上，變乎上者應乎下。」本乎天者親上，本乎地者親下，變之與應常反對也。故卦一世者四應，二世者五應，三世者上應，四世者初應，五世者二應，六世者三應。在《易》言應者，一十有九卦。昔之言應，如子太叔論「迷復凶」是也。至虞翻始傳其秘，然未盡善。《繫辭》曰：「變動不居，周流六虛，上下无常，剛柔相易。」世應者，相易之一也，故曰：「兩則化，一則神。」

䷂震下坎上

屯，元亨利貞。勿用有攸往，利建侯。《彖》曰：屯，剛柔始交而難生，動乎險中，大亨貞。雷雨之動滿盈，天造草昧。宜建侯而不寧。

自《屯·彖》而下，乃以卦變爲象。《屯》，《臨》之變，自《震》來，四之五。震者，乾交於坤，一索得之，「剛柔始交」也。四之五成坎，坎，險難，「剛柔始交而難生也」。《易傳》曰：「始交而未暢爲屯，在時，則天下未亨之時。」此以震坎釋《屯》之義也。 安乎險而不動，與動乎險中不以正，皆非濟屯之道。 初九正也，四之五得位，大者亨，以正而利也。 以天地觀之，剛柔始交，鬱而未暢，雷升雨降，其動以正，則萬物滿盈乎天地之間，有不大亨乎？此以初九、九五釋「元亨利貞」也。震，雷也； 坎，雨也。 兑澤上而成坎，故爲雨。 初九，《屯》之主也，初往之五，行必犯難，益屯而不能亨矣。 君子宜守正待時，故勿用有攸往，此言初九也。 天造之始，草創冥昧，人思其主，能乘時衆建諸侯，使人人各歸以事主，雖有强暴，誰與之爲亂哉？四爲諸侯，九五在上，六四正位，分民而治，「建侯」也。 雖則建侯，而未始忘乎險難。 震爲草，乾之始也，坤爲冥昧，坎爲勞，故曰：「天造草昧，宜建侯而不寧。」此再言初九、九五也。 以卦氣言之，十〔二〕月卦也。《太玄》準之以《礥》。 或曰： 聖人既重卦矣，又有卦變，何也？曰： 因體以明用也，易无非用，用无非變。 以乾坤爲體，則以八卦爲用； 以八卦爲體，則以六十四卦爲用； 以六十四卦爲體，則以卦變爲用； 以卦變爲體，則以六〔三〕爻相變爲用。 體用相資，其變无窮而乾坤不變。 變者，易也； 不變者，易之祖也。 所謂「天下之動，貞夫一」也，故曰： 「剛柔相推，變在其中矣； 繫辭焉而命之，動

〔二〕 十，各本同，據文義，疑當作「十二」。
〔三〕 六，原作「交」，據叢刊本、通本、薈要本改。

在其中矣。」又曰：「辭也者，各指其所之。」考其所命之辭，尋其辭之所指，則於變也若辨白黑矣。夫易之屢遷將以明道，而卦之所變，舉一隅也，推而行之，觸類而長之，存乎卜筮之所尚者，豈有既哉？故在《春秋傳》曰某卦之某卦者，言其變也。若伯廖舉《豐》之上六曰「在《豐》之《離》」，知莊子舉《師》之初六曰「在《師》之《臨》」。其見於卜筮者，若崔子遇《困》之《大過》者，六三變也；莊叔遇《明夷》之《謙》者，初九變也；孔成子遇《屯》之《比》者，初九變也；南蒯遇《坤》之《比》者，六五變也；陽虎遇《泰》之《需》者，六五變也；陳仲遇《觀》之《否》者，六四變也。《周官》：太卜掌三《易》之法，「其經卦皆八，其別皆六十有四」。八卦謂之經，則六十四卦爲卦變可知。故曰：「卦之所變，舉一隅也。」王弼盡斥卦變以救《易》學之失，救之是也，盡斥之非也。

《象》曰：雲雷屯，君子以經綸。

坎在上爲雲，雷動於下，雲蓄雨而未降，屯也。屯者，結而未解之時，雨則屯解矣。《象》言「雷雨之動滿盈」者，要終而言也。解絲棼者，綸之經之。經綸者，經而又綸，終則有始。《屯》自《臨》變，離爲絲，坎爲輪，綸也，離南坎北〔二〕爲經，「經綸」也。君子經綸以解屯難。凡事有未決，

〔二〕「北」下，叢刊本、通本、薈要本有「南北」二字。

反復思念，亦此象也。

初九，磐桓，利居貞，利建侯。《象》曰：雖磐桓，志行正也；以貴下賤，大得民也。

初九，剛正，屯難之始，上有正應。震，動體，進則犯難成巽，爲進退。九居四不安，故磐桓。《子夏傳》曰：「磐桓，猶桓旋也。」磐桓不進，利於守正。不進非必於退也，志在行其正也。初九不忘上行之謂志，志剛中也，志行正也，可不磐桓以待時乎？初動濟屯。四，諸侯位，建國命侯，資以輔五。屯難未解，衆陰不能自存，有剛正之才使之有國，則衆從之。陽貴陰賤，坤衆爲民，九退復初，以貴下賤，大得民也，故曰「利建侯」。夫子時，楚有四縣，趙簡子命下大夫受郡。必言利建侯者，建侯萬世之利也。或問：震又成巽，何也？曰：所謂「雜物撰德」也。撰，數也。且以《屯》論之，坎，陽物也，震，動也，四比於九五，自三柔爻數之至於九五，巽也。震，陽物也；巽，陰物也。剛者陽之德，柔者陰之德。剛柔雜揉不相踰越，故曰「雜而不越」。先儒傳此謂之互體。在《易·噬嗑·彖》曰：「頤中有物，曰噬嗑。」離震相合，中復有艮。《明夷·彖》曰：「內文明而外柔順，以蒙大難。」又曰：「內難而能正其志。」坎，難也，離坤相合，中復有坎。在《繫辭》曰「八卦相蕩」。先儒謂坎離，卦中互有震艮巽兑。在《春秋傳》見於卜筮，如周太史説《觀》之《否》

曰：「坤，土也；巽，風也；乾，天也。風爲天於土上，山也。有山之材而照之以天光，於是乎居土上。」自三至四有艮，互體也。王弼謂互體不足，遂及卦變；鍾會著論力排互體。蓋未詳所謂《易》道甚大矣。

六二，屯如，邅如，乘馬班如，匪寇婚媾，女子貞不字，十年乃字。《象》曰：六二之難，乘剛也；「十年乃字」，反常也。

九五，《屯》之主，六二中正而應，共濟乎屯者也，故曰「屯如」。二乘初九，欲往應五，迫於剛强，邅回而不能去，故「邅如」。乾變震，爲作足之馬；震爲足，乘馬也。初不應五，二欲應之，與馬別矣，故「乘馬班如」。《春秋傳》曰：「有班馬之聲。」杜氏曰：「班，別也。」五坎爲盜，盜據山險，寇也。男曰婚，女曰姻。媾，男女合[一]也。九五應六二，婚媾也。五自初九視之，有險難之象，寇也；自六二視之，匪寇也，婚媾也，特以乘剛故耳。初九、六二，正也，而致六二之難者，剛乘柔則順，柔乘剛則逆，妻不亢夫，臣不敵君，天地之道，故曰：「六二之難，乘剛也。」二五相易。五之二成兑，兑，女子也；二之五成坤，坤爲母。女子而爲母，字育也。坤見坎毁，剛柔以中正相

[一] 合，原作「別」，據叢刊本、通本、薈要本改。

濟，屯解之象。坤爲年，其數十。六二守正，不苟合於初而貞於五，是以不字，屯難之極至於十年。二五合，剛柔濟，兑女乃字。《屯》本《臨》二之五，合則九反二、六反五，坤爲常，故曰「反常」也。王弼曰：「屯難之世，其勢不過十年。」孰謂弼不知天乎？坤爲年，何也？曰：歲陽也。陽生子爲《復》，息爲《臨》、爲《泰》，乾之三爻也。夏后氏建寅，商人建丑，周人建子，无非乾也。古之候歲者必謹候歲始，冬至日、臘明日、正月旦日、立春日，謂之四始。四始亦乾之三爻也。坤，十月，陰也，禾熟時也。故《詩》「十月納禾稼」，《春秋》書「有年」、「大有年」。喪禮三年者，二十七月也。

六三，即鹿无虞，惟入于林中。君子幾，不如舍，往吝。《象》曰：「即鹿无虞」，以從禽也。君子舍之，往吝窮也。

六三，柔不當位，不安於屯，妄動以求五。五，君位，艮爲黔喙，震爲決躁，鹿也，言有求於君也。若上六變而應三，艮變巽離，有結繩爲罔罟之象。艮爲手，虞人指蹤而設罔罟者也。上六在君之側而不應，譬之即鹿无虞人以導其前，豈惟不得鹿乎？往而徒反，退之三，陷于林莽中矣。艮爲山，震爲木，林也；三四爲中，林中也。六三有從禽之欲，不知事有不可，貪求妄動，是以陷于林中而不恤，故曰：「『即鹿无虞』，以從禽也。」君子，初九也，知不可往，往无所獲，且有後患，故見幾而舍之。舍，止也，艮也。君子安於屯，不若六三徒往而窮，自取疵吝。

六四，乘馬班如，求婚媾。往吉，无不利。《象》曰：求而往，明也。

六四，柔而正，上承九五。坎爲美脊之馬，艮爲手，乘馬也。四自應初，五自應二，其情異，乘馬而班別者也，故曰「乘馬班如」。六四雖正，有濟屯之志，五不求而往，豈能行其志哉？五求四，男下女，陰陽相合，斯可往矣。往之上得位，故吉，无不利。艮爲手，求也，坎爲月，震東方，明之時也。九五有明德，故求，故求而往吉，无不利。否則志不應，有凶。《易》言「出入」、「往來」，何也？曰：出入以度内外也。卦有内外，自内之外曰出，自外之内曰入。出者，往也；入者，來也。往者，屈也；來者，伸也。出入往來，屈伸相感而无窮。天道東面望之來也，西面望之往也，故《晉》之出爲《明夷》之入，《蹇》之往爲《解》之來。

九五，屯其膏，小貞吉，大貞凶。《象》曰：「屯其膏」，施未光也。

坤爲民，兑爲澤，五之二成兑，有膏澤下于民之象。膏澤下，則五之所施光矣。坎爲月，有光之象故也。《屯》之時，九五得尊位，六三不正，處内卦之極，震體而有坤，權臣挾震主之威，有其民者也。六三壅之，九五之膏澤不下，故曰「屯其膏」，言人君之屯也。九五中正守位，六二、六四、上六自正，陰爲小，故小貞吉。五動而正三，以君討臣，則三復乘五，蓋膏澤不下，五之施未光，民不知主，禍將不測矣，故大貞凶。《易傳》曰：「膏澤不下，威權已去而欲驟正之，求凶之道也。魯昭公、高貴鄉公之事是也。若盤庚、周宣修德用賢，復先王之政，諸侯復朝，以道馴致，爲之不暴。又非恬然不爲，若唐之僖、昭也。不爲則常屯，以至於亡矣。」

上六，乘馬班如，泣血漣如。《象》曰：「泣血漣如」，何可長也。

上六，《屯》之極也。五坎爲美脊之馬，動而乘之。上應三，五自應二，雖欲用五濟屯，其情異矣，乘馬而班別也。上動成巽，巽爲號，上反三成離，爲目，坎爲血，「泣血」也。上不得乎君以濟，屯難極矣，无如之何，是以泣盡繼之以血，連而不已。上之三，連兩離爻，故曰「漣如」。然屯極矣，極則必變，「何可長也」？巽爲長。

䷃坎下艮上

蒙，亨。匪我求童蒙，童蒙求我。初筮告，再三瀆，瀆則不告。利貞。

《彖》曰：蒙，山下有險，險而止，蒙。「蒙亨」，以亨行時中也。「匪我求童蒙，童蒙求我」，志應也。「初筮告」，以剛中也。「再三瀆，瀆

則不告」，瀆蒙也。蒙以養正，聖功也。

止於外，不可進也；險在内，不可止也。險而止，莫知所適，蒙也。此以艮坎二體言《蒙》也。《蒙》者，《屯》之反。屯者，物之稚，故蒙而未亨，有屯塞之義。九二引而達之，屯塞者亨矣。《屯》九五，大者亨，五反爲二，以亨道行也。蒙有可亨之理，當其可亨之時，而亨之使不失其中者，時中也。學者禁於未發，發而後禁，則過時而弗勝，故曰：「『蒙亨』，以亨行時中也。」此以九二言亨也。艮爲少男，童蒙也。我者，二自謂也。二在下不動，有剛中之德以自守，「匪我求童蒙」也。二柔順與五相應，艮爲手求之象，「童蒙求我」也。童蒙求我，然後二以志應五，志謂剛中也。二爲衆陰之主，四陰皆求於二，而志應者，應五也。震爲草，以手持草，筮也。筮，占決也。五動二應，「初筮告」也。初筮告者，以剛中也。不問而告與問一而告二，皆非剛中。夫不憤不啓，不悱不發，蒙塞極矣，於是求達焉，則一發而通，通則不復塞矣，此初筮所以告也。六三、六四不與二相應，「再三瀆，瀆則不告」也。不待其欲達，隨其屢問而告之，决之不一，不知所從，則必燕辟廢學，褻其師訓。瀆與黷同。此以二、三、四爻言亨蒙之道也。《蒙》自二至上體《頤》，頤，養也。九二一爻，自發蒙者言之，剛中也，然而未正，故戒之以「利貞」。自蒙者言之，純一之德未發，童蒙養之，至於成德，躋位乎中正，則聖功成矣。蓋學未至於聖，未足謂之成德。故夫子十五志于學，至於七十而從心所欲不踰矩，則蒙以養正，作聖之功也。虞翻曰：「二志應五變，得正而蒙亡。」此以二五言「利貞」也。在卦氣爲正月，故[一]《太玄》準之以《童》。

《象》曰：山下出泉，蒙。君子以果行育德。

坎水在山下，有源之水，泉也。山下出泉，未有所之，蒙也。泉積盈科，其進莫之能禦，故君子果其行，必育其德。德者，行之源；育德者，養源也。果行則發而必至。震爲行，乾剛爲德。坎水，上爲雲，下爲雨，在山下爲泉，象其物宜也。

初六，發蒙，利用刑人，用説桎梏，以往吝。《象》曰：「利用刑人」，以正法也。

初六之動，「發蒙」也。蒙蔽之民不善其始，至死於桎梏而不悔。初六發蒙，利用此刑人，刑人非惡之也，以正法也。於其始也，正法以示之，蒙蔽者知戒終不陷於刑辟，「用説桎梏」之道也。艮手震足，交於坎木，桎梏之象。坎爲律法也。初六動而正，「正法」也。兑爲刑殺，兑見坎毁，「説桎梏」也。治蒙之初，威之以刑，然後漸知善道，過此以往，則吝矣。卦言「童蒙」，爻言「刑

[一] 故，通本、薈要本同，叢刊本作「卦」。

人」，刑所以輔教也。《易傳》曰：「立法制行，乃所以教也。後之論刑者，不復知教化在其中矣。」

九二，包蒙，吉。納婦，吉。子克家。《象》曰：「子克家」，剛柔接也。

六五，柔也；九二，剛也。五以柔接剛，爲二所包，含章有美而效之君，臣道之正也，二之吉也，故曰「包蒙，吉」。二以剛接柔，爲五所納，艮男爲夫，巽女爲婦，婦有相成之道，虚其中以納之，君道之正，五之吉也，故曰「納婦，吉」。二在内爲家，坎爲乾之子，父有子而至於納婦，子克荷其家者也。九二而致其君，虚中納之，非其道廣其施博，積誠以包蒙，能若是乎？譬之子克家者也。二不能包，則五不肯納，上柔不接，家道廢矣。故曰：「『子克家』，剛柔接也。」二爲家，何也？曰：二，内也，大夫之位，大夫有家。《雜卦》曰：「《家人》，内也。」

六三，勿用取女，見金夫，不有躬，无攸利。《象》曰：「勿用取女」，行不順也。

六三，蒙而不正之陰，坎有伏離，離目爲見。上九不正，下接六三成兑，兑爲少女，「取女」也。艮少男，夫也，乾變爲金，「見金夫」也。坤爲身，兑折之爲躬，三之上不有躬；坤爲順，三不正，行不順，无攸利，故戒以「勿用取女」。取女貴正，女正則家人吉。六三見利而悦，不能自有其躬。

上九説之以利，於德爲不正，於理爲不順，取是女而欲正家，是亦蒙矣。

六四，困蒙，吝。《象》曰：困蒙之吝，獨遠實也。

陽爲實，九二剛實，發蒙之主。二與五應，三動而近二，四獨遠之，若動而應初，則與二相近。四懷居不動，獨遠于二，介於不正，无以發其蒙，困而知學〔一〕，吝自取也。二坎，三動成兑，澤无水，困也，故曰：「『困蒙』之吝，獨遠實也。」陽爲實，何也？曰：陰消爲虚，陽息爲實，消息盈虚，相爲去來。消則降，息則升；實則滿，虚則耗。升者，貴也；降者，賤也；滿者，富也；耗者，貧也。陰陽相循，禍福更纏，故又爲貴賤、貧富、禍福之象。《太玄》曰：「盛則入衰，窮則更生，有實有虚，流止无常。」又曰：「消與息糺，貴與賤交，禍至而福逃。」

六五，童蒙，吉。《象》曰：童蒙之吉，順以巽也。

艮，少男，童也。五求於二成坤，坤，順也。二往資五成巽，巽，巽也。順則易從，巽則易入。順則樂告之以善道，巽則優柔以開導之。以此治蒙，優於天下矣，「童蒙之吉」也。五，君位，成王求助之爻乎？

〔一〕困而知學，通本同，叢刊本作「困不知學」，薈要本校改作「困而不學」。

上九，擊蒙，不利爲寇，利禦寇。《象》曰：利用禦寇，上下順也。

爲寇者，九二也；擊蒙、禦寇者，上九也。坎爲盜，體師，盜用師，寇也。艮爲手，擊也。爲寇者，利於蒙暗昏亂之時。蒙極而解，則是非定、蒙暗明，故曰「不利爲寇」。上九乘其蒙解之時，自上之三擊之，坎毁成兑，民悦而從之，上下之情順也。孟子謂「取之而燕民悦」也。坤爲順，故曰：「利用禦寇，上下順也。」《易傳》曰：「若舜征三苗，周公誅三監，禦寇也。」《蒙》、《屯》之反，何也？曰：《姤》變者六，《復》變者六，《遯》變者十有二，《臨》變者十有二，《否》變者十有二，《泰》變者十有二，反復相變，聖人所以酬酢也。陸震亦曰：「卦有反合，爻有升降，所以明天人之際，見盛衰之理焉。」

☵☰乾下坎上

需，有孚，光亨，貞吉，利涉大川。《彖》曰：需，須也，險在前也。剛健而不陷，其義不困窮矣。「需，有孚，光亨，貞吉」，位乎天位，以正中也。「利涉大川」，往有功也。

需，須也；須，待也。剛健上行，遇險未動，待時者也，故曰：「需，須也，險在前也。」坎，險也。陽陷於陰中，陷也。困者，水在澤下也。《需》自二而上，有《困》反之象。三陽剛而健，能須以進，動而不屈，不陷於險，善用剛健者也，故曰：「剛健而不陷，其義不困窮矣。」此以兩體言乎《需》也。須以進者，需有孚而後進也。孚者，己也；孚之者，人也。豈能遽孚之哉？《需》自《大壯》變，《大壯》四陽同德，四與五孚未進之時，雖未得天位，其德固已剛健有孚，特道未彰爾。及其自四而進，則位乎天位，乃光亨也。光，坎離之象。「光亨」者，以貞吉也。九五正中，待物之須而不匱者，惟正中乎？故曰「貞吉」。《需》道至於光亨，位乎天位，爲須之主，萬物需之貞吉也。二者，夫子之待價也；五者，天下之望成湯也。此以二、五言《需》之才也。坎爲大川，自四之五，往也。乾剛須時而往，何難不濟？故曰：「『利涉大川』，往有功也。」於卦氣爲二月，故《太玄》準之以《耎》、《傒》。

《象》曰：雲上於天，需。君子以飲食燕樂。

雲上於天，蓄膏澤而未降，須也；君子蓄其才德，未施於用，亦須也。飲食以養其氣體，燕樂以養其心志，居易俟命，待時而動。蓋《需》有飲食之道，膏澤所以養萬物也。坎爲水，兑爲口，爲和説。

初九，需于郊，利用恒，无咎。《象》曰：「需于郊」，不犯難行也；「利用恒，无咎」，未失常也。

三乾，天際也。四在内外之交，曰郊。五坎爲險難，初九正應六四，而險難在前，當守正不動，以需其應，不先時而動，不犯難而上行，故曰：「『需于郊』，不犯難行也。」風雷相與，不失其正，天地可久之道曰恒，謂五變四，動而交乎下也。九五虚中以需，六四屈己以下之，如是應時之需，則上下相與，可久而无咎。陰之從陽，地道之常也。初九陽在下，需六四之應，而以巽行，以上下言之，「未失常」也。九五剛健中正而曰犯難者，非其應而往，无因而至前，志未通也。或問：「利用恒」也，「順以巽」也，「乾道乃革」也，何取於卦也？曰：卦變也，所謂之某卦也。《需》「利用恒」者，《需》之《恒》也；《蒙》六五「順以巽」者，《蒙》之《觀》也。《乾》九四「乾道乃革」者，《乾》之《小畜》也。《小畜》之中又有離兑，故曰「革」，是謂天下之至變。

九二，需于沙，小有言，終吉。《象》曰：「需于沙」，衍在中也；雖「小有言」，終吉〔一〕也。

五坎爲水，二三兑爲澤，水往矣，而其剛留於澤者，剛鹵也。二在澤中，剛而柔，沙之象。沙，

〔一〕終吉，叢刊本、通本、薈要本作「以吉終」。

近於險者也。五不應二，故二需之，九二得中，剛而能柔，待時而動，其動必以正。積誠既久，二五相合，坎化爲坤，險難易而爲平衍矣。需于沙而不妄動，則平衍固在其中矣，故曰：「『需於沙』，衍在中也。」六四與五近而相得，四見二不應而需之，與五〔二〕異趨，「小有言」宜矣。兑口爲言也。君子自守亦何傷哉？夫子不進猶不免於有言，矧餘人乎？二非終不進也，動則正，正則吉，而兑毁，雖小有言，終无凶也，故「終吉」。《象》言「以吉終」者，二之五以吉行，故有終，勉之也。

九三，需于泥，致寇至。《象》曰：「需于泥」，災在外也；自我致寇，敬慎不敗也。

坎水坤土，水澤之際爲泥。九三剛健之極，進逼於險，已將陷矣，「需于泥」也。上六坎在外爲災，故曰：「『需于泥』，災在外也。」九三守正可也，動則上六乘之。坎爲盜，盜有戎兵，寇也。寇雖險，我動不正，而迫之已甚則至，故曰「致寇至」。上乘三成坤爲輿，坎爲車，多眚則敗也。九三正而明，能抑其剛健，持之以敬慎而不動，誰能敗哉？敬者，持其正也。三四下有伏艮，艮，止也，慎之象，故曰：「自我致寇，敬慎不敗也。」

〔二〕五，叢刊本、通本、薈要本作「己」。

六四，需于血，出自穴。《象》曰：「需于血」，順以聽也。

乾變坎爲血，九五《大壯》乾變，故曰「血」。坎爲隱伏，兑爲口，穴也。六四，處險者也，據坎兑之際，三陽自下而進，故曰「出自穴」。六四安其位，以一陰礙之，有險在前，進退不可，則陰陽必至於相傷。小人安險，不傷不已，故曰「需于血」。爲六四者，不競而順以聽之則善，故曰：「『需于血』，順以聽也。」惟順以聽，是以三陽出自穴而无違焉。六四坤，順也；坎，耳，聽也。

九五，需于酒食，貞吉。《象》曰：酒食貞吉，以中正也。

需至于五，陰已退聽，難已獲濟，位乎天位，應天下之須。坎震爲酒，兑口在下，酒食之象。酒食所以養人者也，故曰「需于酒食」。九五爲《需》之主，應之以中正而已。天下之需於五者，无須不獲，各足其量而止，如飲酒者止於醉，食者止於飽。需者无窮，應者不動，故貞吉。「貞吉」者，以中而正也。中則養之者不過，過則應之時而窮，故曰：「酒食貞吉，以中正也。」坎震爲酒，何也？曰：震爲禾稼麥，爲麴蘗[一]，東方穀也，故東風至而酒湧。

上六，入于穴，有不速之客三人來，敬之，終吉。《象》曰：不速之客來，

[一] 蘗，原作「蘖」，各本同，據文義改。

「敬之終吉」，雖不當位，未大失也。

《需》者，《訟》之反。三陽自外而入，坎兑爲穴，故曰「入于穴」。客在外，主人以辭速之，曰：「吾子入矣，主人須矣。」九五，《需》之主也。三陽乾兑居西北之位，客也，自外而入，主人未應，「不速之客」也。「三人」者，三爻也，故曰「不速之客三人來」。敬者，持其正也。上六、九三當位而應，九二、初九不當位而不應。君子固有至於是邦无上下之交者，豈可以不速之客而不敬乎？三陽同類也，敬其一不敬其二，則需之者所失大矣。爻辭言「不速之客三人來，敬之，終吉」，而《象》辭去其三人，止曰「不速之客來」者，爲上六也。上六於二、於初爲不當位也，當位而應，則得一人，不當位而兼應之，則得三人。自不當位言之，則失也；自得三人言之，則雖不當位，「未大失」也。「終吉」者，不失其正，故吉。卦體需也，有所失人，則失需之義矣。卦四陽君子，二陰小人，於六四戒之以順聽，於上六戒之以敬客，君子得位，則小人得其所〔一〕，故爲小人謀者如此。

〔一〕則小人得其所，薈要本同，叢刊本「人」下有「必」字，通本「人」作「必」。

䷅坎下乾上

訟，有孚窒，惕，中吉，終凶。利見大人，不利涉大川。《彖》曰：訟，上剛下險。險而健，訟。「訟，有孚窒，惕，中吉」，剛來而得中也。「終凶」，訟不可成也。「利見大人」，尚中正也。「不利涉大川」，入于淵也。

乾，健也，坎，險也，兩者相敵，所以訟也。无險則无訟，无健則不能訟，險而健，故訟。此以兩體言《訟》也。《訟》自《遯》來，九三之二，二有孚于五，剛來掩於二陰之中，剛實有孚信而見窒於人，不窒則无所事於訟矣。雖有孚也，然剛失位，見窒於二陰，邪正是非，上未辯也，能惕懼處柔，訟而不過乎中則免矣。離爲目，巽爲多白眼，惕之象，故曰：「『有孚窒，惕，中吉』，剛來而得中也。」此以《訟》三之二，言九二之才也。訟剛太〔一〕過而不反，終成其訟，必凶，故曰：「『終凶』，訟不可成也。」此以成卦上九，言《訟》之終也。九五，大人聽訟者也，中正在上，无所偏係，君子小人各得其平，故九二利見之，以中正爲尚也。離爲目，見也，有善聽者，然後孚信，懼而得中吉，故

〔一〕「太」字，叢刊本、通本、薈要本無。

曰：「『利見大人』，尚中正也。」此以九五言《訟》之主也。《訟》，一變《巽》，二變《鼎》，三變《大過》。坎水變兑川，壅爲澤，乾首没于澤中，入于淵也。天下之難未有不起於争，剛險不相下，君子小人不相容，難始作矣。聖人見其訟也，戒之中正。戒之不可成，若濟之以争，是以亂益亂，相激而爲深矣。漢、唐之亂始於小人爲險，君子疾之已甚，其弊至於君子小人淪胥以敗，而國從亡，故曰：「『不利涉大川』，入于淵也。」此以卦變終言一卦之義也。在卦氣爲清明三月節，故《太玄》準之以《争》。卦一變、二變，何説也？曰：在《賁》之《彖》曰「柔來而文剛」、「分剛上而文柔」，在《无妄》之《彖》曰「剛自外來而爲主於内」，此舉一隅也。剛柔相變，上下往來，明利害吉凶之无常也。是故一卦變六十有三，此焦延壽《易林》之説也。

《象》曰：天與水違行，訟。君子以作事謀始。

天西行，水東行，「違行」也。行相違乃有訟。巽爲事，乾陽始於坎，作事而謀始，則訟不作，窒訟之源也。

初六，不永所事，小有言，終吉。《象》曰：「不永所事」，訟不可長也；雖「小有言」，其辯明也。

初與四應，九二間之，此初六所以訟也。初往訟二，四來應初，坎毁、巽降、兑見。坎，險也；

兑，説也；巽爲事。坎又爲可，不永所訟之事也。訟，事之險者。不永所事，以訟不可長也。永其訟者，未有不及禍者也。兑爲言，陰爲小，「小有言」也。初六往而直己，九四體離而明，四剛初柔，各得其正，故雖小有言，而其辯易明。明，故終吉，初以四爲終也。《易傳》曰：「在訟之義，同位而相應，相與者也，故初與四爲獲其辯明；同位而不相得，相訟者也，故二與五爲對敵也。」

九二，不克訟，歸而逋，其邑人三百户，无眚。《象》曰：不克訟，歸逋，竄也。自下訟上，患至掇也。

二五本相應，以兩剛不相下，此二所以訟五也。然五，君也，其德中正，以不正而訟中正，不可也，况以臣訟君乎？「不克訟」者，義不克也，故退歸而逋，則其邑人三百户得以无眚。不然，五來討二，禍及邑人矣。歸者，二自五而反；逋者，失位而竄。坎爲隱伏，坤爲衆，坎動入於衆中，竄也。故曰：「不克訟，歸逋，竄也。」自下訟上，於勢爲逆，於義爲非，禍患至於逋竄，自取之，猶掇拾也。二去成艮手，掇拾之象。乾策三十有六，坤策二十有四，九二變，則二三坤策，四五乾策，合而言之，三百也。坤爲户，二在大夫位，爲邑。自三至五，歷三爻，坎在内爲眚，二動去位則无眚，故曰：「其邑人三百户，无眚。」《太玄》曰「兩虎相牙，掣者全也」，歸而逋之謂乎？古者諸侯建國，大夫受邑。諸侯之下士視上農夫食九人，中士倍下士，上士倍中士，大夫倍上士，卿四大夫，君十卿禄，天子之大夫視子男，大國之卿當小國之君。然則諸侯之卿，當天子之大夫也，食二百八十有八人。三百户，舉全數也。

六三，食舊德，貞厲，終吉。或從王事，无成。《象》曰：「食舊德」，從上吉也。

乾爲剛德，上九陽極而老，舊也。三之上成兑爲口，「食舊德」也。食舊者，食其素分，猶言不失舊物也。古者分田制禄，公卿以下必有圭田，以德而食，其來舊矣。公卿以下，所食如《周官》「家邑」，小都、大都之田是也。三公位，乾上九，郊之象。六三當爭勝之時，不喪其舊，以不訟四而從上也。三從上而四間之，宜有訟〔一〕。三柔而明，柔則不能訟，明則知不可訟而止，是以從上而食舊德。六三介九二、九四兩剛之間而失位，「厲」也。往從上九，則上屈其剛，就之无所事訟，得位而食，「終吉」也。三之從上，非苟從也，或從王事，以成功歸之，己終其事，不以无事而食，是以食舊德也，非從上之吉乎？乾五爲王，巽爲事。三，内卦之成；上，外卦之終。故或從王事，以无成有終〔二〕。竇嬰訟田蚡，上下相激，至亡其身，不知六三之吉也。《易傳》曰：「訟者，剛健之事。

〔一〕「訟」下，叢刊本、通本、薈要本有「然」字。
〔二〕故或從王事以无成有終，叢刊本、通本、薈要本「故」下有「曰」字，無「以」字。

故初則不永，三則從上，二爻皆以處柔不終而得吉。四亦不克而渝得吉，訟以能止爲善也。」

九四，不克訟，復即命，渝，安貞，吉。《象》曰：「復即命，渝，安貞」，不失也。

訟生於仇敵，故有忿争，不安其命者焉。九四，上承五，下乘三，而初爲應。五，君也，不可訟也。三從上，初從四，无與爲敵者，故不克訟，乃克其剛强欲訟之心而與初相應，相應則情義相得，各復其所，何訟之有？各復其所者，「復即命」也。命者，正理也。復即命則變前之失，安於正理矣。訟者，始於剛强而不明。九四處柔體離，巽柔，巽故无狠怒，明則知可否，斯九四所以能復者歟！巽爲命，何也？曰：巽爲風，風者，天之號令，在人則命也，受之於天也，故先儒以巽爲命、爲號令、爲事，《巽·象》曰「申命行事」。正與否，則繫乎爻位之得失。陸績曰：「《訟》之《復》，乾變而巽。」

九五，訟，元吉。《象》曰：「訟，元吉」，以中正也。

九五，聽訟之主，未能使人无訟，何謂元吉？大人得尊位以中正，在上无所偏係，邪枉之道不行，故吉。「元吉」者，其始本吉，吉之至善者也。此皋陶淑問、召伯聽訟之爻。

上九，或錫之鞶帶，終朝三褫之。《象》曰：以訟受服，亦不足敬也。

三，限乎上下之際，腰之象也。上九之三，「或錫之」。乾變爲金，腰以金飾，「鞶帶」也。三，離日之上，爲終朝；兑，爲毁折；伏艮爲手，爲受服。三復位，鞶帶毁，有褫之象也，故曰：「或錫之鞶帶，終朝三褫之。」自五之三，歷三爻，「三褫」也。敬者，人以其正足憚，故敬之。上九成訟而居上位，受服不以正，知其雖有是物亦不足取敬於人，内自愧耻，不安其服，是以終朝三褫之。争訟逆德，非人之本心，故不克訟則歸而逋竄，以訟受服則愧而三褫。

䷆坎下坤上

師，貞，丈人吉，无咎。《彖》曰：師，衆也。貞，正也。能以衆正，可以王矣。剛中而應，行險而順，以此毒天下而民從之，吉又何咎矣。

坤，衆也，五陰而一陽爲之主，利於用衆。二有震體，震，動也，聚衆而動之，亦用衆也。《周官》自五人爲伍，積之至於二千五百人爲師，亦衆也，故曰「師，衆也」。用師之道，以正爲本，九二動之五，正也。苟動不以正，出於忿鷙驕矜，雖迫之以威，非得其心也。惟一本於正，使衆人皆得其正，天下之民將歸往之，王者之道也。《師》自《復》來，初之二者也。一變《師》，二變《謙》，三變《豫》，四變《比》，至《比》而得尊位，可以王矣。要終而言也，故曰：「貞，正也。能以衆正，可以王矣。」「丈人」者，尊嚴可信，長者之稱。身在險中，服其勤勞，則衆應之，能以衆正者也。震爲長之象，言九二也，武王之於尚父，宣王之於方叔是已。《子夏傳》本作「大人」。將帥之道，不剛則慢而不肅，剛而不中則暴而无親。剛中矣，而上无柔中之主以應之，則睽孤内顧，動輒見疑，已且不暇恤，其能成功乎？古者人君之用將，既得其人，跪而推轂，付之斧鉞，進止賞罰皆决於外，不從中制，是以出則有功。語天下之至險者，无若師也。師動以義，而民從之，雖至險而行之以順也。坎自初之二，進而上行，「行險而順」也。凡藥石攻疾，謂之毒，師之所興，傷財害物，施之天下至慘也。聖人不得已而用之，以去民之害，猶用毒藥以攻疾，雖曰毒之，其實生之，以此毒天下而民安有不從者哉？兼是五者，唯九二乎？是以吉而无喪敗，合於義而无咎也。坎爲險，又爲毒者，險難之所伏也。醫師〔一〕毒藥以攻疾，所以濟險難也，故又爲藥。故曰：「剛中而應，行險而順，以此毒天下而民從之，吉又何咎矣。」在卦氣爲立夏四月，故《太玄》準之以《衆》。

《象》曰：地中有水，師。君子以容民畜衆。

物之在天地間至多者，无若水也，地中能有之，《師》之象也。故土雖緻密而含通流泉，河海

〔一〕「師」下，叢刊本、通本、薈要本有「聚」字。

之大不能出其涯涘。君子寬以容民，又有度量，上下維持以畜衆。《繫辭》曰「陽一君而二民」，「陰二君而一民」。民謂陰爻也，有陽爻則陰爻爲民，所謂「容民」者，言内卦也。坤爲衆，所謂「畜衆」者，言外卦也。或曰：隱至險於大順，伏師旅於民衆，井田之法也。

初六，師出以律，否臧，凶。《象》曰：「師出以律」，失律，凶也。

坎坤爲律，律謂之法者，度量衡之法起於黄鍾之九寸。黄鍾，坎位也。《爾雅》曰：「坎，律銓也。」《兵法》：「地生度，度生量，量生數，數生稱，稱生勝。」師出以律，則教道素明，兵卒有制，勝敵之道也。初六不正，動則坤坎毁，師失律之象也。「否臧」，失律也。否讀爲「可否」之「否」。劉遵曰：「否字，古之不字也。」失律者，爲不善，否臧則不善。杜預亦曰：「否，不也。」故辭曰「否臧」，《象》曰「失律」，失律則凶矣。或曰：師出无名而以律，可謂臧乎？曰：司馬掌九伐之法，不正而動，是亦失律，安得不凶？《春秋傳》晋荀首曰：「在《師》之《臨》」，曰『師出以律，否臧，凶[一]』。執事順成爲臧，逆爲否。衆散爲弱，川壅爲澤。有律以如己也，故曰『否臧』，其律竭也。盈而以竭，大且不整，所以凶也。」曰「《師》之《臨》」者，初六動而成兑也。坤爲衆，坎爲律、

[一]「春秋傳」至「凶」十九字原闕，據叢刊本、通本、薈要本補。

爲川，坤毀則衆散，坎毀則川壅而律竭。

九二，在師中吉，无咎，王三錫命。《象》曰：「在師中吉」，承天寵也；「王三錫命」，懷萬邦也。

卦五陰聽於一陽，在下而專制其事者也。人臣惟在師可以專制，然專制疑於擅權，不專制无成功之理，得中道乃吉而於義无咎。九二剛居柔，威和並用，得中者也，故能承天寵。天寵者，龍光也。乾在上爲天，五坎爲光，二震爲龍。二之專制，以五寵之，譬之地道，含萬物而化光，非天地之施乎？惟在師得中，乃能承天寵，不然怙寵而驕，必有凶咎。莫敖自用，得臣剛而无禮，豈能承天寵哉？坤在上爲邦，四諸侯，三公，五乾爲王。九自四歷三爻，二有伏巽爲命，「王三錫命，懷萬邦也」。古者諸侯入爲天子之卿，天子之卿爲六軍之將。王錫命之至於三，極數也，然亦不過乎中，萬邦所以懷歟？過則濫賞，有功者不悦，非所以懷來之。九自五之二，懷來也。

六三，師或輿尸，凶。《象》曰：「師或輿尸」，大无功也。

九二以剛中之才行師，上下當順以聽。坎，耳；坤，順也。六三在下卦之上，又動而主之，則尸其事者衆也，故曰「師或輿尸」。坤爲輿，輿又訓衆。三動得位，尸之也。坎變兑，毀其師也，故大者无功而凶，荀卿論兵曰：「權出一者强，權出二者弱。」《易傳》曰：「軍旅之任不專一，覆敗必矣。」

六四，師左次，无咎。《象》曰：「左次无咎」，未失常也。

六四之動，震爲左，日在地下，暮夜之時，師宿爲次。坎阻水也，險難在下，救者當倍道赴之，動而左次，阻水以自固，豈用師之常哉？宜有咎。然六四柔能自正，而下无應，知其不可行，量敵慮勝，臨事而懼，未失坤之常也，於義爲无咎。《春秋》書「齊師、宋師次于聶北救邢」，按兵待事，卒能救邢，何咎於次哉？《易傳》曰：「度不能進而完師以退，愈於覆敗遠矣。可進而退，乃爲咎也。《易》發此義以示後世，其仁深矣。」

六五，田有禽，利執言，无咎。長子帥師，弟子輿尸，貞凶。《象》曰：「長子帥師」，以中行也；「弟子輿尸」，使不當也。

五應二，二爲田，震爲稼，坎爲豕。田豕害稼，四時之田皆爲去害。二往之五，成艮手，爲執，伏兑爲言，執言者，奉辭罰罪也。六五柔中以任將帥，二執言而行，去民之害，不得已而用師。譬如田獵，田既有禽，然後取之。田有禽，則非无名興師。執言則我有辭，於義无咎矣，故曰：「田有禽，利執言，无咎。」然六五柔於用人，不可不戒。九二震爲長子，帥衆而衆從之者，以剛居柔，威克厥愛，以中道行師也。若五動成艮，於震爲弟，於乾爲子，之三則坎毁，既使二主師，又使三主之，「輿尸」也。所任不一，雖正亦凶。九五，正也。艮手有上使之意，上使不當也。輿尸之凶，聖人再言之者，任將不可不重也。《易傳》曰：「自古任將不專而致覆敗者，如晉荀林父邲之戰、唐郭子儀相州之敗是也。」

上六，大君有命，開國承家，小人勿用。《象》曰：「大君有命」，以正功也；「小人勿用」，必亂邦也。

上六動，乾在五上，五君位，「大君」也。大君者，號令之所自出也。故《履》之上九，《臨》之六五，皆曰「大君」。上之三成巽，巽爲命，「大君有命」也。有命以正，有功也。有大功者，開國使建國；有小功者，承家使受邑也。四，諸侯位，震爲長子，主宗廟社稷，開國者也。二，大夫，爲家，初陰在下承之，承家者也。巽三在二四之中，有開國承家之象。上，《師》之成，宗廟之位。古者賞人必於祖廟，示不敢專，故上六併言之。六三不正爲小人，三之上，小人用於上，成坤，必亂邦也。行師之時，貪愚皆在，所使未必皆君子，及其成功而行賞，則君子當使之開國承家，小人厚之以金帛，優之以禄位，不害其爲賞功也。蓋胙之土，萬世之利，尊有德，所以示訓。若小人无厭，有民人社稷，其害〔二〕必至於亂邦。《周頌》「賚大封于廟」，言錫予善人也。光武中興，臧宮、馬武之

〔二〕害，叢刊本、通本、薈要本作「禍」。

徒奉朝請而已，得此道也。然寇、鄧諸賢无尺寸之土，亦過矣。《易傳》曰：「小人易致驕盈，況挾功乎？漢之英、彭所以亡也。」或問：坤爲土，爲國邑，古亦有言之者乎？曰：周太史爲陳侯之子筮之，遇《觀》之《否》。《觀》六四，諸侯之位也，坤爲土，變而爲乾，乾父坤母，繼父母之國者也，故曰：「其代陳有國乎？」內卦坤爲土，風行地上，不處者也，故曰：「風行而著於土，其在異國乎？」此皆以坤土爲國也。畢萬將仕於晉，遇《屯》之《比》，初九變也，辛廖占之曰：「震爲土，車從馬，公侯之卦。」又曰：「公侯之子孫必復其始。」二，大夫位也，言〔二〕大夫復爲諸侯，以坤土動於下也。

䷇坤下坎上

比，吉。原筮，元永貞，无咎。不寧方來，後夫凶。《彖》曰：比，吉也。比，輔也，下順從也。「原筮，元永貞，无咎」，以剛中也。「不寧方來」，上下應也。「後夫凶」，其道窮也。

〔二〕「言」下，叢刊本、通本、薈要本有「自」字。

「比吉」者，比而吉也。凡物孤則危，群則强，父子、夫婦、朋友未有孤危而不凶者，人君爲甚，故比而吉，謂九五也。比，輔也，一陽在上，四陰在下，順從之比，所以吉也，故曰「比，吉也」。「比，輔也」，此合兩體言《比》也。然比當慎，不可以不與善、不可以不長久、不可以不正，有是三者，乃可以无咎。以其當慎也，故原筮以決其所從。原，再也，如「原蠶」、「原廟」之原。《比》自《復》來，一變《師》，二變《謙》，三變《豫》，自《謙》至《豫》，有艮手持震草，占筮之象，故曰「原筮」。原筮，則其慎至矣。《復》初九始於正，四變成《比》，不離於貞，「元永貞」也。元，君德也，善之長也，乾剛之始也。蓋比道之難，既原筮以審之，其始也相比以善，其終也永貞，則无咎矣。不然，慮之不審，其始比之不善，或貞而不永，豈能无咎？「原筮，元永貞」者，九五也。九五之剛，乾元也，故曰「元」。位乎中正，故永貞，故曰「以剛中也」。坎往則坤來，坎勞卦，不寧也，坤爲方，「不寧方來」也。《比》之時，下雖比輔，不敢自寧，則上下相應，多方來矣，故曰「不寧方來，上下應也」。《謙》坤三、四、五爻先來比之，上六獨安其位而不來，欲來則已後，不來則履險而逼，道窮而不知變，故凶。上六之所以凶者，後夫三爻也，故曰「後夫凶」，比道貴先故也。

《象》曰：地上有水，比。先王以建萬國，親諸侯。

地上有水，相比而无間。乾五，王也；四，諸侯位。坤土在上，國也。坤爲衆，萬國諸侯衆多也。《比》，《師》之反，九二爲五，有先王建萬國、親諸侯之象。「建萬國」者，衆建也。建萬國則民比其國君，親諸侯則國君比于天子。封建自上古聖人至於三代不廢，享國久長，秦罷侯置守，二世而亡，此封建不可廢之驗也。患封建不得其道耳，得其道者，建萬國是已。夏承唐虞，執玉帛者萬國。成湯之時，七千七百七十三國，成周千八百國。而夫子必曰「建萬國」者，衆建諸侯而少其力也。衆建則多助，少其力則易制。觀此，則《周官》諸侯之制，疑若非周公之意也。

初六，有孚，比之无咎。有孚盈缶，終來，有它吉。《象》曰：比之初六，有它吉也。

初六不正，未能信者也。比道以信爲本，中心不信，人誰親之？以是比人，宜有咎。四與初本相應，初動而正，往比之則有孚信矣。孚者，信之應也。《春秋傳》曰「小信未孚」，故「有孚，比之无咎」。初六坤土，坤爲腹，動之四成兑，兑爲口，巽爲繩。土器有腹有口，而繩引之，坎水盈其中，「盈缶」也。缶所以汲，質素之器，誠之象，水盈其中，亦誠信充實而无間之象，有孚之謂也。比之有孚，何咎之有？故曰「有孚盈缶」。初，始也。四，終也。初自四，復位終來也。四非正應，謂之它，子夏曰：「非應稱它。」初比之以誠信，其終也來，有它之吉矣。若始比不以誠，其能終有它乎？故曰：「比之初六，有它吉也。」陸績曰：「變而得正，故吉是也。」

六二，比之自内，貞吉。《象》曰：「比之自内」，不自失也。

六二、九五，中正相比，剛柔正而位當，聖人猶曰「比之自内」者，六二柔也，恐其自失也。二處乎内，待上之求，然後應之，比之自内者也，故貞吉。正則吉也。不能自重，汲汲以求比，動而自失其正，道亦不可以行矣。枉尺直尋，未有能直人者也，故曰：「『比之自内』，不自失也。」《易傳》曰：「士之修己，乃求上之道，降志辱身，非自重之道也。故伊尹、武侯救天下之心非不切，必待禮至而後出也。」

六三，比之匪人。《象》曰：「比之匪人」，不亦傷乎。

比之匪人，與「否之匪人」同義。子夏曰：「處非其位，非人道也。」三四處中，人位也。人道相比以正，六三柔而不正，處非其位。遠比于上六，以非道而不應；近比乎六四、六二，以不正而不受。天地之間未有不相親比而能自存者也。比之而人莫與，不亦可傷乎？虞翻曰：「體《剥》傷象。」彌子瑕曰：「孔子主我，衛卿可得也。」孔子曰：「有命。」魯桓公求會於衛，至桃丘，衛侯弗與之見。求比而不得，不亦可傷乎？可傷則悔吝不必言也。

六四，外比之，貞吉。《象》曰：外比於賢，以從上也。

四以五爲外。内外，相形而後有者也。六四當位，不内比於初，絶其繫應，外比於五，守正不動，則相比以誠矣，故貞吉。五，以德言之，剛健中正，賢也；以位言之，君上也。以正比賢，以臣比君，外比之所以吉歟？《易》曰「東北喪朋，安貞吉」，六四之謂乎！

九五，顯比，王用三驅，失前禽，邑人不誡，吉。《象》曰：顯比之吉，位正中也；舍逆取順，失前禽也；「邑人不誡」，上使中也。

九五，《比》之主，坎爲明，顯明比道者也，故曰「顯比」。五位乎正中，比者因以比之，不規規以求比於物，比之以正中之道，所以吉也，故曰：「顯比之吉，位正中也。」乾五爲王，自四至二，歷三爻，坤爲輿、爲衆，坎爲輪，田獵之象，「王用三驅」也。艮爲黔喙，坎爲豕，震爲决躁，内卦爲後，外卦爲前，嚮上爲逆，順下爲順，故曰「失前禽也」。顯比之道，譬之從禽。王者之於田也，三面驅之，闕其一面。逆而嚮我，則舍之；背而順我之射，則取之。舍之者，明比也；取之者，明不比也。所謂正中也。施於征伐，叛者[一]伐之，服者舍之，故曰：「舍逆取順，失前禽也。」坤在下爲邑，謂二也。「邑人」者，二乾也。二之五，艮見兑伏，兑爲口，「邑人不誡」也。王者之比天下，无遠邇、无内外、无親疏，不以邑人近則告誡而親之，不以僻陋之國遠則不誡而疏之，使人人以

[一] 「者」字原闕，據叢刊本、通本、薈要本補。

中道相比，無適無莫則吉。若顯比矣，其道猶狹，未吉也。故曰：「『邑人不誡』，上使中也。」或曰：安知捨逆之爲嚮我、取順之爲射取之？曰：觀其所殺而知也。射者從禽左而射之，由左達右。《詩》曰：「公曰左之，舍拔則獲。」故田有三殺，自左膘達於右腢爲上殺，射右耳本爲中殺，射左髀達於右骺爲下殺。面傷不獻，剪毛不獻。鄭康成曰：「禽在前來不逆而射之也，去又不射也。唯其走者，順而射之。」王弼亦曰：「趣己則舍之，背己而走則射之。」

上六，比之无首，凶。《象》曰：「比之无首」，无所終也。

六三動而比上，上比乎三成乾，乾爲首。三者上之始，上者比三之終。三不知比上，則比之无首；上不知比三，則比之无終。比之无首，无所終矣。正者宜吉，然上六不免於凶者，正而不〔一〕用也。道與人同者也，不相親比與比之而无首，雖正亦凶。

☰乾下巽上

小畜，亨。密雲不雨，自我西郊。《象》曰：小畜，柔得位而上下應之，

〔一〕「不」下，叢刊本、通本、薈要本有「知」字。

曰小畜。健而巽，剛中而志行，乃亨。「密雲不雨」，尚往也。「自我西郊」，施未行也。

柔自《姤》進而上行，至四得位，上下五剛説而應之，説則見畜矣。一柔畜五剛，小畜大，臣畜君也。爻非所應，亦曰「應之」。陰者，陽之所求也，故曰：「柔得位而上下應之，曰『小畜』。」此以六四言《小畜》之義也。下乾，健也；上巽，巽也。九二、九五，剛中也。健而濟之以巽則易入，剛不過乎中則志行於上下，兩者得則柔道亨，而陽爲陰所畜矣，故曰：「健而巽，剛中而志行，乃亨。」此以兩體二五言《小畜》之才也。兑，盛陰也。「密雲」者，兑澤之氣上行也。「雨」者，陽爲陰所得，相持而下者也。六四志在畜君，以往爲尚。畜君者，好君也。不得於君，其能畜乎？故曰：「『密雲不雨』，尚往也。」此再以六四言《小畜》也。乾，天也，在内外之交而見天際，郊之象；兑，西也。我者，内爲主，柔自下升。天地之理，陽唱則陰和。西郊陰也，密雲不雨，陰先唱也。以臣畜君，雖尚往也，然不待唱而先之，則其施未行。施者，膏澤下流也。柔得位，待唱而往，則君施行矣。故曰：「『自我西郊』，施未行也。」聖人言此，示臣强之戒，且曰：「陰畜陽，小畜大，終不可以成大事。」乾，天下之至健，至難畜者，非剛健、篤實、輝光、日新其德，豈能畜之？在卦氣爲四月，故《太玄》準之以《斂》。

《象》曰：風行天上，小畜。君子以懿文德。

天剛德，文柔德，風行天上，剛爲柔所畜，小者畜也，君子以是懿文德。《傳》言太虛无礙，大氣舉之。

初九，復自道，何其咎，吉。《象》曰：「復自道」，其義吉也。

聖人欲明陽不受畜於陰之義，故以《履》、《小畜》二卦反復明之。《小畜》，《履》之反，初本在上，二本在五，三本在四，故初、二皆以復言之，三受畜而不得復者也。初者，九之位，正也。正者，君子之道。初九不受畜而復四，猶未爲得所，宜有咎。然由正道而復，四亦以柔道下之，何其咎哉？於義吉也。

九二，牽復，吉。《象》曰：牽復在中，亦不自失也。

《小畜》以一陰畜五陽，五本二之位，五動則二應，同志者也。二，乾體，剛健；五，巽體，柔巽。二進而欲復其所，五以同志牽挽而復之。巽爲繩，爲股，艮爲手，「牽復」也。二牽挽而後復者，畜之已深，不若初九自道而復爲易。然在《小畜》之時，五能下之，引類自助，爲得中道，二復而在中，亦不自失其正而吉，兩得之也。《易傳》曰：「同患相憂，二五志同，故相牽連而復。二陽並進，則陰不能勝，得遂其復矣。」

九三，輿説輻，夫妻反目。《象》曰：「夫妻反目」，不能正室也。

《子夏傳》、虞翻本，「輻」作「輹」，當作「輹」。上九、九三本相應，若動而成震，坤其輿也。陽畫，輿下横木也，爲輹。九三見畜不可動，兑爲毁折，輿説輹矣，其能進乎？震爲夫，離爲妻、爲目，巽爲多白眼，九三剛而不中，見畜而怒，故反目相視。妻制其夫，男女失位，不能正室也。三、四巽離，有《家人》象，故以室言之。妻，齊也，敵夫之辭，震離同象，故曰「夫妻」。初、二畜於巽而復，獨九三畜於六四而不復者，九三失道，比於四而悦之也。陽无失道，陰豈能畜之？聖人詳言此者，爲陽畜於陰之戒。《易傳》曰：「未有夫不失道而妻能制之也。」《春秋傳》晋獻公筮嫁伯姬於秦，遇《歸妹》之《睽》，史蘇占之曰：「車脱其輹。」《歸妹》外卦震也，上六變離震毁，車脱其輹，與此爻及《大畜》九二同象。

六四，有孚，血去惕出，无咎。《象》曰：有孚惕出，上合志也。

五，君位，體巽，四近而相得，以正相比，臣畜君者也。四不繫於初，誠信孚於上，「有孚」也。三陽務進而上，四以一陰乘之，若畜之以力，陰陽相傷，可不惕懼乎？唯誠信孚於上，而與上之志合，則物莫之傷，而惕懼遠矣。伏坎爲血，爲加憂；巽爲多白眼，「惕」也。「血去惕出」者，四五相易，合志之象。《象》辭不言「血去」，蓋惕出則血去可知。九五之剛，六四在下，止畜其欲，非誠信感之、上下志合，是嬰龍鱗也，豈能畜哉？惟其有孚，志合守正而見信，故以此處上下之際而无咎。自古人臣得位，上畜乎君，下畜乎衆。君子不如六四之有孚，未有不傷。霍光之于魏相、蕭望之，卒見傷也。

九五，有孚攣如，富以其鄰。《象》曰：「有孚攣如」，不獨富也。

五近四相得，无應以分其志，「有孚」也。《易》言「交如」者，異體交也；言「攣如」者，同體合也。四五同巽體，君臣合志，「攣如」也。《小畜》一陰畜五陽，常恐力不足而見傷。五於畜時，雖得尊位而不能畜，以其富也。委之於鄰，併力而畜之，有孚攣如，則衆陽皆爲我用矣。陽實爲富，陰虚爲貧，四虚五實，而五與之共位食禄，四得盡其心，能以富用其鄰也。以，如師能左右之曰以。相比爲鄰，巽離亦鄰也。富以其鄰，不獨富，謂富善人也。

上九，既雨既處，尚德載。婦貞厲，月幾望。君子征凶。《象》曰：「既雨既處」，德積載也；「君子征凶」，有所疑也。

《大畜》，畜之以止，畜極則散；《小畜》，畜之以巽，極則畜道成矣。上九〔二〕動而畜三，九三

〔二〕九，原作「成」，通本、薈要本同底本，據叢刊本改。

止而見畜。坎見兑澤流,「既雨」也,既雨則陽與陰和矣。九三不往而還其所,「既處」也,既處則不進矣。陽剛健,既雨既處,豈一日畜之哉?柔巽易入,陽説而受制,則剛者退避,柔者尚之,積之甚微至於載之而有不知也。坎爲輪,乾陽德也而在下,巽陰德也而在上,陽反載之矣。巽爲婦,當以柔巽從夫,爲德陰而畜陽,柔而畜剛,非德之正。以是爲正守而不變,危厲之道。譬之月也,望則陰道盛滿,即復虧而成巽,巽畜乾,豈婦德哉?坎爲月,離日在兑西,月望之時也。六四未中,「幾望」也。「君子」,上九也。陰盛陽消,君子有害,動而去之則正,征以正行也。然不可動,動則凶,故不得已而處,有所疑也。巽爲不果,疑也。可動者,其唯《小畜》之初乎?

䷉兑下乾上

履虎尾,不咥人,亨。《彖》曰:履,柔履剛也。説而應乎乾,是以「履虎尾,不咥人,亨」。剛中正,履帝位而不疚,光明也。

履,踐也,言踐履之道。一柔而履一剛,上爲乾剛所履,不言剛履柔者,三柔《履》之主也。以柔履剛,踐履之難,處之得其道,履之至善也,故曰「柔履剛」,此以六三一爻言《履》之義也。卦後爲尾,兑爲虎、爲口,虎口咥人者也。乾,健也,上九極乾,六三以柔履其後,上九與三相易,上復成兑，是履猛虎之尾，怒而見咥者也。三兑體，下説乎人情，上應乎乾，上極健而我應之以和，雖剛而不忤，和而不流，柔而不犯，推是道以行，蹈呂梁之險可也。故處乎五剛之間，柔而能亨，關子明曰：「履而不處，其周公乎？」故曰：「説而應乎剛[一]，是以『履虎尾，不咥人，亨』。」此合兩體言《履》至尾[二]而亨也。九五以天德臨下，剛不中正，有所偏繫，則君子畏禍將去之，小人以柔邪而進，陽爲陰所病矣。九五中正踐帝位，立乎萬物之上，无所累其心，舜、禹之有天下也。《履》道至此，光明格於上下矣。離爲明，疚，病也，陰陽失位爲病。六三不正，五不應之，「不疚」也。故夫子贊之曰：「剛中正，履帝位而不疚，光明也。」今之王，古之帝也。獨於《履》言帝位者，《易》君德而當君位者五卦：《否》、《无妄》、《同人》、《遯》，乾體也而无履之時；有是德有是時而履是位者，唯《履》而已。上下履位，物物循理之時也。在卦氣爲六月，《太玄》準之以《禮》。

《象》曰：上天下澤，履。君子以辯上下，定民志。

天澤相際，目力之所極，則視之一也，而上下實異體，不可不辯。禮者，人所履，表微者也。坤

[一] 剛，各本同，據文義當作「乾」。
[二] 尾，通本、薈要本同，叢刊本作「危」。

爲民，巽爲不果，疑也。故君子以禮辯上下，定民志。古之治天下者，思去民之疑志以定之爾。

初九，素履，往，无咎。《象》曰：素履之往，獨行願也。

初在《履》之下而正，安於下不援乎上者也。四動而求之，斯可往矣，往以正不失其素履。往成巽，巽爲白，亦素也，故往无咎。《履》九五中正，君位也。四爻不正，初九獨正，往之四者，將以正夫衆不正，「獨行願」也，非厭貧賤也，非利富貴也，是以往无咎。《易傳》曰：「夫人不能自安於貧賤之素，則其進也，乃貪躁而動，求去乎貧賤爾，非欲有爲也。既得其進，驕佚必矣，故往則有咎。」

九二，履道坦坦，幽人貞吉。《象》曰：「幽人貞吉」，中不自亂也。

二動成震，震爲大途，坤爲平衍，「履道坦坦」也，道中正也。初動，二成坎，坎爲隱伏。初未往，二伏於坎中，「幽人」也。幽人言静而无求。及〔一〕初復位，動而不失其正，幽人之貞也。正則吉。初之應四，動而往，静而來，上下无常也。而在幽人守正，所履坦坦者，自若其中，不自亂也。坤爲亂，二正得中，「不自亂」也。久幽而不改其操者，其唯九二乎？《易傳》曰：「九二陽，志上

〔一〕及，通本，薈要本同，叢刊本作「反」。

進，故有幽人之戒。」

六三，眇能視，跛能履，履虎尾，咥人，凶。武人爲于大君。《象》曰：「眇能視」，不足以有明也；「跛能履」，不足以與行也；咥人之凶，位不當也；「武人爲于大君」，志剛也。

六三離，爲目，兑毁之，「眇」也。眇者不能視遠，言其智不足以有明也。巽爲股，兑折之，「跛」也。跛者不能行遠，言其才雖有上九之應，不足以相與而行也。卦一陰介五陽剛健之中，才智不足，處非其位，柔不勝剛，必凶禍，故曰：「咥人之凶，位不當也。」卦後爲尾，兑爲虎、爲口，履乾之後，三往乎上成兑，虎口噬之，咥人之象。六三位不當一〔一〕也，在卦言「不咥人，亨」，爻言「咥人，凶」者，卦體説而應乎乾，應則以〔二〕柔應剛，以説應健，如列禦冠所謂「達其怒心」也。爻則才知不足，而有爲于大君，妄動也，是不知宋王之猛者也。乾五爲君，上九大君也。兑，西方，肅殺之氣，「武」也。天右行，故天事武，三居中，志也。六柔居三，「志剛」也。六三往之上九，武人有

〔一〕一，叢刊本、通本同，薈要本校改作「故」。
〔二〕「以」字原闕，據叢刊本、通本、薈要本補。

爲于大君，志剛則決，不慮其才，知不足而決於有爲，致咥之道，盆成括是已。觀六三妄動而凶，則知初九之往爲吉矣。

九四，履虎尾，愬愬，終吉。《象》曰：「愬愬終吉」，志行也。

九四履三陽之後，下有兑虎，「履虎尾」也。五剛，四近君多懼，然以陽居陰，謙而不處，動成震，震爲恐懼，「愬愬」也。恐懼則敬慎，敬慎則動无非正。始也履虎尾，終也恐懼不失其正，而志上行于君，「終吉」也。中爲志，動則行。

九五，夬履，貞厲。《象》曰：「夬履貞厲」，位正當也。

六三「履虎尾，咥人，凶」者，位不當也。九五其位正，其德當，而貞厲者剛，天德不可爲首也。九五履乎正位，當用六三之柔濟乎剛，健而説，決而和，斯可以履天下之籍矣。人君擅生殺之柄，不患乎无威，患乎剛過，不能以柔濟，則臣下恐懼而不進，人君守此不變，危厲之道。兑爲決，三五相易成夬，故曰「夬履」。或曰：六三不正，何以用之？義取柔濟剛也。《易傳》曰：「古之聖人，居天下之尊，明足以照，剛足以決，勢足以專，然未嘗不盡天下之議。」

上九，視履考祥，其旋元吉。《象》曰：元吉在上，大有慶也。

祥者，吉之先見，生於所履者也。視我之所履，則吉之來可考而知之矣。天下之理，未有出而不返者也。上九所履不邪，其旋反者必元吉也。陽爲大爲慶，上動以正，乃致大有吉慶之道，故曰「元吉在上」。三在内爲離目，「視履」也。上動而三有慶，「其旋元吉」也。上，《履》之終，故其祥可考焉。

漢上易傳卷二

上經

䷊乾下坤上

泰，小往大來，吉亨。《彖》曰：「泰，小往大來，吉亨」，則是天地交而萬物通也，上下交而其志同也。内陽而外陰，内健而外順，内君子而外小人。君子道長，小人道消也。

小者自内而往，大者自外而來，陰陽之氣往來相交，故亨。交以正，故吉。「吉亨」者，吉以亨也。以天地言之，乾坤交而成震。震，「萬物通」也，天地之泰也。以上下言之，上下交而二五不失中，「其志同」也，君臣之泰也。不交則不通，不同則不交，此再言《泰》小往大來，所以吉亨也。以氣言之，内陽而外陰則通；以德言之，内健而外順則通；以天下言之，内君子而外小人則通。泰者，通而治也，是故君子内則其道日長，小人外則其道日消，如是則能存泰而不入於否矣。闕子明曰：「乾來内，坤往外，則君子闢，小人闔，故名之曰泰，反是名之曰否。作《易》者其闢君子而通小人之闔也，故以君子名其卦。」在卦氣爲正月，故《太玄》準之以《達》、《交》。

《象》曰：天地交，泰。后以財成天地之道，輔相天地之宜，以左右民。

泰者，天地交也。財成、輔相者，以人道交天地也。兑，刻制，坤，成物，因天地之道而財成之也，則物不屈於欲。震左，兑右，「輔相」也。因天地之宜而輔相之，則人不失其利。左右亦震兑也。坤爲民，財成輔相以左右民者，立人道也。財、裁古通用。

初九，拔茅茹，以其彙征，吉。《象》曰：拔茅征吉，志在外也。

茅，上柔下剛而潔白，君子之象也。拔其一則其根牽引，連茹而起，君子引類之象也。茹，根也，三陽同志，外有應。初九上應四，四來援之成巽，初往成震，震爲蕃鮮，巽爲白茹者，初九之剛也。初往，則二三同類牽連而進，伏艮而〔一〕手拔茅連茹，「以其彙征」也。征，正行也，利於正行，故吉。君子在上，必引其類，將以合君子之類，併天下之力，以濟其道於泰，不然小人以朋比而强，君子以寡助而弱，亦何由泰哉？

〔一〕 而，叢刊本、通本、薈要本作「爲」。

九二，包荒，用馮河，不遐遺，朋亡，得尚于中行。《象》曰：「包荒」，「得尚于中行」，以光大也。

兑爲澤，震爲萑，陂澤荒穢之象。二之五以陽包陰，「包荒」也。坎爲大川，出乾流坤，行於地中，河之象也。震足，蹈川徒涉也。徒涉曰馮，「馮河」也，勇於蹈難而不顧者也。二近五遠，「不遐遺」也。陽與陽爲朋，二絶其類而去，「朋亡」也。人狃於泰，政緩法弛之時，當有包含荒穢之量，以安人情。用馮河越險之勇以去弊事，民隱忽於荒遠，人材失於廢滯，故戒以不遐遺。近己者愛之，遠己者惡之，大公至正或奪於私昵，故戒以朋亡。四者具，乃得配六五而行中道，所以然者，光明廣大，不狹且陋也。六五柔中以下九二，二剛中而配五，坎離日月充滿六合而无私照，其道光大如是，則无一物不泰矣。《易》言道大无所不容者曰「光大」，思慮褊狹者未光大，陋之謂也。時已泰矣，苟淺中不能容之，則輕人才、忽遠事、植朋黨，好惡不中，不足以厭服人心，天下復入於否。六五曰「中以行願也」，九二曰「中行」，中道者，所以存泰也。横渠曰：「舜、文之治，不過是矣。」

九三，无平不陂，无往不復。艱貞，无咎。勿恤其孚，于食有福。《象》曰：「无往不復」，天地際也。

初、二上往，四、五復位，坤平衍也，化爲山澤，平者陂矣。若九三不守其位，而又往上六，坤復，《泰》將成《否》，故戒之。觀无平不陂，則知无往不復矣，九三在天地之際，往者當復，泰者當否，時將大變，唯艱難守貞，確然不動乃无咎。三與上六，有孚者也。陰陽失位爲憂。憂，恤也。三上相易，「恤其孚」也。天地反復之際，外之小人必因内之君子有危懼之心，乘隙而動，著信於我，君子應之則大事去矣，禍至於覆其宗。艱貞，勿恤其孚，不以利害之心移其守，以拒險詖之勢，以塞反復之路，自信而已，于食有福矣。兑爲口，三陽爲福，君子之干禄也。修身俟命，人之信否，无以爲也，故能永享安榮與有泰之福。或曰：時運已往，艱貞其如何？曰：天人有交勝之理。闗子明曰：「象生有定數，吉凶有前期，變而能通，故治亂有可易之理。」大哉人謨，其與天地終始乎？

六四，翩翩不富，以其鄰，不戒以孚。《象》曰：「翩翩不富」，皆失實也；「不戒以孚」，中心願也。

陽實爲富，陰虚爲貧。以，用也。鄰，五與上也。陽必求陰，陰必求陽，陰陽之情也。三陽在下，上與三陰相應，故陰得其主而安於上，君子在内、小人安於外之象也。三陽相率而往，三陰失實，各復其所，故翩翩然下之，初六成巽，巽爲雞，而五與上亦從之而復，不富而用其鄰也。「不富」者，失實也。「翩翩」者，回翔而後下之意。譬如葉墜井中，翩翩而下，以井氣扶之也。君子初去位，小人猶有顧忌，君子盡去，然後飛揚矣。君子有益於世如此，可使一日去位乎？兑口，「戒」也。上下相應，「孚」也。君子往則小人來，兑象毁，「不戒以孚」也。不正之間，獨行正者，君子之願也；衆正之間，而行不正者，小人之願也。願皆出於中心，而分君子小人者，正不正之間耳。是以君子艱貞，聖人言此明天地將閉，上下各復其所，雖有聖智，莫能止也。《易傳》曰：「理當然者，天也，衆所同也[一]。泰既過中，則變矣。」

六五，帝乙歸妹，以祉，元吉。《象》曰：「以祉元吉」，中以行願也。

史謂湯爲天乙，又有帝祖乙，有帝乙。陽虎謂帝乙爲微子之父，而子夏謂「帝乙歸妹」，湯之歸妹也。湯一曰天乙。京房載湯歸妹之辭曰：「无以天子之尊而乘諸侯，无以天子之富而驕諸侯。陰之從陽，女之順夫，本天地之義也，往事而夫[二]，必以禮義。」則帝乙，湯也。五，君位，乾九二居之，帝也。帝，天德也。女以嫁爲歸，震爲長男，兑爲少女，由長男言之，「妹」也。六五降其尊位，下交九二，帝乙歸妹之象也。五以柔中下交九二，剛明之賢而順從之。九二復以剛中上交於五，而其道上行，五以是成治泰之功，則以中道致福，而獲元吉也，故曰「以祉元吉」。祉，福

[一] 衆所同也，通本、薈要本同，叢刊本作「衆所同者時也」。
[二] 而夫，叢刊本作「爾天」，通本、薈要本作「爾夫」。

也，元吉者，吉之至善也。夫上交於五者，豈唯九二之願，亦六五之願。二五道行，君臣並吉，非其願乎？故曰「中以行願也」。

上六，城復于隍，勿用師。自邑告命，貞吝。《象》曰：「城復于隍」，其命亂也。

上六治極而亂，以一卦言之，闕土爲隍，積而成城。泰兑之象，城高而墜，復歸於隍，泰反爲否也。師，衆也，坤爲衆。城復于隍，則天地閉塞，君失其民，故勿用師。邑，二也，巽爲命，泰兑口爲告，坤爲亂。四之初成巽，「告命」也；五之二，「自邑告命」也；上之三成坤，「其命亂」也。當是時，雖九五正其道，不行於下，「貞吝」也，雖自邑，人人而告諭之。其命曰亂，不可正矣。蓋泰之方中，君臣同心，乃可以治，泰過此則變，必至於大亂而後已。

䷋坤下乾上

否之匪人，不利君子貞，大往小來。《象》曰：「否之匪人，不利君子貞，大往小來」，則是天地不交而萬物不通也，上下不交而天下无邦

也。内陰而外陽，内柔而外剛，内小人而外君子，小人道長，君子道消也。

天地相交，是生萬物，其卦爲《泰》。人於其中，爲天地萬物之主。觀之人則天地相交，萬物咸備，故三偶在上，三奇在下，鼻口居天地之中，交泰也。天地當交而否之，匪人道也。聖人位乎兩間，以立人道，否之則人道絶滅矣，故曰「否之匪人」。《泰》，初、三、四、上得位，二五以正相易，正者衆，君子多也。《否》，初、二、四、上不正，二五獨正，正者少，不正者衆，小人多也。泰多君子，否多小人，豈天[一]降之才有殊哉？否時君子消，小人長，自中人以下，化之爲不正，雖有君子，寡徒少偶，難乎免於衰世，於是有善人載尸，哲人之愚，括囊无咎无譽，故曰「不利君子貞」。大者自内而往，小者自外而來，乾坤不交。震反成艮，艮者，萬物之終也，故曰「萬物不通也」。坤在上爲邦，在下爲邑，治天下之道，自庶人達於大夫，大夫達於諸侯，諸侯達於天子。上下不交，坤反於下，則民困而主不恤，下怨而上不知，俗已敗而政不修，雖有邦國，内外塞矣，故曰「天下无邦也」。以氣言之，内陰而外陽，乾闔而坤也。以形言之，内柔而外剛，氣反而死也。一陰自《姤》長而爲

[一]「天」字原闕，據叢刊本、通本、薈要本補。

《遯》、爲《否》，小人之道日長，君子之道日消，其禍至於空國而无君子。極坤疑乾，君臣相傷，故聖人於此終言之。

《象》曰：天地不交，否。君子以儉德辟難，不可榮以禄。

天地不交，上下否塞也。泰坤吝嗇，「儉」也。兑澤險，「難」也。震蕃鮮，「榮」也。《否》反《泰》，乃有君子當天地不交之時，以儉德避難，不食而遯去，雖有厚禄不可榮之之象。

初六，拔茅茹，以其彙，貞吉，亨。《象》曰：拔茅貞吉，志在君也。

初六自下引九四以退，有艮巽。九四應初，巽成震。艮爲手，「拔」也。巽爲白，震爲蕃鮮，上柔下剛而潔白者，「茅」也。茹，九四之剛也。三陽同類，「以其彙」也。四應初，正也。能與其類，退而守正，得處否之吉。身雖退伏，其道亨矣。五爲君，四近君，志中也，屈伸進退相爲用也。君子之退，以小人得志，故安於下，以俟其復，未嘗一日忘君也。君子所以屈而能伸，退而能進，此否所以爲泰之本歟。故曰：「拔茅貞吉，志在君也。」

六二，包承，小人吉，大人否亨。《象》曰：「大人否亨」，不亂群也。

五包二，二承之，「包承」也。順以承上，小人之正也。六二在《否》之時，得位在内，「小人」也，故曰「小人吉」。九五中正在外，包小人而容之，雖包小人，而亦不亂於小人之群。坤爲亂，三陰，小人群也。包則和，不亂群則不流，此大人處否而亨歟？不曰「君子」者，處否而亨非大人不能，若同流合污，則否而已，焉得亨？天地相函，陰陽相包，《否》六二、六三，《姤》九三，皆以陽包陰，大者宜包小也。

六三，包羞。《象》曰：「包羞」，位不當也。

六三得時，進而處上。九四辭尊，退居於下，見六三則包容之，而六三始有處不當位之羞。何以知其羞乎？體巽而自動，是以知其羞也。管仲謂齊侯「恭而氣下，言則徐，見臣有慚色」是也。六二、六三，小人之致否者也，君子與之力争則否結而不解矣。自古君子不忍於小人，以及禍害者常多，故《易》爲君子謀，必包容之，使下者知所承，上者知所愧，庶幾有泰之漸也。三四相易，巽成離，離爲目，羞愧之象，與《恒》九三[一]「或承之羞」同。

九四，有命，无咎，疇離祉。《象》曰：「有命无咎」，志行也。

九四否道已革，故於此言濟否之道。四爲朝廷，五爲君，巽爲命。疇，類也；祉，福也。九四剛而履位，有濟否之才而近君，能下君命於朝廷，五錫以六二之祉福，則陽德亨矣，否可以濟矣。

[一] 三，原作「五」，叢刊本、通本同底本，薈要本校改作「三」，據改。

人誰咎之哉？四應初，三應上，君子之類附麗其祉以進，九四之志行乎下矣。五錫二成離，離，麗也。志者，中也。荀諝謂志行乎群陰也。《易傳》曰：「君道方否，據逼近之地，所惡在居功取忌。若動必出於君命，威福一歸於上，則无咎而其志行矣。」

九五，休否，大人吉。其亡其亡，繫于苞桑。《象》曰：大人之吉，位正當也。

休，息也。九四否道已革，九五息否之時，二五相易，陰息於五，故曰「休否」，言九五之動也。大人居尊位正也，中正而健，德當乎位也。位者，聖人之大寶，雖有其德，无其位，不可也。有其位，无其時，不可也。息天下之否者，其惟有其位，有其德，又有其時乎？故曰：「大人之吉，位正當也。」言九五之不動也。然未離乎否也，故又戒之。九五不動，不能與二相易，則安其位者也，保其存者也，有其治者也。安其位者必危，保其存者必亡，有其治者必亂，故曰「其亡其亡」。此又因九五不動，以明戒也。苞桑，其葉叢生者也。巽爲木，上玄下黄，三陽積美而根於坤土，其根深固，「苞桑」也。巽爲繩，繫也，維也，慮其危亡且亂，當繫之維之，使其根深固以防否之復，故曰「繫於苞桑」。如是則大人吉，非位正德當，能无凶乎？《易傳》曰：「漢之王允、唐之李德裕不知此，所以致禍敗也。」

上九，傾否，先否後喜。《象》曰：否終則傾，何可長也。

上九《否》之終，天運極矣，人情厭矣。君子動於上，六三應於下，否毀兑成，如決積水而傾之，莫之能禦也。始也否塞，先否也；終也傾否，後喜也。兑爲説，陰陽得位爲喜。巽爲長，理極必反，否終則傾，何可長也？《易傳》曰：「反危爲安，易亂爲治，必有剛陽之才，故《否》之上九則能傾否，《屯》之上六則不能變屯。」

䷌離下乾上

同人于野，亨。利涉大川，利君子貞。《彖》曰：同人，柔得位得中而應乎乾，曰同人。同人曰，「同人于野，亨，利涉大川」，乾行也。文明以健，中正而應，君子正也。唯君子爲能通天下之志。

《姤》陰自初進至二成卦，以陰居陰，得位也。二，得中也。乾九五，位正德當，二以柔順應之，各得其正，而其德同，故曰「同人」。人道，父子、君臣、夫婦、朋友、長幼，其位不同而相與會於大同者中也。過與不及，睽異而不同矣。人受天地之中以生未始不同，得其所同，然則心同，心同則德同，故曰：「柔得位得中而應乎乾，曰同人。」此以二、五釋《同人》之義也。乾，天也，曰同人，何也？三畫以初爲地，以二爲人，三爲天；重卦四即初也，五即二也，上即三也。六二應乎九五，同人也。以其同人，故曰「同人」、「曰同人」。上九，天際也，故曰「野」。野者，曠遠无適莫之地。常人之情，其所同者，不過乎昵比之私，而同人之道不以繫應，達于曠遠，无適无莫，其道乃亨。有一不同，爲未亨也。《同人》至于上九，則遠近内外无不同者，故曰：「同人于野，亨。」二自下至上，皆成兑澤，決爲大川，險阻艱危之象。乾，健也，能與天下同之，其行健矣，則險阻艱危何往不濟，故曰：「利涉大川，乾行也。」乾行自子至巳，坤行自午至亥。二柔上進，乾爻下行，不曰「坤行」者，《同人》坤變乾。初九子上至巳，聖人因以寓乾坤之行焉。坤爲文，坤變離爲文明。文，理也。萬物散殊，各有其理，而理則一。聖人視四海之遠、百世之後，如跬步、如旦暮者，通於理而已。惟燭理明則能明乎同人之義，然非克己行之以健，不蔽於欲者，不能盡其道。克己則物我一矣，文明以健然後中正无私，靡所不應，天下之志通而爲一。夫《同人》之義，以四言該之：文明也，健也，中也，正也。以一言盡之，正而已矣。不正則燭理必不明，行己必不剛，施諸人必無相應之理，反求於心不能自得，其能通天下之志乎？故曰：「文明以健，中正而應，君子正也。唯君子爲能通天下之志」。此合二五兩體以言《同人》之才也。《易傳》曰：「小人惟用其私意，故所惡者雖是而異，所比者雖非亦同，其所同者則阿黨，蓋其心不正也。故同人之道，利在君子貞。」以卦氣言之爲七月，故《太玄》準之以《昆》。

《象》曰：天與火，同人。君子以類族辨物。

天體在上，而火炎上，二五相與，天與火也。同人之道，同而无間，如天與火然，故曰：「天與火，同人。」離，麗也，一陰麗於二陽，陽本乎天，炎上者，類也，故君子以類族。然乾，陽物也，離，陰物也，其物各異，故君子以辨物。類族者，合異爲同；辨物者，散同爲異。

初九，同人于門，无咎。《象》曰：出門同人，又誰咎也？

初九動，艮爲門，人道同乎人者也。同人於門內，不若同人於門外之爲廣也，故曰「同人於門」。初九動失正，宜有咎，四來同之，初、四各得其正，蓋善者人之所同，然其誰咎我哉？故曰：「出門同人，又誰咎也？」

六二，同人于宗，吝。《象》曰：「同人于宗」，吝道也。

二往同五，復成離，五來同二，復成乾。往來相同，乾、離各反其本宗。同人于宗，所同狹矣，吝道也。《易傳》曰：「同人不取君義，私比非人君之道。」

九[一]三，伏戎于莽，升其高陵，三歲不興。《象》曰：「伏戎于莽」，敵剛

[一] 九，原作「六」，據叢刊本、通本、薈要本改。

也；「三歲不興」，安行也。

離爲甲胄，爲戈兵。三動，有震、巽、艮之象。震巽，草木莽也。艮爲山，在下體之上，「陵」也。震爲足，巽爲高，升于高陵也。三不動，則伏戎于莽。言九三剛而不中，不能同人，與五爭應。二者，五之所同，九三貪其所比，據而有之，故伏戎于莽，將以攻五。慮其不勝，又升高陵而望焉。然五陽剛居尊位，二本同五，非三之所當有，於義屈矣。故望其敵，知其不可犯也，反於中知義不可行也。乃退而守下，比於二，二亦自若。然則非道而同乎人者，動而爭之，不可得也，不動而比之，不可得也，奚益矣，終其〔一〕能行哉？故曰：「『伏戎於莽』，敵剛也；『三歲不興』，安行也。」乾爲歲，三歲，三爻也。

九四，乘其墉，弗克攻，吉。《象》曰：「乘其墉」，義弗克也。其吉，則困而反則也。

九三動而爭二成坤土，在内外之際，「墉」也。九四乃欲擣虚自上乘之，故曰「乘其墉」。四動入坎險，有弓矢相攻之象，故曰「攻」。三非犯己，二非己應，雖乘墉入險，豈其宜哉？故曰：

〔一〕其，叢刊本、通本、薈要本作「豈」。

「『乘其墉』，義弗克也。」三動四乘之成坎，四動上復乘之成兑，兑、坎，困象也，故曰「困」。弗克攻，則已矣，何謂吉？吉者，正也，謂其乘墉入險，力已盡而二不應，困而知反，反而不失其則也，是以吉。則者，理之正，天地萬物之所不能違者，豈勢力所能奪哉？古《易》本云：「反則得則，得則吉也。」一本云：「反則得，得則吉也。」定本作「其吉，則困而反則也」。

九五，同人，先號咷而後笑，大師克相遇。《象》曰：同人之先，以中直也；大師相遇，言相克也。

三伏戎於莽，四乘其墉，動而争二，五成巽、震、坤，坤爲喪，巽爲號，震爲聲，「號咷」也。二非三、四之所能有，三、四不動，二自往同於五，離目動爲笑。理之所同，非争之所能得，非不争之所能亡，故曰：「九五，同人，先號咷而後笑。」當三、四動時，九五若動而争之，非用大師不能克，三、四之强而與二相遇，坤爲衆，自上入險而克三，三亦自下而克五，有師之象。言用力如是，其難始克。相遇，遇非會之正也。故曰：「用大師克相遇，言相克也。」三、五相克而與二遇，豈會之正哉？王弼謂「執剛用直」，「不能使物自歸」是也。然同人之先號咷，何邪？曰：以中直也。直者，乾之動也，理之所在也。理直矣，三四抑之，望人者深，故號咷也。觀乎所同，物情見矣，是故不得其所同則怨，怨而无告，則號咷隨之。豈惟人哉，鳥雀亡其類，則啁啾而鳴；犬〔二〕獸亡其群，則躑躅而悲。未有失其所同，不如同人之先者也。《易傳》曰：「九五君位，而爻不取人君同人之義者，蓋人君當與天下大同，而五專以私昵應於二，失其中正之德，非君道也。又先隔則號咷，後遇則笑，乃私昵之情，非大同之體也。二之在下，尚以同於宗而爲吝，況人君乎？」

上九，同人于郊，无悔。《象》曰：「同人于郊」，志未得也。

上九在外，遠於二，未得志也。動而得正，内同九三，雖未得二，不爲无所同也，故動而无悔。九三乾，天際而在内外之交，有郊之象。《同人》於剛健之爻，三伏戎，四乘墉，五用大師。上九遠於二，處不争之地，動而无悔，九三自至。同人之義，其在於不與物争，而物情自歸乎？

䷍乾下離上

大有，元亨。《彖》曰：大有，柔得尊位大中，而上下應之，曰大有。其德剛健而文明，應乎天而時行，是以元亨。

〔二〕犬，薈要本同，叢刊本、通本作「大」。

《小畜》「柔得位而上下應之」，六四也。六四畜之以巽，是以小畜。《大有》柔得尊位，則有利勢；得大中之道，則得人心。而又執柔履謙，有而不恃，故上下五陽皆應，能有其大。六五而言大中，五者大中之位，柔得之也，故曰「大有」。不言「有大」者，大不可有也。此以六五一爻言有其大。夫天下至大也，有其大者未必能元亨，致元亨者，由乎其才。內乾，剛健也；外離，文明也。剛健則不息，文明則能順萬物之理而明有是德矣。推而行之不失其時者，隨天而行也。蓋六五自《同人》之二，固始以正矣，以時而行，是以元亨。此合兩體，推原六五言《大有》之才也。才者，能爲是德者也。《同人》曰「文明以健」，《大有》曰「剛健而文明」，何也？《同人》九五健矣，不言剛者，剛，天德不可爲首，不言剛，抑之也。《大有》六五柔得尊位，嫌於剛不足，故曰「剛健」。或曰：《大有》，師賓之道也。曰：《大有》尚賢自六五言，上九乃有師賓之象。《象》言《尚賢》者，唯《大畜》也。

《象》曰：火在天上，大有。君子以遏惡揚善，順天休命。

《大有》自《姤》一陰四變，皆有惡與善之象。惡者，不正也；善者，正也。乾陽休善也，巽命也。至于五變成離，離爲火，在天上明盛。《大有》之時，惡者遏絶，善者顯揚，此豈人力之所能爲哉？順天休命而已。故古者進賢退不肖之命，謂之休命，或謂之明命。

初九，无交害，匪咎，艱則无咎。《象》曰：大有初九，无交害也。

初九守正无交，在他卦未有害。《大有》柔得尊位大中，上下應之，而初九无交，則害也。正匪可咎，艱以守正，擇可而後交，則无咎。交道難，不可苟合也。四來下初，己乃可動，此王丹自重之爻乎？

九二，大車以載，有攸往，无咎。《象》曰：「大車以載」，積中不敗也。

六五不有其大，屈體下交九二而倚任之，猶大車也。坤爲輿，乾變坤爲大車，九二剛中而居柔，剛則不[一]勝，中則不過，居柔則謙順，具此三者往之，五以任天下之重，猶車載[二]。大有物歸者衆，富有之時，六五中而未極，故有攸往，无咎。往之得正也。盛極則不可往矣。陽爲重，五中也，積重其中而剛不傾撓，「積中不敗」也。大車以載者，貴夫積中不敗也。《大有》六五而任小，才不勝其任矣。

九三，公用亨于天子，小人弗克。《象》曰：「公用亨于天子」，小人

[一] 不，叢刊本、通本同，薈要本校改作「能」。
[二] 「載」下，叢刊本、通本、薈要本有「也」字。

害也。

二者，君之位〔一〕，《春秋傳》晉文公將納王，使卜偃筮之，遇《大有》之《睽》，曰「吉。遇『公用亨于天子』之卦，戰克而王享，吉孰大焉？」杜預曰：「《大有》九三爻辭也。」則卜偃時，讀《易》作「公用亨于天子」，杜預亦然。京房曰：「亨，獻也。」干寶曰：「亨，燕也。」姚信作亨祀。義雖小異，然讀爲亨則同，今從舊讀。三五相交，三乾變離兑，乾爲天，離爲日，兑爲澤。卜偃謂「天爲澤，以當日，天子降心以逆公」是也。夫天子施澤於下，降心而説，有粲然之文者，莫如公之享於天子也。天子饗諸侯之禮，必於祖廟，六五承上九，宗廟饗於祖廟之象也。上六備九獻之禮，乃以圭鬯祼賓客，設大牢體薦之俎，備金石之樂。升歌下管於獻酬之時，王以琥璜繡黼束帛送爵。坤離爲文明，三五相際之象，九三剛健而正，與五同功，故用此爻當天子之饗，則无驕亢矣。若小人虚之，柔弗勝其任，處之不當，必有滿盈之害，豈特害於而家哉？三五既交，易剛爲柔，聖人因柔以著戒焉。

九四，匪其彭，无咎。《象》曰：「匪其彭，无咎」，明辨晢也。

〔一〕二者君之位，叢刊本、通本、薈要本作「三者公之位」。

彭，《子夏傳》讀作「旁」。旁，盛滿貌。離，大腹象也。《大有》至四，盛矣，昧者處之盈滿而不知變，安得无咎？九四不安其位，震見離毁，懼而守正，抑損不至於滿，匪其彭，故无咎。所以然者，以其明而辨於盈虚之理甚白也。離爲明，兑口爲辯。晳，荀氏作「晰」。

六五，厥孚交如，威如，吉。《象》曰：「厥孚交如」，信以發志也；威如之吉，易而无備也。

五執柔守中，以誠信交於下，而其孚在二。孚，信之應也。二交於五，體異志同，厥孚交如也。二以誠信交五，發五之剛志。謂之「發」者，五本有剛，因二而發之。信以發志，積誠不已，至於不怒而威則吉。威，剛嚴也，六柔變九而在上，威之象也。《大有》之時，人心安易，若專尚柔順，則下无戒備，凌慢生矣。二乾爲易，交五離變乾，二復成離，離爲戈兵，下有戒備之象。《易傳》曰：「夫以柔孚接下，衆志悦從，又有威嚴，使之有畏，善處大有者也。」

上九，自天祐之，吉，无不利。《象》曰：大有上吉，自天祐也。

《繫辭》曰：「天之所助者，順也；人之所助者，信也。履信思乎順，又以尚賢也，是以『自天祐之，吉无不利』。」此特曰：「大有上吉，自天祐也。」上九，《大有》之極，盛極則衰，凶將至矣。而上吉者，以自天祐也。六五履信思順，尚賢而人助之，人助之則天助之，吉，无不利。上、五相易，乾成兑，兑爲言而正信也。坤，順也，乾爲天，兑爲右。右，助之也。上九動而正，正則吉，故曰「大有上吉」。

䷎艮下坤上

謙，亨，君子有終。《彖》曰：謙，亨。天道下濟而光明，地道卑而上行。天道虧盈而益謙，地道變盈而流謙。鬼神害盈而福謙，人道惡盈而好謙。謙尊而光，卑而不可踰，君子之終也。

《復》三變、《剥》四變，皆成《謙》。《彖》辭以《剥》上九言之者，在上而降下者，謙也。處下而能卑者，常也，未足以盡謙之義。上九降三，六三升乎上，此《謙》所以亨也。尊卑相去，其位不同，於是情睽勢隔，上下不通，尊者既屈，卑者獲伸，然後上下交而功勛成矣。以天地言之，天道下濟，地道上行，萬物化生，其道光明。而所以光明者，陽濟乎陰也，非謙亨乎？曰「濟」，曰「光明」，坎象也，此以《剥》之上九、六三升降言「謙亨」也。天陽地陰，鬼神者天地之大用，人也者參天地而行鬼神者也。天地也，鬼神也，人也，以分言之則殊，以理言之則一。故觀日月之進退，則知天地之虧益矣；觀山川之高卑，則知地道之變流矣；觀人事之得喪，則知鬼神之禍福矣；觀物論之取捨，則知人情之愛〔二〕惡矣。變禍爲害者，言不利也。是數者，无不以盈爲去，以謙爲尚。九在上，盈也，三往損之則爲虧盈、爲變盈、爲禍盈、爲惡盈。三在下，謙也，九來益之，爲益謙、爲流謙、爲福謙、爲好謙。流之者，坎也；益之、福之、好之者，陽也。此再以上九、六三論盈虚之理明謙也。九三自上位降而言之，則尊而光，天道下濟是也。自九三卑位言之，則卑而不可踰，山在地中是也。謙之爲德其至矣乎！所處尊矣，道則彌光也；所執卑矣，而德則彌尊也。君子觀諸天地，驗諸幽明，故處卑而不争，居尊而能降，愈久而不厭，乃能有終，故曰「君子有終」。此再以九三言君子體謙而終也。上者，外卦之終；三者，内卦之終也。以卦氣言之，小寒也，故《太玄》準之以《少》。

《象》曰：地中有山，謙。君子以裒多益寡，稱物平施。

裒，鄭、荀諸儒讀作「捊」，取也，字書作「掊」。山在地中，則高者降而下，卑者升而上，高卑適平。劉表曰「謙之爲道，降己而升人」者也。以象考之，上三陰多也，下一陰寡也，艮爲手，掊也，故君子取有餘益不足。以貴下人，則貴賤平矣；以財分人，則貧富平矣；以德分人，則賢不肖

〔二〕愛，叢刊本、通本、薈要本作「好」。

平矣。然物之不齊，物之情也，所謂平者，非漫无尊卑、上下、差等也。稱物而施，適平而止。平者，施之則也。坎爲水，天下之平施者，无水若也。

初六，謙謙君子，用涉大川，吉。《象》曰：「謙謙君子」，卑以自牧也。

初六本《復》之六三，以柔退居《謙》之下，謙之又謙者也。謙謙，故能得衆，用之以犯大難，況居平易乎？三坎爲大川，初動之四成巽股，「涉大川」也。自牧者，自養也。牧畜者擾之得其宜，一童子自後鞭之足以制其剛，大然後其剛可用也。坤爲牛，艮爲少男。初處柔在内，其動剛，「卑以自牧」也。君子卑以自牧，則能謙，謙則能得衆。此爻施之於自牧則可，施之於他則卑已甚矣。

六二，鳴謙，貞吉。《象》曰：「鳴謙貞吉」，中心得也。

《謙》自初六卑以自牧，積其德，至於六二，柔順而中正，其樂發於聲音而不自知，故鳴謙。動成兑，兑爲口、爲説，雖鳴也，而非求應，以正爲吉，吉自有也。是以求福不回，守正而已，非中心自得，无待於外者能之乎？何以知其自得？以鳴謙也。

九三，勞謙，君子有終，吉。《象》曰：勞謙君子，萬民服也。

坎，勞卦，三與五同功，九三勞而有功，以陽下陰，安於卑下。艮見兑伏，勞而不伐，有功而不德，君子致恭以存其位之道也。内卦以三爲終，故曰：「勞謙，君子有終，吉。」夫有血氣者，必有争心，故有能而矜之，有功則伐之，未有不争，争則危矣。九三致恭，上下五陰宗之，萬民服矣，其誰争之？所以能存其位。存其位，所以有終，吉也。萬，盈數，合乾坤陰陽之策乃盈，是數唯天地之元始生萬物足以當之，《易》言「萬國」、「萬民」、「萬夫」，大之辭也。《易傳》曰：「古人有當之者，周公是也。」

六四，无不利，撝謙。《象》曰：「无不利，撝謙」，不違則也。

六四坤體柔順而正，上以奉六五之君，下以下九三勞謙之臣，上下皆得其宜，故曰：「无不利，撝謙。」艮爲手，止也，震，起也，手止而復起，有揮散之象。六四揮散，其謙之道布於上下，「撝謙」也。所以奉上下下，无不利者，非事是君爲容悦也，非持禄養交也，不違其則而已。人之大倫，天下之正理也。理之所至，天地萬物之所不能違，故謂之則。不違其則，无往不得其宜，則无往不利矣〔一〕。子夏曰：「撝謙，化謙也。」言上下化其謙也。京房曰：「上下皆通，曰揮謙是也。」謂三撝之、四化之，誤矣。

六五，不富以其鄰，利用侵伐，无不利。《象》曰：「利用侵伐」，征不

〔一〕无往不得其宜則无往不利矣，叢刊本、通本、薈要本作「无往而不得其宜則无不利矣」。

服也。

陽實，富也；陰虛，貧也。鄰謂四與上也。以，用也，能左右之也。富而能以其鄰者，常也；不富而能以其鄰者，以六五處尊位而謙虛也。能以其鄰，則能得衆，得衆故利用侵伐，无不利。五動成離坎，上與四變，有弓矢甲胄之象，「以其鄰」也。動之二入坎險，「侵伐」也。征者，上伐下，以正而行也。司馬法曰：「負固不服則侵之。」聖人慮後世觀此爻有戈兵〔一〕妄動，不省厥躬者，故發之曰「征不服也」。六五謙虛，六二恃險不應，乃可以侵伐，禹征有苗是也。若我不謙虛，彼不肯服，自其宜也。

上六，鳴謙，利用行師，征邑國。《象》曰：「鳴謙」，志未得也。可用行師，征邑國也。

六五征不服，上六又曰「征邑國」者，征邑國非侵伐也，克己之謂也。君子自克，人欲盡而天理得則誠，誠則化物无不應。有不應焉，誠未至也。上六極謙至柔，九三當應，止於下而不來，故鳴。陰陽相求，天地萬物之情。坤爲牛，應三震，有鳴之象，故曰「鳴謙」。鳴而求應，志未得也。

〔一〕戈兵，叢刊本、通本、薈要本作「干戈」。

然則如之何？反求諸己而已，其在勝己之私乎？克己則无我，物我誠一，則物亦以誠應之矣。坤在侯位爲國，在大夫位爲邑，上至二體《師》，上以正行之三，正也。三之上，坎險平，「征邑國」也，故曰：「可用行師，征邑國也。」《易傳》曰：「邑國，己之私有也。征邑國，謂自治其私也。」

䷏坤下震上

豫，利建侯，行師。《彖》曰：豫，剛應而志行，順以動，豫。豫順以動，故天地如之，而況建侯行師乎？天地以順動，故日月不過，而四時不忒。聖人以順動，則刑罰清而民服。豫之時義大矣哉！

《豫》，《謙》之反，《謙》九三反而之四，四動群陰應之，其志上行，以順理而動也。我動彼應，豈不豫乎？豫，和豫也，休逸閑暇之謂也。故曰：「豫，剛應而志行，順以動，豫。」此以九四合坤震二體而言《豫》也。《謙》九三在三公之位，自二以上有《師》體，反之則三升四，四爲諸侯，三公出封之象，故利建侯。師動而往，行師之象，故利行師。二者皆順以動。周之大封，湯、武之征伐，无非順民欲也。順民欲則民説之，説，豫也。豫順以動，雖天地之大猶不能違，故天地如其理而動，而況建侯行師乎？乾坤，天地也，坎有伏離，日月也，二至也。天之動始於坎，歷艮與震而左行；地之動始於離，歷坤與兑而右行，是以日月會爲牽牛，萬物成於艮，故曰：「天地以順動，故日月不過，而四時不忒。」此以九四互體論坤震之義也。坎爲律，「刑罰」也。坤爲衆，「民」也。艮，止也。聖人之動，必順乎萬物之理。法之所取，必民之所欲也；法之所去，必民之所惡也。故法律止於上，刑罰清簡也；衆止於下，民服從也。故曰：「聖人以順動，則刑罰清而民服。」此以互體之坎變艮，推廣坤震以盡《豫》之義也。然意味淵長，言之有不能盡，故夫子贊之曰：「豫之時義大矣哉！」《易傳》曰：「《豫》、《遯》、《姤》言時義，《坎》、《睽》、《蹇》言時用，《頤》、《大過》、《解》、《萃》言時，各以其大者也。」以卦氣言之，春分也。《太玄》準之以《樂》。或問互體之變有幾？曰：體有六變。《春秋傳》畢萬筮仕於晉，遇《屯》之《比》，辛廖占之曰：「震爲土，車從馬，足居之，兄長之，母覆之，衆歸之，六體不易。」廖以震坤合而言六體也。且以《豫》卦九四論之，自四以上，震也；四以下，艮也；合上下視之，坎也；震有伏巽，艮有伏兑，坎有伏離。六體也。變而化之，則无窮矣，故曰「雜物撰德」。其微顯闡幽之道乎！

《象》曰：雷出地奮，豫。先王以作樂崇德，殷薦之上帝，以配祖考。

雷之出地，奮然而作，萬物豫之時也。九四具天地日月雷霆風雨，萬物化生，作樂起於冬至黄鍾之象。郊野者，天際也。在内外之際爲郊。坤爲牛，坎爲血，陽爲德。《豫》自《復》三變，初九升四，「作樂崇德」也。殺牛於郊，薦上帝也。上帝，乾在上之象。殷，盛也。自四至上，震變坤，坤爲衆，故曰「殷」。禮有「殷奠」、「殷祭」，言盛也。五變《比》，乾爲考；六變《剥》，乾爲祖。以配祖考者，報本反始也。

初六，鳴豫，凶。《象》曰：「初六鳴豫」，志窮凶也。

四者，《豫》之主，初六不中正而順，從逸豫者也。初、四相易成震，震爲聲，有相應而鳴之象。從逸豫而發於聲音者也，故鳴。初六，《豫》之始，於其始也鳴豫，至於末流，則志窮而凶。中爲志，謂四也，初復動而之四，則止而不行，其志窮矣。太康、后羿之事乎？

六二，介于石，不終日，貞吉。《象》曰：「不終日，貞吉」，以中正也。

四艮爲石，初、三不正，二介於不正之間，上交於三而不諂，下交於初而不瀆，確然如石不可轉也。夫始交者，安危之幾，不諂不瀆，則不過乎中，故曰「介于石」。三爲内卦之終，二動離爲日，「不終日」也。所謂幾者，始動之微，吉之端可見而未著者也。離目爲見，見之，是以不〔一〕終日而作，作則動也。《豫》之時，上下逸豫失正，諸爻之才多與時合，二以中正自守，不溺於豫，可謂見

〔一〕「不」下，叢刊本、通本、薈要本有「俟」字。

幾矣。備豫之道也，不俟終日而作，以貞故吉。貞者，守正之謂也。心不動則中正，中也故見不中，正也故見不正，中正故知微知柔，不罹於咎，故曰：介于石，焉用終日。

六三，盱豫，悔，遲有悔。《象》曰：盱豫有悔，位不當也。

三、四處位不當，同而不和者也，睢盱上視而不正也。向秀曰：「小人喜悦佞媚之貌。」四，《豫》之主，三以柔順承之，動成巽，巽爲多白眼，睢盱上視，佞媚以求豫，而四不動，則悔其動，故盱豫，悔[一]。三不能去，且静而待之，四又[二]動，故遲有悔，悔其不動。四艮體，止於上，三動巽爲進退，故動静皆有悔。三猶豫如是，无他，位不當也。小人悦於豫，寧悔而終，不以所處爲不當而去之，柔不正故也。

九四，由豫，大有得。勿疑，朋盍簪。《象》曰：「由豫，大有得」，志大行也。

四爲《豫》之主，五陰順從，由己以致豫，故曰「由豫」。以一陽而從[三]五陰，大者有得也，故曰

[一] 則悔其動故盱豫悔，通本、薈要本同，叢刊本作「則悔，悔其不動四，故盱豫悔」。

[二] 「又」下，叢刊本有「不」字。通本、薈要本同底本。

[三] 從，通本、薈要本同，叢刊本作「得」。

「大有得」。然不免於疑者，在近君危疑之地，无同德之助，衆陰不從五而從己也。疑謂伏巽，巽爲不果，坎見巽伏，故勿疑。盍，合也，五交四也。言積誠不已，下情通於上也。坎爲髮、爲通，四剛在上下衆柔之際，交而通之，猶簪也。髮非簪則散亂不理，安有髮之柔順而不從簪乎？夫朋歸己而致疑於五者有二，招權也，專功也。下情通於上，上下既交以誠，何疑於招權？不有其功，歸美於上，其中洞然，何疑於專功？四五相易，伏巽象毁，則四剛中之志上行，率天下而從五，何疑於朋之衆乎？五不疑四，四不疑五，君臣上下各守其正，爲由豫也大矣。先儒以坎爲髮，何也？曰：以巽爲寡髮而知也。乾爲首，柔其毛也，故須象亦然。

六五，貞疾，恒不死。《象》曰：「六五，貞疾」，乘剛也；「恒不死」，中未亡也。

四以剛動，爲《豫》之主，衆之所歸，權之所主也。五以柔溺沈冥於逸豫而乘其上，豈能制四哉？六五受制於四而不可動，亦不復安豫矣，故此爻獨不言豫。不可動則於正爲有害，故曰「貞疾」。《恒》，震巽也，天地可久之道也。六五動，則有震巽恒久之象。人君中正，然後六二爲之用，九四同德也，何乘剛之有？五不可動以失正也，故九四爲腹心之疾，然主祭祀、守位號而猶存者，正雖亡而中未亡也。中者，人心也，中盡亡則滅矣，故曰：「貞疾，恒不死。」言貞雖有疾，其中固在，能動以正則可久矣，恒未嘗死也。坤爲死，震爲反生，未亡之象。周室東遷，齊、晋二伯托公義以令諸侯，中未亡也。失天下者多矣，必曰豫者，威權之失，必自逸豫也。諛臣進，女謁行，大臣專主威，則社稷移矣。《易傳》曰：「若五不失君道，而四主於豫，乃任得其人，安享其功，如太甲、成王也。」

上六，冥豫。成有渝，无咎。《象》曰：冥豫在上，何可長也。

上六，《豫》之終〔一〕，沉冥於豫，成而不變者也。坤爲冥昧，古之逸豫之人，固有不恤名聲之醜、性命之危而樂之者，不知因佚樂之過，變前之爲，乃善補過也，何咎之有？故曰：「成有渝，无咎。」聖人發此義，以勉夫困而學者焉。上六動之三成巽，巽爲長，四坎爲可，冥豫在上而不變，未有不反，何可言也。

䷐震下兑上

隨，元亨利貞，无咎。《彖》曰：隨，剛來而下柔，動而説，隨。大亨貞，

〔一〕終，原作「中」，據叢刊本、通本、薈要本改。

无咎，而天下隨時。隨時之義大矣哉！

《隨》自《否》來，上九之初。剛，人之所隨；柔，隨人者也。上九過剛而不反，君子小人相絶，非道也。剛來下於柔，柔往而隨之，下動而上説，動而可説，所以隨也。自初九言之，君子之道爲衆所隨，人君屈己以從[一]善者也。自六二[二]、上六言之，臣下之奉命，學者之從義，臨事之從長，无非隨也，故曰「隨」。此以剛柔相易，合兩體而言《隨》也。上九之初，大者亨也，其亨以貞也。上九過剛嘗有咎矣，无咎者，善補過也。大者亨以貞，利於正也，又善補過，至於无咎，天下豈不動而説以隨之乎？故曰：「元亨利貞，无咎。」此以初九一爻言《隨》之道也。《易傳》曰：「《隨》之道，利在於正，隨得其正，然後能大亨而无咎。失其正，則有咎矣，豈能亨乎？」《春秋傳》穆姜往東宮，筮之，遇《艮》之八，史曰：「是謂《艮》之《隨》。」姜曰：「是於《周易》曰：『隨，元亨利貞，无咎。』有四德者，隨而无咎。」蓋穆姜時，以元亨利貞爲《隨》之四德。夫子作《彖》辭，然後明元亨利貞者，大亨正，非若《乾》之四德也。夫天下之隨君子者，隨其正也。君子之動者，隨其時也，時无常是，以正爲是。君子得其正，天下是之，是之斯隨之矣。天下之物静而在下，莫如澤

[一] 從，叢刊本、通本、薈要本作「隨」。
[二] 六二，原作「初六」，據叢刊本、通本、薈要本改。

也，驚蟄既至，雷動於澤中，澤氣隨之，下者上，靜者動，誰爲之哉？時也，故曰：「大亨貞，无咎，而天下隨時。」然隨時之義，非達權知變者不能盡，或因或革，或損或益，人之所説不以强去，人所不説不以强留，如天地之隨時乃无咎矣，故曰：「隨時之義大矣哉！」「天下隨時」，王昭素曰：「舊本多不連『時』字。」王弼亦曰：「得時，則天下隨之矣，隨之所施，唯在於時也。」胡旦曰：「王肅本作『隨之』。篆字『之』爲『㞢』，『時』爲『旹』，轉隸者增『日』爲『時』。」胡説爲長。在卦氣爲驚蟄，二月中，故《太玄》準之以《從》。

《象》曰：澤中有雷，隨。君子以嚮晦入宴息。

雷降於兑，息於坤。坤，晦也，澤中有雷，「嚮晦」也。天地之動靜，陰陽之明晦，自大觀言之，晝夜之道也。君子隨時之道，著而易見者，莫若隨晝夜也，晝則嚮明而動作，夜則嚮晦而宴息，自有天地以來，未之能違者〔二〕，知此則知用天地陰陽矣。君子日用而知，小人日用而不知。

初九，官有渝，貞吉。出門交有功。《象》曰：「官有渝」，從正吉也；「出門交有功」，不失也。

〔二〕 未之能違者，叢刊本、通本、薈要本作「未有能違之者」。

五乾爲君，巽爲命，四受命於君，以帥其屬，官之象也。初應四，動其屬也。初隨四，四隨事，事有變動，剛而不知變，不足以隨事。渝，變也。故曰「官有渝」。變有正否，變而不正，惟官是隨，非交修不逮也。不知大亨正，无咎也。九四變而正，以剛下柔，其道足以使人隨之。初九隨之者，隨其正也，不隨其不正也。正則吉，故曰「從正吉也」。人之情，隨同而背異，隨親昵而背疏遠，故朋友責善，或牽於妾婦附耳之語，溺於私也。初在内安之，又比於二，二初相易，皆失正，私昵之爲害也，故戒之以「出門交有功」。四艮爲門，初捨二出交於四，「出門」也。出門交之，不失其正，何往而无功？故曰「不失其正也」。《易傳》曰：「隨當而有功。」

六二，係小子，失丈夫。《象》曰：「係小子」，弗兼與也。

四艮爲少男，有乾父坤母，小子也；初震爲長男，有巽婦，夫也。隨利於正。初九正也，九四不正也。二與四同功，以情言之，柔必隨剛，陰必隨陽，初九、九四皆陽剛也，其能兼與之乎？四雖在上，不正也；初雖在己之下，正也。六二，係情於四，比初不專。雖與之相比，而情不親；雖有中正之德，而所隨非其人。其失在於不能權輕重也，故曰：「係小子，失丈夫」「弗兼與也」。臨事擇義，於六二、六三見之。

六三，係丈夫，失小子。隨有求得，利居貞。《象》曰：「係丈夫」，志舍下也。

先儒舊讀「舍」音「捨」。張弼讀「舍」，與《乾》九二「時舍也」之「舍」同。辭曰「利居貞」，《象》曰「志舍下也」，以舍訓居，弼讀爲長。三、四相比，近也；四、三无應，宜相親也。以陰承陽，以下隨上，順也。三寧失其親比而順者，而係情於初，以初正，四不正也，故曰：「係丈夫，失小子。」三柔不能自立，而隨初，是去昏而隨明，背非而隨是，違不善而從善，得隨之宜也。初亦以三同體而又下之，故三之隨初，有求而得。艮爲手，求也。初、三相易，得正也，三苟知隨，而已不知自處以正，人將拒我，其能久乎？蓋隨人宜以柔，處己當以正，六三之隨，利居貞也，此三所以係初歟！巽爲繩，係也。

九四，隨有獲，貞凶。有孚在道，以明，何咎？《象》曰：「隨有獲」，其義凶也；「有孚在道」，明功也。

三不隨四，四據而有之，「獲」也。獲，難辭也。二與三當隨五，爲四所隔，下而從初，四在大臣之位，處可懼之地，與五争三，能无凶乎？三、四易位，正也，雖正亦凶，義不可有三，故曰「貞凶」，《象》曰「其義凶也」。然四終不可以有三乎？曰：非不可有也，動而有孚於道，无意於有三，而三自隨之，可也。初九其行以正，所謂道也。道之所在，故初九爲《隨》之主。四動正，與初相應，「有孚在道」也。四正而誠孚於道，則三亦唯正之隨，豈惟有三，而二亦隨初，是率天下以隨五，而成隨之功也。三、四易位成離，離爲明，以明則无獲三之咎，无咎則无凶可知。故有孚在道者，明之功也。《易傳》曰：「孚誠積中，動必合道，故下信而上不疑。古人有行之者，伊尹、周公、孔明是也。」

九五，孚于嘉，吉。《象》曰：「孚于嘉，吉」，位正中也。

陽爲美，九五位正中，美无以加於是矣，故曰「孚于嘉」。吉者，誠信孚於二也。二，正中也。五不有其美，隨六二之中道，則得物之誠，二樂告以善，故能不過而止於至善。觀乎位正中，則知孚於二而吉矣。道之中，天地萬物所不能違，有之則生，无之則死，故謂之至善，謂之至美，雖子路之勇、禹之智、大舜之明德，不能加毫毛矣。《易傳》曰：「自人君至於庶人，隨道之吉，惟在隨善而已。下應六二之正中，隨善之義也。」或問：午亦有美矣，何謂陽爲美？曰：陰舍陽以爲美者也。至兑而陰見陽伏，至坤而萬物虚，陽美盡則午之美亦盡，故嘉之會者，謂乾亨也，坤品物咸亨者，含弘光大也，坤豈能專之？是以《坤》三含美以從王，《天保》歸美以報上。

上六，拘係之，乃從維之，王用亨于西山。《象》曰：「拘係之」，上窮也。

上六，《隨》之窮也。窮則變，變則不隨。然而隨者非禮義拘係之，又從而維持之，不能也。三、上相應，三有艮巽，艮手拘之也，巽繩係之也。上窮反三復成巽，乃從而繫維之也。拘之使不動，係之使相屬，繫維之使不得去。三，坤也。坤爲衆，衆之悦隨上六，固結有如此者。昔周之太王用此爻以亨於西山，杖策而去，隨之者如歸市，非得民之隨，豈能使已窮而更隨至於不可解乎？兑，西也，艮爲山，乾五爲王，三上往來不窮，亨也。先儒以此爲文王之爻，誤矣，故《易傳》正之曰：「周之王業，蓋興於此。」

䷑巽下艮上

蠱，元亨，利涉大川。先甲三日，後甲三日。《彖》曰：蠱，剛上而柔下，巽而止，蠱。蠱，元亨而天下治也。「利涉大川」，往有事也。「先甲三日，後甲三日」，終則有始，天行也。

《春秋傳》秦醫曰：「於文，皿蟲爲蠱。穀之飛亦爲蠱。在《周易》，女惑男，風落山，謂之蠱。」《尚書大傳》曰：「乃命五史，以書五帝之蠱事。」《雜卦》曰：「《蠱》則飭也。」則蠱非訓事，事至蠱壞，乃有事也。《泰》初九之剛上而爲艮，上六之柔下而爲巽，剛上柔下，各得其所，事已治矣。下巽而已，莫予違也，上亦因是止而不復有爲，則禍亂之萌乃伏於已治之中，遂頽靡而不振，亦何異於皿蟲縠飛、男惑山落之類哉？故曰：「剛上柔下，巽而止，蠱。」此以《泰》變，合二體而言《蠱》也。然而治蠱之道不遠，在乎上下之志交而元亨，則天下復治矣。《泰》初九，始也，始而動，剛柔相易而亨，「元亨」也。元亨而天下治，始而亨者也。兑爲澤，决之爲川，初九越兑成艮，艮爲指，「利涉大川」也。初九犯難，顧望而不爲蠱，不可得而治矣。上下志交，動以濟大難，往事乎蠱也。巽爲事，故曰「元亨」，「利涉大川，往有事也」。此因初上之交言治蠱之道也。天道之行，終則有始，无非事者，聖人於《蠱》、《巽》二卦明之。《蠱》，東方卦也；《巽》，西方卦也。甲者，事之始；　庚者，事之終。始則有終，終則更始，往來不窮。以日言之，春分旦出於甲，秋分暮入於庚。以月言之，三日成震，震納庚，十五成乾，乾納甲，三十日成坤，滅藏於癸，復爲震。甲庚者，大地之終始也。蠱，事之壞也；　巽，行事也。變更之始，當慮其終，事久而蠱，當圖其始。先甲三日，圖其始也。《蠱》一變《大畜》，乾納甲，再變《賁》，離爲日，乾三爻在先，「先甲三日」也。先三變《頤》，四變《噬嗑》，離爲日，五變《无妄》，乾納甲，乾三爻在後，「後甲三日」也。先甲者，先其事而究其所以然；　後甲者，後其事而慮其將然。究其所以然，則知救之之道；　慮其將然，則知備之之方。一日、二日至於三日，慮之深，推之遠，故能革前弊，彌後患，久而可行，圖始者至矣。漢嘗削諸侯之地矣，唐嘗討弑君之賊矣，令下而兵起，言出而禍隨，昧治蠱之道也。不曰「乾行」

者，周而復始也。納甲之説，乾納甲子、甲寅、甲辰，而壬在其中，納壬午、壬申、壬戌，而甲在其中。坤納乙、癸亦然。《易傳》曰：「後之治蠱者，不明乎聖人先甲、後甲之戒，慮淺而事近，故勞於革〔一〕亂而亂不革，功未及成而弊已生矣。」夫《蠱》言先甲、後甲於彖，《巽》言先庚、後庚於九五一爻，何也？曰：《蠱》者，《巽》九五之變也，上剛下柔，巽而止，所以爲蠱也。《巽》則九五位乎中正，事有過中而當變更，則更之以適於中，蠱何由生乎？明此，九五之功也。以卦氣言之，三月卦，故《太玄》準之以《務》、《事》。

《象》曰：山下有風，蠱。君子以振民育德。

風，木之氣；山，百物之所阜生。木氣動摇於土石之下，陽升風鼓，草木敷榮，飭蠱之象。《黄帝書》曰：「東方生風，風生木。」《傳》言「景霽山昏，蒼埃際合，崖谷若一，岩岫之風也。」君子體之於民也，振作之使不倦。將振作之，則自育其德，德日進則民德生矣。震動在外，「振民」也。兑澤在内，「育德」也。育德者，振民之本。史言風落山，取女説男，蠱之象，此言飭蠱之象，故取象巽。

〔一〕革，叢刊本、通本、薈要本作「救」。

初六，幹父之蠱。有子，考无咎，厲，終吉。《象》曰：「幹父之蠱」，意承考也。

乾爲父，《泰》初九之上，父往矣，「考」也。坤子來居父之位。父往而其事不正，「咎」也，有子幹之，考可以无咎矣。厲，危也。子居父位，以事之不正，爲危厲之道，則變而之正，於考爲无咎，於己爲終吉，堪任其事者也，故曰「有子」。然變其事而之正，毋乃改父之道乎？曰：柔巽者，子承考之意也。變其事而之正，致其考於无咎者，子幹父之蠱也。巽柔而已，陷父於有咎而不恤焉，豈考之意哉？故以我之意逆父之意而承之，則變其事可也。變其事者，時有損益，不可盡承，所以從道也。孝子生也諭父母於道，及其没也，以意承考，事死如事生之道也。貞，事之幹也。幹父之蠱，則初六變而正矣。意者，中心之所欲也。坤爲中，巽柔坤也，故曰「意」。

九二，幹母之蠱，不可貞。《象》曰：「幹母之蠱」，得中道也。

坤居尊位，母道〔一〕也。以陰居陽，處之不當，事之蠱也。九二巽爲子，應五而處内，幹母之蠱者也。坤陰柔爲難輔，處之不當則當正。然正之則剛，或至於傷恩，不正之則致母於有咎，故不可

〔一〕「道」字，叢刊本、通本、薈要本無。

貞。言巽而動，優柔不迫，得中道則善矣。事柔弱之君亦然。《易傳》曰：「以周公之聖輔成王，成王非甚柔弱也，然能使之爲成王而已，不失其道則可矣，固不能使之爲羲、黄、堯、舜之事也。」

九三，幹父之蠱，小有悔，无大咎。《象》曰：「幹父之蠱」，終无咎也。

上九處位不當，「父之蠱」也。九三重剛，幹父之蠱而剛過中者也。剛過，動則小有悔，然无大咎者，雖過而正也。三，下卦之終，故又曰「終无咎」。夫无大咎，未免小有咎，聖人以謂終无咎，以其體巽也。《易解》曰：「不應上，子之能争而不從其父令者也。」

六四，裕父之蠱，往見吝。《象》曰：「裕父之蠱」，往未得也。

六四柔而止，不能去上九之蠱，寬裕自守而已，裕父之蠱者。諸爻以剛爲幹蠱之道，九二、九三、初六、六五五〔一〕之動曰幹。六四曰裕者，不剛也，不能動也。吝者，安其位而不能往，動成離，離目爲見，故「往見吝」。初六應之，牽於下亦不得往矣，故曰「往未得也」。漢之元帝是已。

六五，幹父之蠱，用譽。《象》曰：幹父用譽，承以德也。

六五居尊位尚柔，下應九二，二與之體兑，兑爲口，譽之象也。二易五，柔成剛，其德中正，上

〔一〕「五」字疑衍，叢刊本、通本、薈要本「五」字不重。

承上九，「幹父之蠱，用譽」也。以德承父，下之服從者衆，以是去蠱，用力不勞，則幹父之蠱，莫善於用譽矣。蠱之患非一世，譬如人嗜酒色、餌金石，傳氣於子孫者，潰爲癰疽，死與不死，在治之如何耳。秦皇、漢武窮兵黷武一也，秦亡而漢存者，始皇无子，而武帝有子以幹之也。必曰「承以德」者，譽謂德譽，非虛譽也。隋煬以儉聞，以奢敗，虛譽也。

上九，不事王侯，高尚其事。《象》曰：「不事王侯」，志可則也。

《蠱》之終，有不事者。上九，自巽往於外，處《蠱》之上，而不當位。巽爲事，爲高。尚，上也。五王、四侯、三公位，上執剛不屈，不事王侯，高尚其事。夫自臺輿至王公，无非事者，不事王侯，何以貴之？謂其志於三，三无應則去之，不累於物，其志爲可則也。《易傳》曰：「伊尹、太公望之始，曾子、子思之徒是也。所謂『志可則』者，進退合道也。」

☱☷ 兌下坤上

臨，元亨利貞，至于八月有凶。《彖》曰：臨，剛浸而長，説而順，剛中而應，大亨以正，天之道也。至于八月有凶，消不久也。

剛自《復》浸，浸以長大而後有《臨》。一氣不頓，進兌爲澤，二、三、四、五進而不已，浸長也。臨，以大臨小，其進非一日而大，大則小者自順，此臨之時也，故曰「臨」。兑説，坤順，説而順其民也。九二剛中，六五應乎外，則説而順者，非苟説之，順乎理也，《臨》之道成而大亨矣。然其端始於《復》之初九，剛反動於初，正也，浸長而之九二。大者亨以正，故亨。造端不正，其能大亨乎？此《臨》之道也。夫天之道，剛始於子，進而至《臨》，又進而至《泰》，然後萬物通亦以正也，故曰「元亨利貞」。《象》曰「説而順，剛中而應，大亨以正，天之道也」，天之道，言乾也。「至于八月有凶」，戒進之不已也。陰陽消長，循環无窮，自子至未，八月而二陰長，陰長陽衰，其卦爲《遯》，小人道長，君子道消，不可以久。不直曰凶者，有凶之道。聖人闔，小人闢，君子凶未必至。范長生以八月爲《否》，誤也。周正建子。劉牧曰：「《遯》之六二消《臨》之九二。」《卦略》曰「《臨》，剛長則柔微，柔長故剛遯」是也。《臨》在《復》、《泰》之中，方長而戒之，不俟乎極也。故堯、舜、禹三聖人相戒，必於臨民之初，過此則无及已。在卦氣爲十二月，故《太玄》準之以狩。

《象》曰：澤上有地，臨。君子以教思无窮，容保民无疆。

水，天下之至柔也，以土制水，宜若易者。然迫之以險隘，奔潰四出，壞之而後已，居之以寬大，則畜而爲澤矣。君子之於民也亦然。臨之以勢，勢有盡也；親之以教，教无窮也。是以忘有盡之勢，思无窮之教。教思无窮，則待之非一日也，故包容之、保有之而无疆。无疆者，坤德也，厚之至也。三代之民不忘乎先王之澤者，教之也。三代而下，一決則横流而不可復者，臨之以勢也。《説卦》以坎爲盜，兑爲少女，《大象》以澤爲民，何也？曰：善保之則吾民也，坎非坤衆能爲盜乎？《易傳》曰：「无窮，至誠无斁也。」

初九，咸臨，貞吉。《象》曰：「咸臨貞吉」，志行正也。

以大臨小者，臨之道。以上臨下者，臨之位，故諸爻位以上爲臨。五者，《臨》之尊位也。初九、六五非應也。初處下而説，五自應之。初兑體，之五成艮，山澤相感之象。咸，遍感也。无心相感也，故曰「咸臨」。初九正，正其始也，初與四爲正應，然之四不正，五感之動而上行，則正位以臨其民，而萬物正矣。舜德升聞，豈有心乎？有心則凶，不正亦凶，故曰「貞吉」。初九，其始正者，非一日正也。古之人正其心，及感之而動，舉斯心以加諸彼，志行正也。

九二，咸臨，吉，无不利。《象》曰：「咸臨，吉，无不利」，未順命也。

二有剛中之德而應五，動而正，吉，无不利。无心於臨，五自感之，二之五成艮，澤山象也，故亦曰「咸臨」。九居二有不利，然處下而説。曰「吉，无不利」者，以未順命也。九二，待時者也〔二〕。

〔二〕也，叢刊本、通本、薈要本作「乎」。

二至四有伏巽，巽爲命，坤，順也。《易傳》曰：「未者，非遽然之辭。《孟子》，或問『勸齊伐燕有諸？』曰『未也』。亦非遽然之辭也。」夫初九有應而不應，九二有應而未順。君子之樂，王天下有不與存焉，臨非君子之所樂也。

六三，甘臨，无攸利，既憂之，无咎。《象》曰：「甘臨」，位不當也；「既憂之」，咎不長也。

六三，有臨下之位，而无臨下〔一〕之德，柔不當位，以口説人，「甘臨」也。若當位則不言而信，何俟於説人乎？子朝之文辭，新室之姦言，内不足也。處則不當，之上則不應，「无攸利」也。雖甘臨，能无咎乎？陽浸長，自下進，宜憂也。六三知處不當位，能下九二之賢，降尊接卑，二、三相易成坎，坎爲加憂。陰陽失位既憂之，又加憂，則正，正則无咎。夫咎豈長哉？在我而已，二至四有伏巽，巽爲長，二、三相易，巽變坎，故曰：「『既憂之』，咎不長也。」

六四，至臨，无咎。《象》曰：「至臨无咎」，位當也。

臨，以大臨小，四居下之上，爲五所任而比於下，得君而近民者也。臨道尚近，臨之至也。以

〔一〕下，叢刊本、通本、薈要本作「人」。

陰處四爲得正，體坤爲處順，與初相應爲下賢，得君近民而又兼此三者，所以无咎。此无他，位正德當也。故曰：「『至臨无咎』，位當也。」

六五，知臨，大君之宜，吉。《象》曰：「大君之宜」，行中之謂也。

兼天下之明而不自用者，知也。五處尊位，虚中而納二，五、二相易成坎，坎爲水内景，知也。兼九二之明而不自用其明，陽爲大，此大君用天下之明以臨天下，於臨之義爲宜。相易而正，正則吉，故曰：「知臨，大君之宜，吉。」所謂大君之宜者，行中之謂也。二以剛中上行，五以柔中下行，上下相交，五兼二而用之，上下行中道也。不交則明何由生，義何由明？故曰：「『大君之宜』，行中之謂也。」王弼曰：「聰明者竭其視聽，智力者盡其謀能。」

上六，敦臨，吉，无咎。《象》曰：敦臨之吉，志在内也。

上六，《臨》之極，極則窮，變而通之，其敦臨乎？上與二非正應，而陰必求陽，志在乎内者。處《臨》之極，非内有賢人之助，不能資其臨下之道。尊賢取善，以剛益柔，厚之至也，故曰「敦臨」。坤，厚也。二之上成艮，爲篤實。厚而篤實，敦之象天[一]。正則吉，无咎。上、二相易而曰

[一] 天，叢刊本、通本同，薈要本作「大」。

「吉」、曰「无咎」者，得九二之助，然後上安其位，臨道不窮。安其位，所謂「吉」；不窮，所謂「无咎」。故曰：「敦臨之吉，志在内也。」《易傳》曰：「臨，陰柔在上，非能臨者，宜有咎。以其厚於順剛，則无咎。」

䷓坤下巽上

觀盥而不薦，有孚顒若。《彖》曰：大觀在上，順而巽，中正以觀天下。「觀盥而不薦，有孚顒若」，下觀而化也。觀天之神道，而四時不忒，聖人以神道設教，而天下服矣。

《觀》，成卦之義在於九五。九五剛大，履至尊之位，四陰觀之。大者在上，而下爲小者之所觀。坤爲衆，巽爲多白眼，有觀上之象，故曰「大觀在上」。此以九五釋《觀》也。下順上巽，順物之理，巽而施之也。九五无偏黨反側，建極立表，天下注目，故曰：「順而巽，中正以觀天下。」此合坤巽言九五大觀在上之道也。《觀》，《臨》之覆。《臨》兑爲澤，艮爲手，上爲宗廟，巽，入也。入宗廟而澤手，「盥」也，與《内則》「沃盥」之「盥」同。坤爲牛，兑爲刑殺，殺於下，手薦之於上，「薦」也。孚者，九五之誠信孚於下也。乾爲首，兑變之，肅然在上，莊而不惰，有敬順之貌，「顒若」也。

《觀》之道，至簡而不煩，其要在誠而已，无待於物也，故明之以宗廟之禮焉。宗廟之禮，所以致誠敬也。散齋七日，致齋三日，祭之初迎尸，尸入廟，天子涚手而後酌酒。涚，謂之盥。酌酒獻尸，尸得之灌地而祭，謂之祼。祼之後，三獻而薦腥，五獻而薦熟，謂之薦。故獻之屬莫重於祼，而盥者未祼之時，精神專一，誠意未散，不言之信，發而爲敬順之貌者，顒顒如也。故下觀而化，金聲而玉色，莫不有敬順之心。及其薦獻，禮文繁縟，人之精一不若始盥之時，雖强有力者，猶有時倦惰矣。以此見下之觀上，在誠而不在物，其道豈不至簡而不煩乎？是以觀盥而不觀薦也。巽眼視艮而兑伏，觀盥而不觀薦之象也。巽，巽也，坤，順也，二應於五，化爲巽順，故曰：「『觀盥而不薦，有孚顒若』，下觀而化也。」聖人嘗觀諸天也，四時本於陰陽，陰陽合而爲一，一則神，神者天之道也。故陰陽自行，四時自運，人見其始於艮，終於艮，无有差忒而已。孰爲此者？一也。聖人觀天設教，亦一而已矣。一則誠，誠則明，明則變，變則化。不假强聒，人自服從，亦豈知所謂一哉？惟天下至誠爲能化，故曰：「觀天之神道，而四時不忒，聖人以神道設教，而天下服。」此推原《觀》卦之始，要其終而言之，以明「大觀在上」，其道止於誠，誠則順而巽，中正以觀天下矣。以卦氣言之，八月節也，故《太玄》準之以《視》。

《象》曰：風行地上，觀。先王以省方，觀民設教。

風行地上，无所不周，觀也。先王以巡省四方，象風之行；觀民設教，象風行於地上，巽而順萬物也。巽爲多白眼，觀也。坤爲民。《易傳》曰：「觀民設教，如奢者示之以儉，儉者示之以禮。省方，觀民也；設教，爲民觀也。」

初六，童觀，小人无咎，君子吝。《象》曰：「初六童觀」，小人道也。

初六，坤冥不正而往觀五，小人之觀君子也，烏睹所謂正哉？不足咎。小人不足以知君子，猶童稚之觀成人也。艮爲少男，故曰「童觀」。初九動則正，以正而往觀者，君子之觀君子也。然不動焉，「吝」也，故曰：「小人无咎，君子吝。」

六二，窺觀，利女貞。《象》曰：窺觀女貞，亦可醜也。

大觀在上，六二不往，闔户而觀之，所見狹矣，故曰「窺觀」。禮，女不踰閾，守正不動，女之貞也，故曰「利女貞」。二離爲女，爲目，坤爲闔户，女處乎内而窺外之象。九五以中正觀天下，六二守窺觀而爲女貞，亦可醜也。陰爲醜，此爻女子居之則利，君子爲之則醜。

六三，觀我生，進退。《象》曰：「觀我生進退」，未失道也。

卦以九五爲主，「我」謂九五也。生，動也，五之三，震爲動。動謂之生者，陽剛反動，天地之生。五之三，三則進而上，五不動，三則退而止，進退動止，觀九五而已。巽爲進退，三不當位，在上下之際，故其象如此。六三不能自必其進退者，在九五，不在六三也。九五中正，其動必正，故六三雖不當位，未爲失觀之道。

六四，觀國之光，利用賓于王。《象》曰：「觀國之光」，尚賓也。

四觀五也。四侯位，坤爲國，五王位。六四上，賓於五，五降而接之，成坎離，「光」也，故曰「觀國之光」。四爲朝廷，艮爲門闕，乾五爲玉，動之四爲金，坤爲布帛，乾坤玄黄，幣帛之文，升自門闕，陳於庭，王降而接賓，賓下升於西北，「賓於王」也。尚者，主人以賓爲上，尚之也。古者諸侯入見於王，王以賓禮之，士而未受禄亦賓之。九五中正在上，六四體巽而正，觀國之光，知尚賓忘勢矣。尚賓者，國之光也。禮，主人尊賓，故坐賓於西北，主人接人以仁厚之氣，故坐於東南。《易》言賓位者，乾也，西北方也；主人位者，巽也，東南也。

九五，觀我生，君子无咎。《象》曰：「觀我生」，觀民也。

五自觀也。五，君也，坤爲民。五動之二，坤變震爲動，動謂之生。天動則地應，觀天道之得失，觀諸地可也。天爲君，地爲民。君者，民之所觀，而時之治亂、風俗之美惡繫之。觀其民則知君，君之自觀其得失者，亦觀諸民而已。《中庸》曰：「君子之道，本諸身，徵諸庶民。」故君道得其民，君子也，於己爲无咎；君道失其民，小人也，必有失道之咎。有堯、舜之君，必有堯、舜之民矣。五之二，陽爲君子，故曰「君子无咎」。成湯曰：「萬方有罪，在予一人。」先王省方，命太師陳詩觀民風，乃所以自觀也。

上九，觀其生，君子无咎。《象》曰：「觀其生」，志未平也。

上觀五也。上來之三，仰觀九五，觀其動之所自出，故曰「觀其生」。三動於中，「志」也，坎險不平也。三觀於五，有難焉，其志不能平，乃往於外。三動正也，「君子」也，正則无咎。上九過剛也，過則有咎。自古觀其君而去者，以未平之志爲忿世疾邪之事，多失之於矯激太過，豈能无咎？夫聰明深察而近於死者，好譏議人也；辯博閎遠而危其身者，好發人之過者也。梁鴻作《五噫》，以顯宗之賢，猶不能堪之，非失之過乎？夫子不合者多矣，進退无咎者，君子之道也。巽究爲躁，故以君子戒之。《易解》曰：「知微知彰，知柔知剛，然後能觀其生，而不失進退之幾焉。」

漢上易傳卷三

上經

䷔震下離上

噬嗑，亨，利用獄。《彖》曰：頤中有物，曰噬嗑，噬嗑而亨。剛柔分，動而明，雷電合而章。柔得中而上行，雖不當位，利用獄也。

離震合而成體，爲頤中有物之象。九四之剛，頤中之物。嗑，合也，噬而合之，剛决而上下亨矣。推之人事，上下之際有間之者，强梗、讒邪、姦宄、弗率，噬而合，合而亨。《易傳》曰：「君臣、父子、親戚、朋友之間，有離貳怨隙者，蓋讒邪間於其間也，除去之則合矣。間隔者，天下之大害也。」故曰：「頤中有物，曰噬嗑，噬嗑而亨。」此合兩體言噬嗑與亨之義也。夫互體之變難知也，聖人於《噬嗑·彖》明言之，其所不言者，觀象玩辭，可以類推。固者爲之，彼將曰艮震頤也。責離而求艮，離豈艮哉？故曰：「知者觀其《彖》辭，則思過半矣。」《噬嗑》自《否》來。《否》之時，剛柔不分，天地閉塞。九五之剛，分而之初，剛下柔也；初六之柔，分而之五，柔上行也。剛柔分則上下交矣，動而明則否塞通矣。以陰陽言之，震，陽也，離，陰也，雷動電明，剛柔相交〔一〕合一而成章，則天地亨矣，故曰：「剛柔分，動而明，雷電合而章。」此以初五相易，合兩體以言《噬嗑》之才也。《噬嗑》，除間之卦，不止於用獄，言「利用獄」者，專以六五言。《噬嗑》之用，坎爲律、爲棘，獄象也。六五之柔得中而上行，下據九四之坎，「用獄」也。所謂「上行」者，以柔道行之於上也。五，君位，唯剛健中正足以當之，六五柔中不當位也。雖不當位，而施之於用獄，則无若柔中之爲利矣。或曰：柔中足以用獄乎？曰：人君者，止於仁，不以明斷稱也。古之用獄者，史以獄成告于正，正聽之，正以獄成告于大司寇，大司寇聽之棘木之下，大司寇以獄之成告于王，王命三公參聽之，三公以獄之成告于王，王三宥〔二〕，然後制刑。宥之者，柔也。三宥之然後制刑者，柔中也。制刑者，有司之事。不得已聽而制刑者，人君之德。德歸于上，有司不失其職於下，是以其民畏而愛之，愛之斯戴之矣。故曰：人君之用獄，无若柔中之爲利也。皋陶之美舜曰：「與其殺不辜，寧失不經。好生之德，洽於民心。」夫殺不辜，則民將以虐我者爲讎。好生之德，洽

〔一〕交，通本、薈要本同，叢刊本作「文」。
〔二〕「宥」下，叢刊本、通本有「之」字。薈要本同底本。

於民心，則天下樂推而不厭。曾子曰：「上失其道，民散久矣。如得其情，則哀矜而勿喜。」士師，有司也，曾子告之如此，况人君乎？觀皋陶、曾子之言，則在於寧失也，在於哀矜也，不在乎明斷，審矣。自《易》失其傳，參之以申、韓之學，人君用明斷决獄訟，躬行有司之事，其弊至於刻薄少恩，民心日離，思與之偕亡，讀《易》不察之過也，故不可不與之辯焉。卦氣，秋分也，故《太玄》準之以《闘》。

《象》曰：雷電，噬嗑。先王以明罰勑法。

勑當作敕，明其罰之輕重，使人曉然易避，效電之明也。正其法令，以警懈惰，效雷之動也。九四坎爲律法也。三不正，「敕法」也。上三爻不正，「明罰」也。先王將明罰必先敕法，非謂法其威怒以致刑。此卦至爻變，始有用刑之象。

初九，屨校滅趾，无咎。《象》曰：「屨校滅趾」，不行也。

《否》下體艮爲指，在下體之下爲趾。巽變震爲足、爲草木，以草木連足，指象没矣，「屨校滅趾」也。荀卿曰：「菲紂屨。」紂，枲也。《尚書大傳》曰：「唐虞之象刑，上刑赭衣，中刑雜屨。」雜屨，即《傳》所謂藨蒯之屨。要之，中刑之屨，或菲或枲，或藨或蒯，皆草爲之。疑古者制爲菲屨赭衣，當刑者服之以示愧恥，非无肉刑也。慎子謂以屨當刖，誤矣。《周官·掌囚》：「下罪桎。」

桎，足械也，械亦曰校。大罪者，小罪之積，《否》初六〔二〕不正，其行不已，故屨校以没其足，使止而不行。所懲者小，所戒者大，乃所以无咎。震爲行，艮止之，「不行」也。无咎，正也。卦以初、上爲受刑，二至五爲用刑者，用刑貴中也。王弼謂初、上无位，非也。六爻非奇則偶，豈容无位？

六二，噬膚，滅鼻，无咎。《象》曰：「噬膚滅鼻」，乘剛也。

艮陰爲膚，柔而近革，噬之爲易，六三是也。何以知艮陰爲膚？《剥》六四曰「剥牀以膚」，坤剥乾成艮也。六三不當，六二噬之，中正而動剛，乘剛而往，所刑者當。兑爲口，故曰「噬膚」。艮爲鼻，二動兑見艮毁，「滅鼻」也。鼻在面中，滅鼻則當息，不息則勢不能久。言三雖不當，而二之用刑亦不過中，故无咎。二動宜有咎也。横渠曰：「六三居有過之地而已噬之，乘剛而動，爲力不勞，動未過中，故无咎。」

六三，噬腊肉，遇毒。小吝，无咎。《象》曰：「遇毒」，位不當也。

鳥獸全體乾之爲腊，噬之最難者也。九四不正，間於上下之際，强梗者也。艮爲黔喙之屬，離爲雉，日熯之，腊肉之象。六三位不當，以柔噬剛，刑人而不服，必反傷之，故遇毒。毒，坎險也，何

〔二〕六，原作「九」，據叢刊本、通本、薈要本改。

知坎爲毒？《師》曰「以此毒天下」，謂坎也。小吝者，六三位不當而柔也。然无咎者，動則正。兑見坎毁，强梗去矣。兑口，噬也。荀爽曰：「噬腊謂四也。」

九四，噬乾胏，得金矢，利艱貞，吉。《象》曰：「利艱貞，吉」，未光也。

附骨之肉謂之胏，胏古文作⿳人肉土。横渠謂五也。六五柔中有剛，在二剛之中，日熯之，乾胏之象。胏比腊爲易，比膚爲難，九四剛直不撓，往則克之，「得金矢」也。乾變爲金，巽爲木，坎爲矯、爲弓，離爲兵，矯木施金加於弓上，「矢」也。金剛矢直，噬之則剛直行矣。四五易，坎毁成頤，「噬乾胏，得金矢」也。九四不正，動而正，唯恐其不正，不正不足以噬，故利艱貞乃吉，不然則凶。艱貞乃吉者，以其道未光，道光則安用艱貞哉？或曰：五君位，四噬之，可乎？曰：《噬嗑》爻辭取上下相噬，明用刑難易而已，不以君位言之。卦五不以君位言者六卦：《訟》也、《噬嗑》也、《恒》也、《遯》也、《明夷》也、《旅》也。《訟》不言君者，人君不以聽訟爲主，故《風》美召伯、《頌》言臯陶而已；《恒》不言君者，君道不可以柔爲恒；《遯》不言君者，君不可遯也；《明夷》不言君者，失君之則也；《旅》不言君者，君不可以旅也。《春秋》，天王居于鄭，書「出」；諸侯去國，書「奔」。《噬嗑》，决獄有司之事，非人君之職，若以五爲君，則二大夫、三公、四侯相噬，何哉？《易》不可一端盡也。

六五，噬乾肉，得黃金，貞，厲无咎。《象》曰：「貞，厲无咎」，得當也。

噬上也。上剛而居柔，離日熯之，乾肉之象。乾肉比膚爲難，比胏爲易，五與上易成兑口，故曰「噬乾肉」。黃，中色，離中之坤也，上乾變爲金，故曰「得黃金」。言自五噬上，噬之亦難，噬之而服，則於剛爲得中矣。九居五，貞也，故曰「貞」。五未易上，有强不能噬於正，爲厲於德，爲有咎。噬上九而當，雖厲，終无咎也，故曰「厲无咎」，得當也。得當者，於五剛中爲當也。或曰：用刑言噬，何也？曰：此聖人之深意也。夫示之德讓，使人安於至足之分則不争，不争則无訟，今物至於噬而後合，德下衰矣。噬之當也，猶愧乎无訟，矧噬之有不當乎？末流之禍，怨亂並興，反覆相噬，且萬物同體而使物至於噬，自噬之道也。故四之剛直上九之剛，未免於噬。夫子曰：「必也使无訟乎？」叔向曰：「三辟之興，皆興於叔世。」聖人之意不其深乎！

上九，何校滅耳，凶。《象》曰：「何校滅耳」，聰不明也。

四坎爲耳，上九之三，巽爲木，巽見坎毁，「何校滅耳」也。上九有耳，不明乎善，罪大惡積，陷于凶而不知，宜曰「耳不聰」，曰「聰不明」，何也？坎水離火，日月之光。火，外景也，於目爲視；水，内景也，於耳爲聽。視聽之用无非明也，氣交則通，精併則專。瞶者專視，併耳之用於目也；聾者專聽，併目之用於耳也。上之三，離目毁，无見善之明，又不能專聽，是聰復不明。「何校滅耳」，責其有耳之形，无耳之用也。

䷕離下艮上

賁，亨，小利，有攸往。《彖》曰：「賁，亨」，柔來而文剛，故亨。分剛上而文柔，故「小利，有攸往」，天文也。文明以止，人文也。觀乎天文，以察時變；觀乎人文，以化成天下。

《賁》本《泰》也，坤之上六來居於二，以一柔而文二剛，則柔得中而亨。文，柔德也。故曰「賁，亨」。九二分而往於上，以一剛而文二柔，剛不得中，而柔得中，小者之利也。然剛不往，則小者无以濟之，不能文矣，故曰「小利，有攸往」。柔來文剛而得中，分剛上而文柔，柔者亦得中，上下相文而不失乎中，則賁也，非過飾也，故曰「賁」。賁者，文飾之道，曰往曰來者，往來相錯，因其質而文之。《易傳》曰：「質必有文，自然之理，理必有對待，生生之本也。有上則有下，有此則有彼，有質則有文，一不獨立，二則爲文。」以天文言之，无非剛柔交錯，陰陽之精在地，象物成列，光耀離合，皆剛柔也。日，陽也，而爲離；月，陰也，而爲坎。緯星動者，陽也，而太白、辰星爲陰；經星不動者，陰也，而析木、鶉首爲陽。北斗振天，二極不動，故曰「天文」也。以人文言之，坤來文乾而成離，坤文而離明，「文明」也。艮，止也。父剛子柔，君剛臣柔，夫剛婦柔。朋友者，剛柔之合，長幼者，剛柔之序。五者交錯粲然成文，天理也，非人爲也。上下、内外、尊卑、貴賤，其文明而不亂，各當其分而止矣。文明以止，則禍亂不生，災害不作，故日月軌道，五星順序，萬物自遂，天文、人文其理一也，故曰：「文明以止，人文也。」此合乾坤剛柔、艮離兩體而言賁也。聖人觀乎天文，則知剛柔有常矣，故南面而立，視昏旦之星、日月之次，以知四時寒暑之變。春震秋兑，《泰》之時也；夏離冬坎，《賁》之時也。《泰》易爲《賁》，四時互變，時變之象也。觀乎人文，知天下之情必麗乎中正。中正者，理之所當得者也，故彰之車服，明之藻色，天下自化矣。柔麗乎中正者，化成天下之道也。乾，天也，二變艮成也，二柔麗乎中正也。仰觀天文，俯觀人文，不順乎天則反求乎人文而已矣。此推原卦變以盡《賁》之道也。在卦氣爲八月，故《太玄》凖之以《飾》。

《象》曰：山下有火，賁。君子以明庶政，无敢折獄。

山下有火，托物以明，異乎《晋》之「自昭明德」也。賁，飾之象，君子體之以明庶政者，初、二、三、四正，坤爲衆。政者，正也。「无敢折獄」者，折獄之道，在於用常人吉士，哀矜獄情，不恃明察也，不尚文飾也。或曰：《噬嗑》亦明也，明罰何也？曰：《噬嗑》六三、九四、六五、上九不正，不正者罰之。《賁》「无敢折獄」，下四爻正也。庶政明而後折獄，乃无枉濫。

初九，賁其趾，舍車而徒。《象》曰：「舍車而徒」，義弗乘也。

艮爲指，初在下體之下，動而應，足趾也。坤爲輿，二坎爲輪，「車」也。四震爲大途、爲足，足趾行乎大途者，徒行也。初九於六二爲近，於六四爲遠，舍二車弗乘，寧徒行而弗辭者，六二非正應，「義弗乘」也。夫車所以賁其行，義弗當乘而乘之，辱也，非賁也。是以寧徒行，雖跣足，賁也。古之人有弗肯乘人之車，緩步以當車者，守義故也。

六二，賁其須。《象》曰：「賁其須」，與上興也。

二言賁飾之道，毛在頤曰須，在口曰髭，在頰曰髯。三有頤體，二柔在頤下，須之象。二、三剛柔相賁，「賁其須」也。夫文不虛生，譬之須，生於頤，血盛則繁滋，血衰則減耗，非增益爲之飾，「與上興」也。與，相與也。二、三相賁而成震，起也。柔道上行，有興之象。是故冠弁衣裳，黼黻文章，雕琢刻鏤，玄黄之飾，因其有尊卑貴賤之實而明之。實既不同，其文亦異，不豐不殺，惟其稱也。棘子成曰：「質而已矣，何以文？」爲不知文待質而後興也。

九三，賁如，濡如，永貞吉。《象》曰：永貞之吉，終莫之陵也。

六二以柔賁剛，「賁如」也。九三坎體，以剛賁柔，坎水濡之，澤潤而有光耀，「濡如」也。剛柔相賁，文飾之盛，禮之致隆者也。然二非正應，以近相得，故相賁相濡以成文，九三守正不動，二亦柔麗乎中正，故吉。三賁將變，動而失正，則上且自外而陵之。禮者，法之大分，去争奪之道也。永正誰能陵之？今夫富商之財，足以金玉其車，文錯其服，而木楗韋藩過於朝而不歉者，知禮法之不可以干也。苟失其正，乘其間者，有競心焉，安能自免於陵轢乎？故終莫之陵者，永貞之吉。三，下卦之終，三不動，永貞之象。

六四，賁如，皤如，白馬翰如，匪寇婚媾。《象》曰：六四當位，疑也；「匪寇婚媾」，終无尤也。

六四、初九以正相賁也。六四之柔，下賁初九，「賁如」也。初九之剛，上賁六四，成巽，六二爲須，巽爲白，「皤如」也。言初之賁四，純白相賁飾也。六四當位，伏巽爲不果，有疑志也。四所以疑者，初間於三坎爲盜，盜據内外之際，四有乘剛之險，初、四未獲賁也。雖未獲賁，而應之志，其疾如白馬翰如，飛騰而赴之，匪九三之寇，則遂婚媾矣。初離爲雉，之四巽爲雞，「翰如」也。翰，剛爻也。震爲作足之馬，震變巽，故曰「白馬翰如」。震，長男；離，中女。男女合，故曰「婚媾」。純白无僞，誰能間之？始疑而終合，故曰「終无尤也」。四之所尤者，三也。三，下卦之終。

六五，賁于丘園，束帛戔戔。吝，終吉。《象》曰：六五之吉，有喜也。

艮爲山、爲果蓏，山半爲丘，而有果蓏，「丘園」也。五尊位柔中，外資上九之賢，故曰「賁于丘園」。坤爲帛，艮手束之。束帛五兩，坤數也。三玄二纁，天地奇耦之文，上、五相賁之象。戔戔，委積貌。坤爲衆，束帛其上，多而委積，用之以外聘，故曰「束帛戔戔」。夫五得尊位，當賁天下，六二不應，近比上九，吝道也。然柔中厚禮，上九自外賁之，始吝而終吉，正則吉也。陰陽得位曰喜，上來賁五，陽得位而正，喜豈僞爲之哉？好賢樂善，有得於誠心，故曰：「六五之吉，有喜也。」

上九，白賁，无咎。《象》曰：「白賁无咎」，上得志也。

上九，《賁》之極，有不賁者焉。聖人因天地自然之文，立王制爲天下之大隆、是非之封界、分職名象之所起也。其志在於著誠去僞，使人各由其情，不失其本真矣。末流之弊，尚文勝質，而本真喪焉，豈賁飾之初志哉？志者，動於中之謂也。上九變動反三，三有伏巽而離體。離者，乾再索而成，巽之變也。巽爲白，離爲文，有色生於无色，故曰「白賁」。白，質也；賁，文也。五色本於素，五味本於淡，五聲本於虛。質者，文之本，上九變動而反本，則文何由勝，咎何由有？我志得矣，故曰：大禮必簡，至敬无文。然貴本之謂文，親用之謂理，兩者合而成文以歸太一，夫是之謂大隆。故酒醴之美，玄酒、明水之尚；黼黻文繡之美，疏布之尚；莞簟之安，而蒲越、稾鞂之尚；丹漆雕幾之美，而素車之尚。荀子曰：「禮始於脱，成於文，終於梲。」夫終則有始，質者，文之始。上九之白賁，文在其中矣。變而通之，三代損益之道，是以无咎而得志。不然事生送死而无敬文，墨子之道，烏得爲无咎？《賁》四至上，其變皆以巽，人文相賁以禮讓爲本。

䷖坤下艮上

剥，不利有攸往。《彖》曰：剥，剥也，柔變剛也。「不利有攸往」，小人長也。順而止之，觀象也。君子尚消息盈虛，天行也。

《剥》本《乾》，陰侵陽進而剥之，柔剥乎剛，下剥其上，回邪剥正道，小人剥君子，剛爲柔變，故曰：「剥，剥也，柔變剛也。」此以五陰剥陽言《剥》也。剥而不已，一陽僅存，小人既長，君子道消，往亦无與，何所之哉？當巽言屈身避害而已，故曰：「『不利有攸往』，小人長也。」此以上九言《剥》也。聖人患君子不往，人道將絶，故又發其義曰「順而止之」，坤順艮止也。止小人之道，當順其理而止之，乃可以止。蓋以象觀之，剥極當止之時。五變陰，陽有可反之理，《剥》反《晉》，《晉》反《大有》，而乾體復矣。天道之行，消於巽，息於兑，盈於乾，虚於坤，消極則息，盈久則虚。君子尚之，與時偕行，能柔能剛，任理而已矣。漢、唐之季，小人道長，諸賢不能順而止之，悉力以抗小人，是以无成功。王弼謂：「强亢激拂，觸忤以隕身，身既傾焉，功又不就，非君子之所尚也。』」故曰：「順而止之，觀象也。君子尚消息盈虛，天行也。」此以艮坤二體、剥復升降明處《剥》之道也。在卦氣爲九月，故《太玄》準之以「割」。鄭康成以萬物零落謂之剥者，論卦氣也。《象》言象者三，《剥》也、《鼎》也、《小過》也。《剥》、《小過》，卦變之象也。卦變自辟卦言之，《坤》變《復》，六變而成《乾》，《乾》變《姤》，六變而成《坤》。自反對言之，《復》、《姤》、《遯》、《否》、《臨》、《泰》變四十八卦，自下而變也，觀《剥》之象則知之矣。自相生言之，《復》、《姤》五變成十卦，《臨》、《遯》五復五變成二十四卦，《泰》、《否》三復三變成十八卦，上下相變也，觀《小過》之象則知之矣。《鼎》互體之象也，卦以陰陽、虛實、剛柔、奇耦交錯互變於六爻之中，而象其物，宜觀《鼎》之象則知之矣。觀是三者，《易》之象舉積此矣。

《象》曰：山附於地，剥。上以厚下安宅。

山剥而附於地，則其下厚矣，爲人上者觀此，故裕民敦本，務厚其下，是乃安宅不傾之道。《書》曰：「民維邦本，本固邦寧。」

初六，剥牀以足，蔑貞，凶。《象》曰：「剥牀以足」，以滅下也。

劉牧讀「剥牀以足蔑」，案：六四曰「剥牀以膚」，則「剥牀以足」當爲句，絶坤變乾也。坤，西南方也，初動成巽，巽爲木，設木於西南之奥，乾人藉之，牀之象也。剥以其足，寢其上者，危矣。

初有伏震，震爲足，陰之剥陽，必自下始。蔑，无之也。无君子之正則凶矣。《象》曰「滅」者，滅盡也。无君子之正者，以滅盡之也。小人之害正如此。

六二，剥牀以辨，蔑貞，凶。《象》曰：「剥牀以辨」，未有與也。

鄭康成曰：「足上稱辨，近膝之下，屈則相近，申則相遠，故謂之辨。辨，分也。」崔璟曰：「辨當在笫足之間，牀脞也。」巽爲木，爲股，艮爲指，在初爲趾，二在股趾之間，近膝之下，股之象。脞即股也。陰浸長，次及於二，猶剥牀至於股也。九二无應，未有與之者，是以小人无所忌憚。二當内不失正以自守，斯可矣。若迫窮禍患，蔑所守之正，則凶，蔑，无之也。曰「蔑貞，凶」，戒六二也。剥之方長，君子而有與，猶可勝也。剥而自守其正，小人雖勝，猶未凶也。

六三，剥之无咎。《象》曰：「剥之无咎」，失上下也。

上九以剛居一卦之外，六三在小人中，以柔應剛，獨有輔上救亂之志。《易傳》謂漢之吕强是也。然上九不當位，其勢微弱不能相應而有爲，失上也。衆陰並進，三獨爲君子，初、二既剥，安能免於衆陰之所剥乎？失下也。上下皆失，三雖不免於剥，而義則无咎，非特立不懼者，能如是乎？

六四，剥牀以膚，凶。《象》曰：「剥牀以膚」，切近災也。

艮爲膚，柔而近革，六四之象，巽爲牀，「『剥牀及膚』，切近災也」。五君位，剥陽至四而乾毁，其凶可知。《象》言災者，陰長剥陽天也。剥道至此，三不能止，君子其如天何？

六五，貫魚，以宫人寵，无不利。《象》曰：「以宫人寵」，終无尤也。

巽爲魚、爲繩，艮爲手，持繩下連衆陰，「貫魚」也。艮坤爲宫，止於中也。乾爲人，巽爲進退，「以宫人寵」也。宫人，嬪婦御女之屬，古之進御於君者，望前先卑，望後先尊，尊卑迭爲進退。五得尊位，其動也正，與上同德，下制衆陰，若貫魚。然咸順於上，以宫人寵之，使尊卑有序，厚恩錫予，不及以政。寵均則勢分，不及以政則无權，小大相持乃可爲也，故无不利。六五居〔一〕宜有尤，而以正制小人者盡道，終无尤也。五有伏兑爲口，尤之也，不然魚脱於淵，其能制乎？或曰：先儒以巽爲魚，何也？曰：以重卦《離》知之。包犧氏結繩而爲罔罟，以佃以漁，蓋取諸《離》。《離》中有巽，巽復有離。巽爲魚，「以漁」也；離爲雉，「以佃」也。魚龍同氣，東方鱗蟲，龍爲之長。震爲龍，木之王氣；巽爲魚，木之廢氣。故《太玄》以三八爲木、爲鱗，兼震巽言之。

上九，碩果不食，君子得輿，小人剥廬。《象》曰：「君子得輿」，民所載也；「小人剥廬」，終不可用也。

〔一〕六五居，叢刊本、通本、薈要本作「六居五」。

坤陰剥乾四成巽爲木，至五成艮爲果。陽爲大，衆陰不能剥之，「碩果」也。兑爲口，艮見兑伏，「不食」也。君子在外，不爲小人剥喪之象。碩果不食，下而復生，剥反爲復，必然之理。天地間未嘗一日无陽，亦未嘗一日无君子，剥終復始，間不容髮也。坤爲輿，爲衆，極亂之後，五陰奉一陽，君子於是得衆而民載之，故曰：「『君子得輿』，民所載也。」《易傳》曰：「《詩·匪風》《下泉》所以居變《風》之終也。」艮爲舍，乾爲天，天際在外，野也。舍在野，廬之象。陽爲君子，小人托庇於君子，上九剥而爲六，小人用事，自徹其庇，至於无所容其軀，而在外之君子亦失其所，故曰：「『小人剥廬』，終不可用也。」

䷗震下坤上

復，亨。出入无疾，朋來无咎。反復其道，七日來復，利有攸往。《彖》曰：復，亨。剛反動而以順行，是以出入无疾，朋來无咎。「反復其道，七日來復」，天行也。「利有攸往」，剛長也。復，其見天地之心乎？

《復》本《坤》而乾交之，陰陽之反皆自内出，非由外來而出入云者，以《剥》、《復》明消息之理也。《剥》極成《坤》，陽降而入；《坤》極而動，陽升而出。入其反也，出其動也，其出其入，群陰莫能害之，害之之謂「疾」，言剛反動而得位也。坤爲順，剛反動而得位，以順道而上行，斯復所以亨歟。朋，陽之類也。一陽來復而得位，无咎者，以正也。剛動則不累於物，以順行則不違其時，正則和而不同，斯朋來所以无咎也。夫復所以亨者，豈一君子之力哉？譬如舟車，必相濟達，己先則拔之，彼先則推之，然後并心協力，其道大行。故曰：「復，亨，剛反動而以順行，是以出入无疾，朋來无咎。」此合坤震兩體、初九之動，以言「復亨」也。天道之行，極則來反，往則必復。其復之數，自午至子，不過於七。陽生於子，陰生於午，剥復七變，陽涉六陰，極而反初。日也，月也，歲也，天地五行之數所不可違，而必曰「七日」者，明律曆之元也。故日月五星始於牽牛，氣始於夜半，曆始於冬至，律始於黄鍾。子雲得之，爲八十一首，以盡一元、六甲、三統、九會、二百四十二章之數。邵雍得之，明日月星辰、元會運世，以窮天地消長无極之數。而雍嘗謂子雲作《太玄》，其得天地之心乎？故曰：「『反復其道，七日來復』，天行也。」此推剥復之變，言復之數也。陽自《復》而往，爲《臨》、爲《泰》、爲《大壯》、爲《夬》、爲《乾》，孰禦之哉？君子之道，剛進而長，莫或禦之，必至於盛。夫子曰：「如有用我者，期月而已可也，三年有成。」孟子曰：「以齊王，猶反手也。」荀卿曰：「三年天下如一，諸侯爲臣。」非虚語也。故曰：「『利有攸往』，剛長也。」此自《復》推之，至乾以言《復》之成也。《易》以天地明聖人之心，以爲无乎不可也，以爲有乎不可也，觀諸天地則見其心矣。天地以萬物爲心，其消也，乃所以爲息，其往也，乃所以爲來。往極而來復，復則萬物生。生者，天地之大德也。以其所見，論其所不見，天地之心其可知矣。故曰：「復，其見天地之心乎？」此以初九剛動言《復》之始也。始而亨，亨則有成矣。王弼謂天地以本爲心，寂然至无是其本矣，此雷在地中之象也。《象》之取象，在於陽剛反動而已。《易》无非象也，《彖》也、《大象》也、《小象》也，其象各有所宜，不可以一概論。在卦氣爲冬至，故《太玄》準之以《周》。

《象》曰：雷在地中，復。先王以至日閉關，商旅不行，后不省方。

天下之至動，莫如雷。雷在地中，動復於静，復本之時也。《復》，冬至之卦。剥艮爲門闕，反則閉關，閉關以止動者也。巽爲近利市三倍，風行地上，爲觀民設教。《復》震見巽伏，故商旅不行，后不省方。不行、不省方，則動者静。《夏小正》十一月「萬物不通」，夫子贊《易》兼用《夏小正》矣。

初九，不遠復，无祗悔，元吉。《象》曰：不遠之復，以修身也。

外爲遠，内爲近。剥初嘗失矣，變復，九自外來内，「不遠」也。反動而剛復也，失而後有復，不失則无復矣。初者，九之位正，其固有也。初正者，善之端，修身之始，未有不正其心而能修身者。以天地言之，始於剛，反動而正，乃能遂萬物而成其德。故曰：「不遠復，以修身也。」坤爲身。《易傳》曰：「祇，抵也。」馬融音之是反。初動不正，不正則抵於悔，知不正爲不善之端，而復於正，則无祇悔。俟其悔至而後復之，復亦遠矣。无祇悔，則元吉，元吉者，吉之至善，故曰：「无祇悔，元吉。」夫幾者，動之微，吉之先見也。顏子不善未嘗不知，知之未嘗復行，无祇悔也。故夫子贊之曰：「顏氏之子，其殆庶幾乎？」

六二，休復，吉。《象》曰：休復之吉，以下仁也。

休，息也。初九剛復，克己復禮，爲仁者也。六二正中，在上无應，以分其親仁之意，近而相得，乃下之見初九，不遠復，其心休焉。中者，天下之大本。人受天地之中以生，中則正，正則大。大者，仁之體。仁豈外求哉？在我而已矣。初九知幾，知至至之者也。六二，不動即至於正中，動則失正，因是休矣。休則吉，所謂「吉祥止止」也。故曰：「休復之吉，以下仁也。」荀卿曰：「學莫便於近其人〔二〕。」六二之謂乎？

六三，頻復，厲，无咎。《象》曰：頻復之厲，義无咎也。

〔二〕人，通本、薈要本同，叢刊本作「仁」。

頻，水厓也，《説文》曰：「人所賓附，頻蹙不前而止。」先儒作嚬蹙訓之，其義亦通。三者震動之極，極則反之正成坎，坎在坤際，水厓也，水厓謂之頻。六三厥初妄動，自厓而反，則頻復也。頻者，危道，故曰「頻復，厲」。頻而復，雖晚矣，不猶愈於迷而不復者乎？於義爲得，故曰「義无咎也」。六三，困而學之者也。叔孫病不能相禮，退而學禮之爻乎？

六四，中行獨復。《象》曰：「中行獨復」，以從道也。

五陰冥行，去道日遠，適越而北首者也。六四行於五陰之中，獨反而復下，從於初。道，言初九也。震爲大途，亦道也。鄭康成曰：度中而行，四獨應初是也。不言吉无咎者，正則吉，可知獨復別无咎。頻復之厲，猶无咎也，四獨復，五敦復，不言吉者，不以利害言也。虞翻曰：「四在外體，不在二五，何得稱中？」夫中无一定之中，自初至三，以二爲中；自四至上，以五爲中。《復》卦五陰，自二至上，則四爲中。康成謂爻處五陰之中。

六五，敦復，无悔。《象》曰：「敦復无悔」，中以自考也。

六五遠於初九，中而未正，非敦復則有咎。五坤體，厚也，五動而正成艮，艮爲篤實，厚而篤實，「敦」也。成言乎艮，故艮又有成之意。考，成也，誠者自成也。以體言之，謂之中；以天道言之，謂之誠；以受之於天言之，謂之性。有是性則有是體，有是體則有是道，萬物皆備於我，反身而誠，則自成矣。其於復也何遠之有？厚而篤實，用力於仁者也。荀卿曰：「以中自成。」《易傳》曰：「以中道自成。」

上六，迷復，凶，有災眚。用行師，終有大敗，以其國君凶。至于十年不克征。《象》曰：迷復之凶，反君道也。

《復》之終。以一卦言之，《剥》之上九反而爲初，初九已復，上六迷道而不復，故曰「迷復，凶」。上窮矣，不可動，動則降三成坎。坎，「災眚」也。災自外至，眚己招也。有災眚則天禍人患无所不有，故曰「凶」，又曰「有災眚」。三動六上行有《師》體，用師也。行師之義，以正去不正，己迷不復而行師，人誰服之？終有大敗。《師》六三：「師或輿尸，凶。」坎爲血，大无功也。三，下之終，故曰「終有大敗」。坤四諸侯位，國也。五君位，上反三成震坎，以其國君也。震動以也，坎陷也，用此行師終有大敗。妄動之禍，至於以其國君陷之於凶，故曰「以其國君凶」。言迷復，動則凶矣。自古迷復妄動，不勝其欲而用兵，雖驟勝終有大敗。驟勝者，厚其毒而降之罰，是以禍至於亡身。十者，坤之極數。不可動則无師象，「不克征」也。「十年不克征」者，災也，上窮也。「用行師，終有大敗，以其國君凶」者，眚也。二者反君道故也。上六反初九，初九，道也。《易傳》曰：「居上治衆，當從天下之善。」夫從天下之善，則改過不吝，舉錯當於人心。以此用衆則師克，以此用國則民聽，天佑人助，何凶之有？

䷘震下乾上

无妄，元亨利貞。其匪正，有眚，不利有攸往。《彖》曰：无妄，剛自外來而爲主於内，動而健，剛中而應，大亨以正，天之命也。其匪正有眚，不利有攸往。无妄之往，何之矣？天命不祐，行矣哉。

无妄，天理也；有妄，人欲也。人本无妄，因欲有妄，去其人欲，動静語默无非天理，動非我也，其動也天，故曰「无妄」。此合乾震言《无妄》也。《无妄》，《大畜》之反。《大畜》上九之剛自外來，爲主於内。主言震也。自外來爲主於内，如舜、禹之有天下。天下，大物也，可妄而有乎？无非天也。故曰「剛自外來而爲主於内」。此以初九言《无妄》之主也。震，動也；乾，健也。動而震，《无妄》之時，其健不息，不有其己，體天而已，故曰「動而健」。此再以乾震言《无妄》也。九五剛中在上，六二以柔中應之，剛柔相與，上下不過乎中，中則无妄。上下循天之理，故曰「剛中而應」。此以二五言《无妄》也。初九之尊位，大夫得尊位，「大亨」也。其端始於初九，剛自外來，爲主於内而正，是以大亨。剛中而應，動不以正，亦何由健、何由應乎？故曰「大亨以正」。此以初九、九五言《无妄》也。「動而健，剛中而應，大亨以正」者，《无妄》之才也。有是才乃可當《无妄》之時，致天下於无妄。《易》言「剛中而應」者五卦：《師》也、《臨》也、《萃》也、《升》也、《无妄》也。「大亨以正」者三卦：《萃》也、《臨》也、《无妄》也。獨於《无妄》言「天之命」者，剛自外來而爲主於内也。剛自外來可也，安能必其爲主於内？動而健可也，安能使剛中而必應以正而必至於大亨乎？非天命不能也。天命即天理也，非人爲也。乾爲天，巽爲命，故曰「天之命也」。此以乾巽言《无妄》也。三、四、上三爻，匪正有眚。匪正，妄行而干天命，其眚自取者也。《无妄》之世，九五在上受天所命，六二應之，三、四、上匪正而无應，欲往何之？三、四以五在上，不可行，上九已窮，三、上相易成坎險，何所往哉？兑爲右，《大有》六五尚賢，上九易五成兑，故曰「自天祐之」。《无妄》、《大畜》，三四正位，兑體有祐之象，《大畜》反兑爲巽，不正之爻，不利有攸往。故曰：「天命不祐，行矣哉。」在卦氣爲寒露，故《太玄》準之以《去》〔一〕。

《象》曰：天下雷行，物與无妄。先王以茂對時育萬物。

天下雷行，而物與之者，无妄也；雷行非時，而物不與者，妄也。虞翻曰：「震以動之，萬

〔一〕「太玄準之以去」六字原闕，據叢刊本、通本、薈要本補。

物出乎震。」故震爲萬物始，始震終艮，「時」也。伏兑爲澤，「育」也。二應五，三應上，「對」也。先王以是茂對時而育萬物。茂，盛也。萬物繁興，不茂，不足以育物。不對則妄矣，如春毋麛、毋卵，夏毋伐大木之類。

初九，无妄往，吉。《象》曰：无妄之往，得志也。

初九正，无妄也；九四不正，妄也。初九以正動，上往九四應之，往而正，正則吉。其正行乎上志者，動於中也。《易傳》曰：「誠至於物无不動者，以之修身則身正，以之治事則事得其理，以之臨人則人感而化，无所往而不得志也。」故吉。

六二，不耕穫，不菑畬，則利有攸往。《象》曰：「不耕穫」，未富也。

二動體而順乎中正，无妄者也，故極言无妄可往之理。初至五有《益》體，「耕」也。二震爲稼，艮爲手，二往之五，五來應二，兑見震毁，艮手兑金，銍刈之象，「穫」也。二爲田，田一歲曰菑，三歲曰畬。初九震足，動田之始，菑象也。五來之二，歷三爻而有穫象，「畬」也，乾爲歲故也。夫耕者，穫之始；畬者，菑之成。耕必有穫，菑必有畬，事理之固然，非私意所造。君子隨時而已，无妄也。譬如農夫，有當首事而耕者，有當終事而穫者。其於田亦然，有當首事而菑者，有當終事而畬者。當其時之可耕可菑，則薅荼蓼闢荒穢，不爲不足；當其時之可穫可畬，則有倉廩多田稼，不爲有餘。初耕者也，二當不耕而穫耕，則妄矣。初菑者也，二當不菑而畬菑，則妄矣。吾无決擇，順乎中正，可動而動，无所容心也。如是則利有攸往。有攸往者，二往五則穫畬有成矣。昔伏羲創法以利天下，神農氏、黄帝氏相繼而出，至堯、舜氏而法成，若夏、商、周之損益，皆因其禮无妄作也。其視前人創法猶己爲之，是故前聖後聖若出一人，彼時此時同爲一事。不然，不待時而爲，則雖攬天下之美，猶爲妄也。曰「未富」者，盈虚之理，盈則虧之，虚則實之，二陰虚而未盈，故不耕而穫，若已盈，則亦不穫矣。莊子所謂「天下既已治矣」是也。

六三，无妄之災，或繫之牛，行人之得，邑人之災。《象》曰：行人得牛，邑人災也。

六二中正，无妄也；三、四不正，有妄也。故以兩爻明六二「无妄之災」。坤爲牛，四巽繩，艮手，「或繫之牛」。或，疑辭。四見疑，以不正，故疑之。三震爲大途，爲足，「行人」也。四不繫之牛，人以其不正，或疑之，妄也。三不正而躁，亦妄也。往乘四，妄而又妄，不得位，行人得牛，牛非行人之所當得，妄動而干之，非順乎理者也。四來乘三，三〔一〕在險中，三自取之，有妄而災，則其

〔一〕三，通本、薈要本同，叢刊本作「二」。

宜也，非災之者也。坤土在下爲邑，邑人謂六二。六二中正順理，静而不往，无妄，何災矣？然三動，則二亦近於險，非自取也，莊周謂「魯酒薄而邯鄲圍」者乎？關子明曰：「无妄而災者，災也。」君子於无妄之災如之何？夭壽不貳，修身以俟之，所以立命也。故三、四復位，六二卒與五應。

九四，可貞，无咎。《象》曰：「可貞无咎」，固有之也。

明人情終不妄也。九四剛而不正。剛則私欲不行，私欲不行則至於无妄，无妄則无咎。然且有咎者，不正也。正者，四之所固有也，操存舍亡，非外鑠也。九既剛矣，動則正，正則无妄，故曰：「『可貞无咎』，固有之也」。致无妄者，必自剛。夫妄始於欲，欲之爲害，自一介取諸人，充之至於爲盜。舜與跖之分，其初甚微也。剛者能絶之，不以小害爲无傷而不去，故此爻在妄爲剛者，聖人與之，可正也，正則剛在其中。上九亦剛，不曰「可貞」者，妄之極也。

九五，无妄之疾，勿藥，有喜。《象》曰：无妄之藥，不可試也。

九五、六二无妄相與，而九四以妄間之，九五之疾也。疾者，陰陽失位之象。五動四成坎，坎爲毒藥之象，醫師聚毒攻邪，濟人於險者也。《易傳》曰：「治之而不治，率之而不從，化之而不革，若舜之有苗，周公之管、蔡，孔子之叔孫武叔。」然而无妄之疾，非妄所致，勿藥可也。蓋九五至正，戒之在動，動而求所以攻之則不正，復入於妄，以妄治妄，其疾愈深。待之以正，則邪妄自復，故曰「不可試也」。試猶嘗試，言不可妄動，少有所試，二不能往。五得位而二應，「勿藥，有喜」也。不正則二不應，其能喜乎？喜，陽得位之象。

上九，无妄，行有眚，无攸利。《象》曰：无妄之行，窮之災也。

《无妄》之時，妄者三爻：六三、九四、上九是也。九四可貞，六三下體之極，上九上體之極，上九妄之尤極者也。上行之三成離，離有伏坎，坎爲眚。三行之上成兑，兑爲毁折，「行有眚」也。上九、六三之妄行即得正，然且有眚者，妄極而窮，窮之災，雖行其能免乎？爻言「眚」，《象》言「災」，處妄之極，不有人禍，必有天殃，故夫子極天人以告之。

䷙乾下艮上

大畜，利貞，不家食吉，利涉大川。《象》曰：大畜，剛健，篤實，輝光，日新其德。剛上而尚賢。能止健，大正也。「不家食吉」，養賢也。「利涉大川」，應乎天也。

剛健，乾也，篤實，艮也。《大畜》者，《大壯》九四變也。一變爲《需》，再變爲《大畜》。《需》

有坎離相合，發爲輝光。進而上行成艮，互有兑震。兑西震東，日所出入，「日新其德」也。剛健則不息，篤實則悠久。兩者合一，畜而爲德，動而有光，其光輝〔二〕散，又日新无窮，進而不已，自畜其德者也。剛，賢者也。故曰：「剛健，篤實，輝光，日新其德。」此合乾艮兩體而又推《大壯》之變以言《大畜》也。三陽自内而往，難畜者也。剛健、篤實、輝光、日新其德，自畜其德矣。又尊賢忘勢，剛上而尚賢，具此五者，然後能止畜其健，大正也。大正乃爲天下國家之利，君子當在上，小人當在下，正也。初九、九三當位，二、五相易而正，大者正也。所以大畜者，以其利於大者正，故曰：「剛上而尚賢，能止健，大正也。」此以上九在上，六五、九二相易以言《大畜》之利正也。剛上而尚賢，尊之也。尊之而不與之共天位、治天職、食天禄，賢者不可得而畜也。三至上，體順〔三〕養賢也。二在内爲家，兑口爲食，六五尊德樂道，下交九二，九二受畜而往應之，「不家食」也。王公之尊賢而又養之，賢者如是而食，則吉正也。非獨一身之吉，天下之吉。不然分國與之，視猶錙銖也。故曰：「『不家食吉』，養賢也。」此以二、三、四、五言《大畜》賢者止而受養也。上能止健，賢者止而食，乃

〔二〕輝，通本、薈要本同，叢刊本作「揮」。

〔三〕順，通本、薈要本同，叢刊本作「頤」。

能得盡其心，與之犯難而不辭。兑爲澤，决之爲大川，震變兑成坎艮，震足艮指而越坎，「涉大川」也。乾爲天，五天位，巽爲命，天命有德者爲萬民也。六五下應乾，九二之五，大畜止健，賢者不家食，應乎天而行，何險難之不濟哉？故曰：「『利涉大川』，應乎天也。」此再以二五言《大畜》養賢之功。在卦氣爲白露，故《太玄》準之以《積》。

《象》曰：天在山中，大畜。君子以多識前言往行，以畜其德。

天在山中，以人所見爲象，猶言水中觀天也。聖人論天地日月，皆以人所見言之，天大无外，而在山中，其所畜大矣。内卦兑口，「前言」也；外卦震爲行，「往行」也。二陰四陽，陽爲多。《大畜》自《大壯》來，一變《需》，離爲目，識前言也；再變《大畜》，識往行也。德者剛健，多識前言往行，故能考迹以觀其用，察言以求其心，而畜其德矣。夫以方寸之地觀萬世之變，塗之人而上配堯、禹，非多識之，其能畜乎？

初九，有厲，利已。《象》曰：「有厲利已」，不犯災也。

已，先儒讀作「已矣」之「已」，王弼讀作「己」，今從先讀。三陽務進，初九剛健之始，六四柔得位，當止畜之地，不度而進，處位不當，危厲之道也。不如已而受畜則利。夫不受畜而往，危實自取。不曰「眚」而曰「災」者，初九正也。《大畜》之時，宜止而往，雖正亦厲，故曰災。《子夏傳》

曰：「居而待命則利，往而違上則厲。」初往四成離，離有伏坎，故曰「犯災」，不直曰「災」也。

九二，輿説輻。《象》曰：「輿説輻」，中无尤也。

「輻」當作「輹」，王弼注作「輹」。坤爲輿，自三以上爲震，震爲木，輿下横木，輹也。二不動，兑毁折之，輿説輹也。不動未正，宜有尤，兑爲口，尤之者也。然遇畜而止，説輹不進，知以不動爲中，是以无尤，故曰「中无尤也」。初剛正也，二剛中也，四、五柔也，柔能畜剛，剛知其不可犯而安之時也。夫氣雄九軍者，或屈於賓贊之儀；才蓋一世者，或聽於委裘之命，故曰：「《大畜》，時也。」

九三，良馬逐，利艱貞。曰閑輿衛，利有攸往。《象》曰：「利有攸往」，上合志也。

乾爲馬，九三得位爲良馬，震爲作足，三陽並進，「良馬逐」也。九三剛健當位得時，上九畜極，變而應之，利以馳逐。然馳逐不已，必有奔蹶之患，不可恃應而不備，故戒之以「利艱貞」。九三正也，動則失正，艱難守正則利，曰閑輿衛，可也。古文作「粤」。粤，于也，發語之辭。兑，口象。艮止也，坤爲輿，四正，「閑輿」也。三乾爲人，震爲足，爲大途，人傍輿而行，閑輿而衛之象。閑輿衛，以其利艱貞也。九三如此，猶謹銜策，清道路，節良馬之步而徐驅焉，其進利矣，故利有攸往。上九陽也，變而應三，三以剛往，與上合志，志動於中者也。《茂陵中書》武功爵十三級，「曰閑輿衛」有取於此乎？夫恃應而不知備，鋭進而不知戒，鮮不及矣。

六四，童牛之牿，元吉。《象》曰：六四元吉，有喜也。

坤爲牛，坤初爲童牛。童牛，始角時也。六四坤體，四之初爲童牛，初剛往四，角觸之象。四不來初，屈而不動，童牛牿之也。牿，横角之木，《周官》謂之楅。初之四則二成巽木，初復位則剛伏於木下，牿牛之象。六四當位，止剛不以威武，爲之以漸，優而柔之，使无犯上之心。剛柔各得其正，故元吉。元吉者，自其始吉，吉之至善也。喜者，陽得位。初九不動而應己，剛者反爲柔用，六四所以有喜也。

六五，豶豕之牙，吉。《象》曰：六五之吉，有慶也。

九二犯五，則三成坎。坎爲豕，五成巽，巽爲白。自三至上，體《頤》。豕頤中有剛且白者，豕之牙也。六五得尊位柔中，二退而受畜，三坎毁，兑金刻制其下而剛伏，「豶豕之牙」也。牡豕曰豭，攻其特而去之曰豶。豶豕則馴，擾剛躁自止，牙不能害物矣。慶者，三陽受畜而爲用，陰以陽爲慶，「六五之吉，有慶也」。二應五得正，故吉。古之善畜天下者，知有血氣皆有争心，難以力制，務絶其不善之本而已，猶去豕牙之害而豶之也。順民之欲，因民之利，成民之才，率之以柔中，其效至於垂衣拱手而天下服。《易傳》曰：「民有欲心，見利則動，苟不知教，雖刑殺日施，其能勝億兆欲利之心乎？」

上九，何天之衢，亨。《象》曰：「何天之衢」，道大行也。

畜極則通，止極則動。震爲大塗，兑爲口，上乾爲天，「天衢」也。何大其聲也，上動亨也。言何其天衢之亨如是乎？正者道也，大塗亦道也，三陽上進，「道大行」也。

䷚震下艮上

頤，貞吉。觀頤，自求口實。《象》曰：「頤，貞吉」，養正則吉也。「觀頤」，觀其所養也。「自求口實」，觀其自養也。天地養萬物，聖人養賢以及萬民。頤之時大矣哉！

鄭康成曰：「頤者，口車之名。震動於下，艮止於上，口車動而止，因輔嚼物以養人，故曰頤。」此合震艮兩體而成《頤》也。頤者，養也，養之以正則吉，養不以正則凶，故曰「頤，貞吉」。此以初九之正言頤養之道也。《頤》自《臨》九二變之，一變《明夷》，離爲目，觀也，自内觀外，觀其人之所養也。所養正歟，君子也；所養不正歟，小人也。觀其所養，是非美惡无所逃矣，故曰「觀頤」。此以《臨》二初變，明在人者養之之道當正也。四變《頤》，自離變艮，艮爲手，求也，自外觀内，反觀己之自養，以考正與不正。口實者，頤中之物也。四爻皆陰，陰爲虚，虚則无物，故自求口實。无物而求，正與不正未定也。二、四正，三、五、上不正。自養者正歟，君子之道也，雖貧賤不去也；自養者不正歟，小人之道也，雖富貴不處也。故曰：「『自求口實』，觀其自養也。」此以上九及《頤》中四爻，明在己者養之之道當正也。觀人之所養，然後觀吾之自養，則所養正矣。養之道甚大，天地之養萬物，聖人養賢以及萬民，亦不過震動艮止也。乾，天也；坤，地也；震，東方。萬物發生，天地之養萬物也。上九尚賢，在五位之上，坤衆爲民，「聖人養賢以及萬民」也。天地之生，其動以正，陽降陰升，萬物自遂，其盛至於盈乎天地之間，各極其分而後止，天地不勞也，動以正而已。養萬民者，本於養賢，賢者在上，萬民自遂其生，聖人不勞也，止於養賢而已。故震動艮止之象，自己之養推之至於人之養，自人之養推之至於天地聖人。然養之道不過乎此，《頤》之時豈不大乎？故曰：「天地養萬物，聖人養賢以及萬民，頤之時大矣哉。」此以《頤》之成卦終言《頤》之道也。《易傳》曰：「或云用，或云義，或云時，以其大者也。萬物之生養，以時爲大，故云時。」以卦氣言之十一月卦，故《太玄》準之以《養》。或曰：初變《明夷》則有離，四變成《頤》非離也，何以有觀之象？曰：此可以意會，難以言傳。《明夷》之離爲《小過》之飛鳥，《訟》之坎爲《中孚》之豚，《小過》、《中孚》豈有離坎？論其所生也。變卦之法，一卦七變，八卦〔二〕六十四，四五六之變无復本體矣，而五行盛衰皆以本卦言之，何哉？故曰：「察性知命，原始見終。」

《象》曰：山下有雷，頤。君子以慎言語，節飲食。

山下有雷以養萬物，而動亦不可過也。震爲決躁，艮止之，「慎言語」也。《噬嗑》有飲食之象，頤中无物，「節飲食」也。言語不慎則招禍，飲食不節則生疾，皆非養之道。《易傳》曰：「慎言語以養德，節飲食以養體。事之至近，而所係至大者，莫過於言語飲食。在身爲言語，於天下則命令政教，出於身者皆是，慎之則无失；在身爲飲食，於天下則貨財資用，養於人者皆是，節之則无傷。」

初九，舍爾靈龜，觀我朵頤，凶。《象》曰：「觀我朵頤」，亦不足貴也。

《頤》自《明夷》之離，四變而成《頤》，故《頤》初九有龜之象。伏於坤土之下，龜蟄時也。龜所以靈者，蟄則咽息不動，无求於外，故能神明而壽。君子在下，自養以正，靈龜之類也。六四安位，无下賢之意，初不待求，往之四成離，離爲目，「觀我」也。初震動，體下頤而動，口雖徒嚼，志已先動，是舍爾所以爲靈龜者，觀我而朵其頤也。「爾」言初九，「我」言六四，舍爾觀我，忘己從

〔二〕「卦」下，叢刊本、通本、薈要本有「爲」字。

欲，動而不正，凶之道也。夫貴乎陽者，爲其特立，不屈於欲，故能无禄而富，无爵而貴，守道修德，淡然无營。今躁妄以求，无恥自辱，亦不足貴也。

六二，顛頤，拂經于丘頤，征凶。《象》曰：六二征凶，行失類也。

二比於初，不能養其下，而反資初九之賢以自養。乾爲首在下，「顛頤」也。六二，「經」也，顛頤則拂違其經矣。養之經，陽養陰、上養下，陽當在上養之，陰當在下而受養，故天子養天下，諸侯養一國，士庶人各以其職受養。五處君位，二當受養於五，六五養道不足，然二亦不可越五而上征。丘者，上九應二之象也。艮爲山，山半爲丘，王肅曰：「丘，小山也。」物之所聚以養人者也。蓋二近於初而相得，資之以養，雖曰「顛頤」，未爲无所養。若近捨初九，遠資上九，正行亦凶，何哉？五雖養道不足，以陰陽言之已類，又在相應之地，上九應二則失其類矣。

六三，拂頤，貞凶。十年勿用，无攸利。《象》曰：「十年勿用」，道大悖也。

六三當受養於上九，而六三不正。動而正，則上九不來；不動以待初九，則初九不應。既不受之於上，又无以資之於下，「拂頤」也，故貞凶。十，坤數之極，坤爲年。「十年勿用」，言十年不可動，上下无所利，養道大悖也。

六四，顛頤，吉。虎視眈眈，其欲逐逐，无咎。《象》曰：顛頤之吉，上施光也。

頤以上養下，六四當位，下交初九，乾首在下，「顛」也。求賢自助於剛，柔爲正，正則吉，故曰：「顛頤，吉。」「虎視」謂四交初也。初往成艮離，艮有伏兑爲虎，離爲目，虎視也。《易通卦驗》：「小寒，虎始交際，垂其首。」「垂其首」者，下視也。艮坤互有坎，重厚而深沉，「眈眈」也。虎首下視眈眈然，下交不瀆矣。六四其欲在於初九，不瀆則初九逐逐而往。震爲作足，逐也，古文作「跾」。初往之四，不正，宜有咎，然无咎者，以不瀆故无咎。「虎視眈眈，其欲逐逐，无咎。」六四在上，施之下者，「光」也。光，坎離下照之象。或曰：虞仲翔曰坤爲虎，又曰艮爲虎；馬融曰兑爲虎；郭璞以兑艮爲虎。三者孰是？曰：三者異位而同象。坤爲虎者，坤交乾也，其文玄黄，天地之文。艮爲虎者，寅位也，《泰》卦乾坤交也，在天文尾爲虎，艮也。大雪，十一月節後五日，《復》卦六二爻虎始交。兑爲虎者，參伐之次，占家以庚辛爲虎者，兑也，龍德所銜爲虎，亦兑也，兑下伏艮。具此三者之象，故先儒並傳之，舉兑則三象具矣。

六五，拂經，居貞吉，不可涉大川。《象》曰：居貞之吉，順以從上也。

正者，養之經。上養下，陽養陰，正也。六五柔得尊位，養道不足，資上九之賢以爲養，「拂經」也。上九助五之養，有正之道，五寬以居之，順從於上，則得正而吉。艮，止也，有居之象，故曰：「居貞之吉，順以從上也。」人君養天下，以正得衆，以用其健，乃可涉難。六五拂經，其才不足，故不可涉難。上、五相易成坎，无震足巽股之象，不可涉也。《易傳》曰：「艱難之際，非剛明之主不可恃，不得已而濟險難者有之矣。」其可常乎？

上九，由頤，厲吉，利涉大川。《象》曰：「由頤厲吉」，大有慶也。

一陽處上，下有四陰。六五體柔无應，才不足以養天下，而天下由之以養者也，故曰「由頤」，然非養道之正也。權重位高，衆忌之則必危，人臣當此任，可不兢畏而懷危懼乎？故厲。以剛居柔位，「厲」也。厲則不敢安其位，下從王事，无成有終。上下並受其福，故大有慶。鄭康成曰：「君以得人爲慶。」虞仲翔曰：「陽得位，故大有慶。」上之三成坎，有震足象，「利涉大川」也。上九佐五以養道，養天下而得民，利於涉難也。《象》不言者，「大有慶」則涉難在其中。上艮體，《頤》以静止爲善，故三爻皆吉。

䷛巽下兑上

大過，棟撓。利有攸往，亨。《彖》曰：大過，大者過也。「棟撓」，本末弱也。剛過而中，巽而説行，利有攸往，乃亨。大過之時大矣哉！

大過，陽過陰，大者過越也。鄭康成曰：「陽爻過也。」卦四陽二陰，陽居用事之地，故曰：「『大過』，大者過也。」此以六爻言《大過》也。巽爲木、爲長，上兑者，巽之反，長木反在上，爲棟。巽風，撓萬物者也，而體弱。陽爲重，四陽在中，任重也。長木在上而任重，本末皆弱，棟撓也。天地之理，剛柔不可以相无，剛以柔爲用，柔以剛爲體，柔既不足，剛亦无自而托。譬之棟也，中雖剛强而〔一〕端柔弱，棟豈能勝其任乎？故曰：「『棟撓』，本末弱也。」此以巽兑兩體言《大過》之時也。《大過》自《遯》六二變，剛過者九三、九四，中者九二、九五。興衰救弊，補其偏而不起之處，非剛過不可也。中則无剛過之患，剛過而中，所謂時中也。過非過於理也，以過爲〔二〕中也。猶之治疾，疾勢沉痼必攻之以瞑眩之藥。自其治微疾之道，觀之則謂之過；自藥病相對言之，則謂之中。巽在内者，巽乎内也；兑在外者，説乎外也。内巽外説而志行，抑剛之有餘，以濟柔之不足，則剛來柔往，陰得位不窮。大者不過，乃亨。乃者，難辭也。君子强，小人弱，六二不往以濟之，亦

〔一〕而，叢刊本、通本同，薈要本校改作「兩」。
〔二〕爲，原作「於」，據叢刊本、通本、薈要本改。

何由亨？夫過剛〔二〕而不反，不肖之心應之，未有不爲君子害者也。東漢之季，清議大勝，君子小人至不相容，大過已極而不知反，是以不亨，故曰：「剛過而中，巽而説行，乃亨。」此以卦變合二體而言濟大過之道也。《大過》之時，君子過越常分以濟弱，能達乎時中矣。又巽而説行，以是而往，利於有爲，建大功，立大事，非大過人者，不能趨此時，故曰：「大過之時大矣哉！」在卦氣爲小雪，故《太玄》準之以《失》、《劇》。

《象》曰：澤滅木，大過。君子以獨立不懼，遯世无悶。

澤養木者也，過而滅没其木，大過也。初六，以一柔巽於四剛之下而不變。巽爲股，「立」也。巽見震伏，震爲恐懼，獨立而不懼也，所謂以天下非之而不顧者乎？上六處一卦之外，「遯」也，兑爲説，「无悶」也，「遯世无悶」。所謂舉世不知而不悔者乎？二者非大〔三〕人不能也。王輔嗣曰：「非凡所及也。」

初六，藉用白茅，无咎。《象》曰：「藉用白茅」，柔在下也。

巽爲白，爲草，交乎乾剛，草白而剛，「白茅」也，先儒謂秋茅也。以柔藉剛，「藉」也。《大過》

〔二〕過剛，叢刊本、通本、薈要本作「剛過」。
〔三〕「大」下，叢刊本、通本、薈要本有「過」字。

爻畫有足、有腹、有耳，器之象。坤爲地，置器者。苟措諸地可也，而藉用潔白之茅，茅之爲物，薄而用重，過慎也。過慎者，慎之至也。《大過》，君子將有事焉，以任至大之事，過而无咎者，其唯過於慎乎？過非正也，初六執柔處下，不犯乎剛，於此而過，其誰咎之？雖不當位，无咎也。故曰：「慎斯術以往，其无所失矣。」

九二，枯楊生稊，老夫得其女妻，无不利。《象》曰：老夫女妻，過以相與也。

兑爲澤，巽爲木，澤木楊也，兑正秋，「枯楊」也，言陽已過也。二變而與初、二成艮，巽木在土下，根也，枯楊有根則其稚秀出。稊，稚也[二]，楊之秀也，伏震之象，故曰「枯楊生稊」。《鄭氏易》作「荑」。艮爲夫，陽過，「老夫」也；巽爲艮妻，初陰，「女妻」也。老夫得女妻，過而相與，猶足成生育之功，「无不利」也。蓋九二剛中，用柔[三]以濟之，則无過極之失矣。

九三，棟撓，凶。《象》曰：棟撓之凶，不可以有輔也。

[二] 也，原作「出」，通本、薈要本同底本，據叢刊本改。

[三] 柔，原作「茅」，據叢刊本、通本、薈要本改。

九三巽爲長木，居中任重，「棟」也。《大過》陽過陰弱，爻以陽濟陰，爲濟過之道。九三有上六正應，當相濟，六濟九則陽不過、陰不窮矣。則上六者，九三之輔助也。九三以大過之陽，復以剛自居而不中，過乎剛者也。以過甚之剛，動又不正，不正則上六不應，人所不與，安能當大過之任？如是有摧折敗撓而已，凶之道也。所以致凶者，以不可以有其輔也。《易傳》曰：「三居過而用剛，巽既終而且變，豈復有〔二〕用柔之義？應者，謂志相從也。三方過剛，上能係其志乎？」

九四，棟隆，吉。有它，吝。《象》曰：棟隆之吉，不撓乎下也。

九四反巽在上，巽爲長木，棟之象，陽處陰而不過，能用柔以相濟者也。動而正，正則不撓乎在下之柔，故曰：「棟隆之吉，不撓乎下也。」《易傳》曰：「隆謂不係於初，不曲以從下也。」《大過》之時，以剛濟柔爲得宜，剛柔得宜，而志復應初，「有它」也。初六、九四非正應，故以初六爲它。九四近君，當大過之任，不能絶去偏係，不足以任九五之重，吝道也。《易傳》曰：「二比初則无不利，四應初則爲吝，何也？曰：二得中而比於初，以柔相濟之義也。四與初志相係者也，剛柔得宜而係於陰，則害剛矣，故可吝也。」

〔二〕「有」字原闕，據叢刊本、通本、薈要本補。

九五，枯楊生華，老婦得其士夫，无咎无譽。《象》曰：「枯楊生華」，何可久也；老婦士夫，亦可醜也。

兑爲澤，巽爲木，澤木楊也。五兑變而與上兑成震。兑，説也，震爲旉，爲蕃鮮。其旉蕃鮮可説，「生華」也。巽爲長而伏，何可久也？巽爲婦，上六陰已窮，「老婦」也。震爲長男，得士夫也。九變六，陰居陽，宜有咎，以陽濟陰，故无咎。兑爲口，震成兑毀，故无譽。雖曰「无咎无譽」，然以陽而配窮陰，又不能濟，得无醜乎？蓋上六過極之陰，雖五當位剛中，濟之以柔，不能成功也。以陽濟陰，其在於未極之時乎？

上六，過涉滅頂，凶，无咎。《象》曰：過涉之凶，不可咎也。

乾爲首，上六在首之上，「頂」也。上六本《遯》之六二，自二進而上行，涉四爻至上成兑，兑澤滅没其頂，涉難之過也。九二、九四剛陽，過越以濟難，乃克有濟。上六柔而處大過之極，不量其力，至於滅頂。然上六正也，志在拯溺，「不可咎」也。過涉之凶，所謂以貞勝也。《象》有言「不可咎」者，義不可咎也；有言「又誰咎」者，自取禍也。

䷜坎上坎下

習坎，有孚，維心亨，行有尚。《彖》曰：習坎，重險也。水流而不盈，行險而不失其信。「維心亨」，乃以剛中也。「行有尚」，往有功也。天險不可升也，地險山川丘陵也，王公設險以守其國。險之時用大矣哉！

坎，一陽二陰，在地爲水。水之流動，陽也；其靜，陰也；流動乎陰中者，陽陷乎陰也。陷爲險難，八卦皆一字，重坎加習，然後盡險之象，故曰「習坎」。此以兩坎言《坎》也。《坎》自《臨》變，初九之五，坎爲水，九二兑澤決而流，流而不出乎中，「不盈」也。凡水之流，有物阻之然後盈，流而就下則不盈。不盈者，中也。初之五，復爲坎，「行險」也。行險而不出乎中，五必應二，「不失其信」也。水必就下流濕，萬折而必東，有諸己之謂乎？必曰「習坎」者，唯習坎乃見其然。君子動而不過，臨難而不苟似之，故辭曰「有孚」。《彖》曰：「水流而不盈，行險而不失其信。」此以卦變言《坎》之德也。心者，中也，二、五也。亨者，自初之五，陽得位而亨，水之流行雖處至險，无所不通者，亨也，乃以剛中而不變也。君子之在險亦然，身雖險〔一〕難，其心則亨，亦以剛中也。初

〔一〕險，叢刊本作「蹈」，通本、薈要本作「陷」。

之五者，往也，剛得中而亨者，「往有功」也。《坎》之道有尚乎此，君子濟難出險，亦豈離乎剛中哉？剛中者，誠實也。誠實則金石可貫，水火可蹈，天地可動，故曰：「『維心亨』，乃以剛中也；『行有尚』，往有功也。」此以卦變明處險之道也。險者，《坎》之用也，能用乎險，則无惡乎險矣。天地之大，不可以去險，況王公乎？坎在上，「天險」也，天之所以險者，震足止於下，「不可升」也。坎在下，「地險」也，地之所以險者，艮爲山，坎爲川，半山爲丘陵也。坤在上，國也，五乾爲王，三爲三公，四爲諸侯，坤國而坎據之，「王公設險以守其國」也。設險不唯城郭溝池，兵甲之利，紀綱〔一〕法度，人所不能踰者皆是，所以法天地也，故曰：「天險不可升也，地險山川丘陵也，王公設險以守其國。」此推明二五反復以盡《習坎》之義也。難生者，險之時也；用之以道，濟天下之難者，險之用也。不知其時，不得其用，行之不以中，反陷乎險中，小則亡身，大則亡國，故夫子嘆曰：「險之時用大矣哉！」在卦氣爲大雪，故《太玄》準之以《勤》。

《象》曰：水洊至，習坎。君子以常德行，習教事。

卦言坎者，水也；《大象》言坎者，水流之坎窞也。水流行不止，至于坎矣，復至於坎，其行

〔一〕紀綱，叢刊本、通本、薈要本作「綱紀」。

洊至，有常習之象。常德行，習教事，非一日之積，如水洊至也。二五正中，德也，震爲行。坤，順也，爲民教，順民者也。常德行可以涉險，習教事可以夷險。

初六，習坎，入于坎窞，凶。《象》曰：習坎入坎，失道凶也。

初六本《臨》之六五，自外入于初，歷兩坎。習，重也，故曰「習坎」。窞，坎底也。道由正而行也，君子處險當以正道乃可出險。初六不正，不能出險，反入于重坎之底，失道而凶也，此何〔一〕異學泅者不知與汨俱出而溺死者乎？

九二，坎有險，求小得。《象》曰：「求小得」，未出中也。

二剛中而陷於二陰，上有坎險，居坎而又有險者也。動而有求，五必應之，五艮爲手，求之象。陰爲小，故小有得。然未出乎險，中其剛纔足以自濟。《易傳》曰：「君子處艱難而能自保者，惟剛中而已。」

六三，來之坎坎，險且枕，入于坎窞，勿用。《象》曰：「來之坎坎」，終无功也。

〔一〕「此何」二字原闕，據叢刊本、通本、薈要本補。

六三柔而不中，履非其位，不善處險者也。往之於上，則坎險之極。五有艮木，枝倚而礙之，「險且枕」也。陸希聲曰：「枕，閡礙險害之貌。」來而處三，則在上坎之底，「入于坎窞」也。來坎也，往亦坎也，終无濟險之功，故終勿用。三，下之終也。

六四，樽酒，簋貳，用缶，納約自牖，終无咎。《象》曰：「樽酒簋貳」，剛柔際也。

四自初至五，有震、坎、艮、坤。坎震，「酒」也。艮鼻，震足，坤腹，樽簋之形，皆有首鼻腹足，而樽異者，有酒也。有樽酒象，而簋象亦具焉，簋貳也。貳，副之也。樽酒而簋副之，燕饗之禮，君臣上下剛柔相際之時也。三、四坤爲土、爲腹，土器有腹，「缶」也。缶，樸素之物，質之象。坤爲闔户，坎艮爲穴，穴其户，傍通日月之光，「牖」也，明之象。約者，交相信。四、五相易，而後四應初，五應二，「納約」也。約，誠信固結之象。六四柔而正，九五剛中而正，四、五无應，四非五莫之比，五非四亦莫之承，上下協力，可以濟險。故四當剛柔相際也，用質以交於上，因五之所明以納其誠信，則言辭易入，險難易濟，「終无咎」也。四、五相易宜有咎，而易則五出險矣，故終无咎。終謂上六不動也。《易傳》曰：「自古能諫其君者，未有不因其所明者也。故訐直强勁者，率多所忤，而温厚明辯者，其説易行。古人有行之者，左師觸龍之於趙、張子房之於漢是也。非惟告其君如此，教人亦然，孟子所謂成德達材是也。」

九五，坎不盈，祇既平，无咎。《象》曰：「坎不盈」，中未大也。

九五本《臨》初九，往之五，坎中而不盈。雖不盈也，有出險之理。然九五下比六四，所係者狹，四、五相易，中存而大毀，是水不盈，坎適至於平而止也。出險之道在剛中正，剛正則大，中而未大，幾可以出險。故聖人惜之曰：祇既平，无咎而已。祇，適足之辭。橫渠曰「不能勉成其功，光大其志」，此所以爲可惜歟。

上六，係用徽纆，寘于叢棘，三歲不得，凶。《象》曰：上六失道，凶三歲也。

上動成巽，巽爲繩，坤坎爲黑，變巽，「徽纆」也。巽木交坎爲叢棘。上六柔，无出險之才，處險極之時，守正可也，不當動而動，則愈陷矣。譬如有人陷于狴犴之中，坐而省過，雖上罪也，不過三歲得出矣。妄動求出，則舉手掛徽纆，投足蹈叢棘，陷之愈深，雖三歲豈得出哉？係之寘之不得出也。然險極必平，巽木數三，乾爲歲，「凶三歲也」。初六可動而不能，上六不可動而妄動，皆失道也。

䷝離下離上

離，利貞，亨。畜牝牛吉。《彖》曰：離，麗也。日月麗乎天，百穀草木麗乎土。重明以麗乎正，乃化成天下。柔麗乎中正，故亨，是以畜牝牛吉也。

《離》自《遯》初六三變而成，二、五皆一陰而麗二陽。物之情，未有不相附麗者也。柔必麗乎剛，弱必麗乎强，小必麗乎大，晦必麗乎明，故曰「離，麗」。《遯》一變六之三成《无妄》，再變六之四成《家人》，三變六之五成《離》。自六之四言之，離有坎，日降而月升也。自六之五言之，坎復成離，月降而日升也。乾爲天，故曰「日月麗乎天」。自六之三言之，有震巽，震爲百穀，巽爲草木。乾策三十六，坤策二十四，震三爻凡八十有四。百穀，舉成數也。坤爲土，故曰「百穀草木麗乎土」。觀天地、日月、百穀、草木附麗如此，則萬物之情有不相附麗者乎？此推原卦變以明離爲麗之義也。兩離，重明也，君臣上下皆有明德之象。重明而不麗乎正，則以察爲明，重明而麗乎正，以之化天下，成文明之俗矣。初、二、三正，「麗乎正」也。三爻在乾天之下，有巽順服從之象，「化成」也。故辭曰「利貞」，《彖》曰：「重明以麗〔二〕乎正，乃化成天下。」此舉成卦言《離》明之所

〔二〕麗，原作「離」，據叢刊本、通本、薈要本改。

麗也。柔之爲道，不利遠者，不麗乎中正，則邪佞之道，其能亨乎？六居五，柔麗乎中而亨也。六居二，柔麗乎中正而亨也。言柔麗乎中正，則二、五舉矣。中正者，人之本心也。天下之心必麗乎中正，則重明而麗乎正，化成天下也必矣。故辭曰「亨」，《彖》曰：「柔麗乎中正，故亨。」此以二、五言《離》柔之所麗也。兩者《離》之才也。坤爲牛，順也。六二以陰居陰，爲牝牛，至順也。畜，養也。以剛正畜養之，成其至順而麗乎中正則吉，是亦柔之利也。故辭曰「畜牝牛吉」，《彖》曰：「柔麗乎中正，故亨，是以畜牝牛吉也。」此以内卦終言柔之所麗也。在卦氣爲四月，故《太玄》準之以《應》。

《象》曰：明兩作，離。大人以繼明照于四方。

明兩作者，麗乎明也。鄭康成曰：「作，起也。」明明相繼而起，大人重光之象。堯、舜、禹、文、武之盛也。兑有伏震，離有伏坎，震東兑西，坎離南北，照四方也。

初九，履錯然，敬之，无咎。《象》曰：履錯之敬，以辟咎也。

《遯》艮爲指，指在下體之下爲趾，五來踐初，「履」也。初欲麗四交巽，巽爲進退，故其履錯然，進退動則失正。失正則有咎，故敬之不敢動，以辟有咎。榮辱安危繫於所麗，君子處《離》之始，安其分義，守正而已。故无所麗，是以无咎。管寧逡巡於萬乘之招，王丹偃蹇於三公之貴，以辟咎乎？

六二，黄離，元吉。《象》曰：「黄離元吉」，得中道也。

黄者，地之中。萬物必有所麗。六二，坤柔在下，麗乎中而與五合一，得中道也。夫中者，天地萬物之所共由，天地之長久，日月維斗之不息，聖人之道亘古今而无弊者也。六二得之，故能守正而不遷，乘剛而不懼，抱明德而獨照，是以元吉。

九三，日昃之離，不鼓缶而歌，則大耋之嗟，凶。《象》曰：「日昃之離」，何可久也。

離爲日，在下，「昃」也。九三，明盡當繼之際，故曰「日昃之離」。盛必有衰，始必有終，生必有死，晝夜寒暑之變，達人觀此，知窮必有變，乃理之常，孰知生之可羡，死之可惡？吉凶泯矣，故鼓缶而歌。缶者，常用之器，歌之者，樂其得常也。九三離腹變坤，爲缶。艮手擊之，「鼓缶」也。兑變震而體離，口舌動，有聲成文，「歌」也。昧者不知變，不鼓缶而歌，則大耋近死，戚嗟憂之不安於死，則凶矣。九三不變，乾首巽白，處明盡當繼之際，「大耋」也。八十曰耄，九十曰耋。離三爻，乾坤之策九十有六，故曰「耋」。陽爲大，大耋也，大耋猶言大老。三失應而憂嗟也。夫日昃之光，斯須入於地，雖欲附麗，何可久也？是故君子頽然委順，不以死生累其心。巽爲長，巽變，

「何可久」也。

九四，突如其來如，焚如，死如，棄如。《象》曰：「突如其來如」，无所容也。

九四重剛而不中正，又處不當位，不善乎繼而求繼者也。四之五成乾巽，乾爲父，巽爲子，子凌父，「突」也。「突」字，古文作倒子，不順之子也。凌突而往，其能來乎？言逆德也。巽木得火，「焚如」也。火王木死，「死如」也。退復三，兑毁之，其下反目而視，「棄如」也。言不容於内外者如此，故曰：「『突如其來如』，无所容也。」先儒謂古有焚刑，刑人之喪，不居兆域，不序昭穆，焚而棄之。《易傳》曰：「禍極矣，凶不足言也。」

六五，出涕沱若，戚嗟若，吉。《象》曰：六五之吉，離王公也。

離目兑澤，「出涕」也。鄭康成曰：「自目出曰涕。」巽爲長，「沱若」也。五失位，爲憂戚也。兑口，「嗟若」也。六五柔居尊位，九四凌突，故出涕戚嗟。然有吉之道，九四突，五離王公則吉。四、五相易，上麗王，位正也，下麗三公，用利也。據正而用利，以順討逆，何憂乎九四哉？

上九，王用出征，有嘉折首，獲匪其醜，无咎。《象》曰：「王用出征」，以正邦也。

上九麗極，有不麗者焉。上、五相易，六以正行，王用之以出征也。上有剛德而明，故王用之。兑毁折，乾爲首，陽爲美，九五美之至嘉也。言用之有功，王嘉其折首。《書》曰：「殲厥渠魁，脅從罔治。」「折首」者，殲渠魁也。醜，類也。陰又爲醜，上六下應九三陽也，陽非陰之類，「獲匪其醜」也。醜，脅從者乎？王用出征，非樂殺人也。正其不附者，以正邦也。《離》，上三爻不正，上、五相易而正，獨九四不正。四，諸侯位，四正成坤土，則邦正矣。王肅《易》本曰：「獲匪其醜，大有功也。」疑今本脱之。

漢上易傳卷四

下經

䷞艮下兑上

咸，亨利貞，取女吉。《彖》曰：咸，感也。柔上而剛下，二氣感應以相與。止而説，男下女，是以亨利貞，取女吉也。天地感而萬物化生，聖人感人心而天下和平。觀其所感，而天地萬物之情可見矣。

咸，感也，不曰感者，交相感也。《咸》自《否》變，乾，天也，坤，地也，六三之柔上，上九之剛下，大地之氣感應，而上下相與則亨矣。故辭曰「咸，亨」，《彖》曰：「咸，感也，柔上而剛下，感應以相與。」此以三上交感，六爻相應，言《咸》所以亨也。關子明謂：「咸者，天地之交是也。」剛下柔而爲艮之九三，正也；柔上剛而爲兑之上六，亦正也。艮，止也，兑，説也，上下相感以正，則止而説矣。相感之道利於正，不正則淪胥以敗，男女相説，朋友非義，君臣不以道合，非止[一]而說也，故辭曰「利正」，《彖》曰「止而説」。此以上六、九三合艮兑二體言感之道當以正也。艮少男，感而來，兑少女，應而往。匪媒不得，待禮而行，其感以正，止而説者也。取女如是，君子之道造端於夫婦矣，吉孰大焉？故辭曰「取女吉」，《彖》曰「男下女」。此以二體申言感之道也。夫二氣相感，人道相説，不過於正而已。故總言曰：「是以亨利貞，取女吉也。」男下女者，相感之一也，无所不感者，其唯天地乎？二氣交感，雨澤時行，動者植者，自化自生。兑爲澤，巽者萬物潔齊之時，有化生之象。「聖人感人心而天下和平」者，无所不感，亦若天地也。《否》上九，「聖人」也；六三，中位，「人心」也。上九之三，聖人下感乎人心也。三之上，人心感乎聖人也。乾變兑，則剛者説；天爲澤，則高者平。不曰以心感人者，感人以无心也。張載曰：「有意於中，滯於方隅而隘。」其无心之謂乎？且天地至大，感則相與；萬物至衆，感則化生。天地一氣，萬物同體，未有感而不動者也，故曰：「觀其所感，而天地萬物之情可見矣。」此以上、三兩爻合互體，推之以盡咸感之道也。在卦氣爲四月，《太玄》準之以《迎》。

《象》曰：山上有澤，咸。君子以虚受人。

[一] 止，原作「正」，據叢刊本、通本、薈要本改。

澤在下而達之山上，以興雲雨、利萬物者，山體内虚，澤氣上通，交感也。君子以是屈己虚其中，以受人之益。故能受盡言，能用大才，能任人事。

初六，咸其拇。《象》曰：「咸其拇」，志在外也。

艮爲指，在下體之下而動，爲拇。拇，足大指也。初感而動，不能自止，觀其拇之動，則知志在外矣。虞翻曰：「志在外，謂四也。」《咸》之初，所感未深而志已先動，動則四不應。《易傳》曰：「感有淺深輕重之異，識其時勢，則所處不失其宜矣。」

六二，咸其腓，凶，居吉。《象》曰：雖凶居吉，順不害也。

腓，膞〔一〕腸也。巽爲股，二在下體之中，「腓」也。腓行則先動，躁之象。二感五，不能守道自止，動而遽趨之，躁動，凶之道也。若居位不動，順理以待上之求，不害也。二動失位爲疾，有害之意。坤，順也。《易傳》曰：「質柔上應，故戒以先動，求君則凶，居貞自守則吉。」

九三，咸其股，執其隨，往吝。《象》曰：「咸其股」，亦不處也；志在隨人，所執下也。

〔一〕膞，叢刊本、通本同，薈要本校改作「腨」。其校語云：「刊本『腨』訛『膞』，據《説文》、《廣韵》改。」

巽爲股，股，胜也。感上而動，三陽才剛，爲内卦之主，當位宜處，說於上六而動，亦若二陰爻然，故曰：「『咸其股』，亦不處也。」下比於二，二，腓也，股動則腓動，三在上，反隨二不能自止，所執在下，執其隨者也，非爲上之道。艮爲手，有執意，「隨人」謂二也，虞翻謂志在二是已。故曰：「志在隨人，所執下也。」隨二，則感上而往亦吝，雖不處也，豈能往哉？是以進退皆失其宜。

九四，貞吉，悔亡，憧憧往來，朋從爾思。《象》曰：「貞吉悔亡」，未感害也；「憧憧往來」，未光大也。

九四，感不以正則不誠，不誠則害於感，有悔也。動則貞而吉，其悔亡，雖勉而至，未爲感害也。何以知勉？動而貞也，故曰「『貞吉悔亡』，未感害也。」四兑感於初，方來而說，初艮從於四，欲往而止，是以九四憧憧勞思，慮於往來之際，而不能定也。四陰，初六亦陰，故曰「朋」。四居中，在三之上，心思之所在。夫思之所至則從，思之所不至則不從，「朋從爾思」，所感亦狹矣，能无悔乎？四動而正，初九不應，去其偏係之私心則誠，誠則虚而无所不感。動成坎離，光大之象，故曰：「『憧憧往來』，未光大也。」《易傳》曰：「聖人感天下之心，如寒暑雨暘，然无不通、无不應者，亦貞而已。貞者，虚中无我之謂也。」

九五，咸其脢，无悔。《象》曰：「咸其脢」，志末也。

九五有伏艮，下感六二，艮爲背。脢，鄭康成曰：「背脊肉也。」虞翻、陸震、劉牧同。《易傳》曰：「與心相背而不見者也。」故曰「咸其脢」。九五得尊位，背其私心，以中正相感，感非其所見而説者，則得人君感天下之正而无悔，故曰：「咸其脢，无悔。」然於感之義，猶有未盡者，九五比於上六也。卦以初爲本，上爲末，有所志則私矣，雖志於末，未爲无所係也。盡感之義者，其唯去其所志，虚中无我，萬物自歸乎？故聖人立象盡意，又繫之辭以明之也。張載曰：「六爻皆以有應不盡卦義。」

上六，咸其輔頰舌。《象》曰：「咸其輔頰舌」，滕口説也。

乾爲首。兑，外爲口，内爲舌。艮，止也；兑，説也。上六兑感艮，口動而上止者，「輔」也。輔，上頷也。九三乾艮感兑，在首而悦見於外，面頰也。兑口動而内見者，「舌」也。上三相感，不離於輔頰舌三者而已。不能以至誠感物，徒發見於言語之間，至於舌弊而不已者也。滕，王昭素作「騰」。騰，傳也。上三相應，騰口之象，兑爲説，故曰「滕口説也」。

䷟巽下震上

恒，亨，无咎，利貞，利有攸往。《象》曰：恒，久也。剛上而柔下，雷風相與，巽而動，剛柔皆應，恒。「恒，亨，无咎，利貞」，久於其道也。天地之道，恒久而不已也。「利有攸往」，終則有始也。日月得天而能久照，四時變化而能久成，聖人久於其道而天下化成。觀其所恒，而天地萬物之情可見矣。

《咸》以男下女，男女交感之情也；《恒》男上女下，夫婦居室之道也。交感之情，少則情深；居室之道，長則分嚴，故取象如此。恒，常久也。卦自《泰》變，初九之剛上居四，六四之柔下居初，剛上而柔下，上下尊卑各得其序，常久之道也，故曰「剛上而柔下」。此以初六、九四言《恒》也。震爲雷，巽爲風，雷動風行，兩者〔一〕相與於无形，而交相益者也。常久之道闕一則息矣，故曰「雷風相與」。此以震巽兩體相應而言《恒》也。巽，巽也；震，動也。飄風驟雨，天地爲之不能以長久，而況於人乎？長久之道，非巽而動不可也，故曰「巽而動」。此再以震、巽言《恒》也。夫剛上柔下而不能相與，不可也；相與矣不能巽而動，不可也。三者之才具，則上下皆應，斯足以盡《恒》之道，故又曰「剛柔皆應」。此再以六爻相應言《恒》也。且以夫婦之道觀之，尊者上，卑

〔一〕「者」下，叢刊本、通本、薈要本有「相薄」兩字。

者下，分嚴矣，不能相與，則情何由通？能相與矣，剛或犯義，柔不得禮，亦豈能久？巽而動，上下内外應，而家道成，推之以治國、治天下，一道也，故曰「恒」。初九之四，六四之初，宜有咎，亨則无咎。亨者，剛柔相與，巽而動，其動不窮也。貞者，《泰》初九也。初九以正，巽而動，是以亨。乾天坤地，天地之道常久而不已者，正而已矣。故曰：「『恒，亨，利貞』，久於其道也。天地之道，恒久而不已也。」此再以初變四言《恒》之才也。《易》窮則變，變則通，通則久，恒非一定而不變也，隨時變易，其恒不動，故曰「利有攸往」。《恒》一變《井》，再變《蠱》，復歸於《恒》，三卦有震、兑、巽、坎、離、艮之象。天地之道始於震，終於艮，既終則復始於震，而恒體不變，所以能循環不息，終始不窮，亘古今而常久也。故曰：「『利有攸往』，終則有始也。」何以知天地之道能久哉？觀諸日月之行、四時之運則知之。離爲日，坎爲月，坎離相易，互藏其宅，剛柔相與，不失其正，冬行北，夏行南，朝出於震，夕入於兑，得天之道，終則有始也，故能久照。春震、秋兑、夏離、冬坎，陰生於《姤》，陽生於《復》，剛柔正也。始於立春，終於大寒，終則有始也。故變化而能久成，聖人以恒致亨。始之以貞，如日月之明、四時之有經，故天地〔二〕相説而巽，其化乃成。天地非恒不成。觀諸天地，則萬物之情可見矣。此以九四一爻極其卦之變，以推廣常久之道也。在卦氣爲七

〔二〕地，叢刊本、通本、薈要本作「下」。

月，故《太玄》準之以《常》、《永》。

《象》曰：雷風，恒。君子以立不易方。

雷風相薄，極天下之動也，而其正不動，恒也。《恒》自《震》三變，九三立而不易，君子以是處天下之至動，而立不易方。方者，理之所不可易者也。巽股爲立，坤爲方，動而不易其方，其不動者乎？

初六，浚恒，貞凶，无攸利。《象》曰：浚恒之凶，始求深也。

初本《泰》之六四成巽，九出六入，有陰陽相求之象。初入卦底，在兑澤之下，巽爲股，股入于澤下，入之深者也，浚之象，故曰「浚恒」。四震體躁動，九陽剛處非其位，不能下，初不正，不量而入，始與四交，求之太深，非可久之道，故凶。夫人道交際，貴乎知時而適淺深之宜，故孟子三見齊王而不言。或曰：初六不正，是以求之不可深。曰：動而正，四亦不應，雖正亦凶，况不正乎？浚恒之凶在始求太深，人未必應，情已不堪，无所往而可也。故曰：「貞凶，无攸利。」

九二，悔亡。《象》曰：「九二悔亡」，能久中也。

動而无悔，久處而不厭者，其惟中乎？恒久之道也。九二動而正，其悔亡，以正守中，能久中也。能久中則能恒。

九三，不恒其德，或承之羞，貞吝。《象》曰：「不恒其德」，无所容也。

九三得其所處，宜堅正守恒，而巽究爲躁動而不正，可處而不處，失恒也，故曰「不恒其德」。將進而犯上，則上爲正；將退而乘二，則二得中。雖躁動矣，進退何所容乎？不得已而復，豈真能恒哉？故曰「无所容也」。三動成離爲目，三復成巽，兑爲口，目動言巽，羞之象。三動而復，二在下承之，未嘗動也，三於是始有羞矣，故曰「或承之羞」。或，疑辭，亦巽也。九三可貞而吝，是以及此。夫子曰：「人而無恒，不可以作巫醫。」況九三之處高位乎？

九四，田无禽。《象》曰：久非其位，安得禽也。

九四本《泰》之初九，初往之四，二成巽，巽爲雞，二在地上，「田」也。二應五，則巽禽爲五有矣。九四處非其位，待之於上，則初不至，與初相易，則巽伏而不見，四安得禽哉？久處非其位，自无得禽之理，此不知義之所當得，而失其所欲者也。冒榮招辱，貪得致亡，曷若守恒之無患。學者亦然，學無常位，亦何所托業哉？

六五，恒其德，貞。婦人吉，夫子凶。《象》曰：婦人貞吉，從一而終也；夫子制義，從婦凶也。

坤，順也，六五順九二之剛，坤德之常也。恒其德則正，以順爲正者，婦人之德。坤於乾爲婦，恒其德貞，在婦人則吉，正故吉也。陽奇一也，陰耦二也，陽始之，陰終之，六五從九二終，吉孰甚焉？「從一而終也」。故曰婦无再嫁之文。六五一爻於巽爲夫，於乾爲子，又有兑金刻制之象。去其不正而從正，制義者也。婦人嫁則從夫，夫死從子，適宜而已。父令君命，有所不從，從婦則凶之道，故曰「從婦凶也」。《易傳》曰：「五君位也，而不以君言者，蓋如五之義，在夫子猶凶，況人君乎？君道尤不可以柔順爲恒故也。他卦六居君位而應剛，則未爲失矣。」

上六，振恒，凶。《象》曰：振恒在上，大无功也。

上六處震動之極，以動爲恒，不能久其德，故振奮妄動，如風振林木，不安乎上而求有功。上六、九三正應也，妄動則下不應，誰與之成功？上三相易，兑爲毀折，「大无功」也。大无功則凶，成得臣、諸葛恪[一]是已。

䷠艮下乾上

遯，亨，小利貞。《彖》曰：「遯亨」，遯而亨也。剛當位而應，與時行

[一] 諸葛恪，通本、薈要本同，叢刊本作「諸葛」。

也。「小利貞」，浸而長也。遯之時義大矣哉！

《遯》，坤再交乾也。陽長則陰消，柔壯則剛遯，晝夜寒暑之道也。二陰浸長，得位於內，君子之道漸消，是以四陽遯去，自內而之外，故曰「遯」。遯以全其剛，小人不能害其身，退而其道伸矣，故曰：「遯亨，遯而亨也。」或曰：三陰進而至《否》，五陰極而至《剥》，君子猶居其間，二陰方長，君子何爲遯哉？曰：《否》陰已盛，《剥》陰將窮，故《否》之九四、九五、上九，《剥》之上九，君子居之。《遯》陰方長，進而用事，可不遯乎？然君子之遯未嘗一日忘天下，陰浸長而未盛，五剛當位應二，則與之應而不辭矣，與時偕行，豈必於遯哉？孔子所以遲遲去魯，孟子所以三宿而後出晝。鄭康成曰「正道見聘，始任他國」，亦遯而後亨也。故曰：「剛當位而應，與時行也。」此再以二五相應伸「遯亨」之義也。二陰浸長，方之於《否》「不利君子貞」，固有間矣。然不可大貞，利小貞而已。陰爲小。剛當位而應，六二得乎中正也。先儒謂居小官、幹小事，其患未害，我志猶行。《易傳》曰：「聖賢之於天下，雖道之廢，豈忍坐視而不救哉？苟可致力焉，孔、孟之所屑爲也。」蓋遯非疾世避俗、長往而不反之謂也。去留遲速，唯時而已。非不忘乎君、不離乎群，消息盈虛循天而行者，豈能盡遯之時義哉？故曰：「遯之時義大矣哉！」在卦氣爲六月也，故《太玄》準之以《逃》、《唐》。

《象》曰：天下有山，遯。君子以遠小人，不惡而嚴。

山以下陵上天，遯而去之，不可干也。三、四、五、上，君子；初、二，小人。小人内，君子外，「遠小人」也。小人遠之則怨，怨則所以害君子者无所不至。初四、二五相應，「不惡」也。四陽以剛嚴在上，臨之不惡而嚴也。不惡故不可得而疏，嚴故不可得而親，是以莫之怨，亦莫敢侮，而君子小人各得其所矣。

初六，遯尾，厲，勿用有攸往。《象》曰：遯尾之厲，不往何災也。

卦體以前爲首，後爲尾，四陽避患，患未至而先遯。初六止而在後，所處不正，危道也。故曰「遯尾，厲」。往之四，雖正，成離坎，自明其節而遇險災也，不若退藏於下，自晦其明，不往則何災之有？初六處下，非當位者，所處微矣，是故不去猶可以免患。《易傳》曰：「古人處微下，隱亂世而不去者多矣。」

六二，執之用黄牛之革，莫之勝説。《象》曰：執用黄牛，固志也。

艮手執也，坤爲牛，坤中爲黄，艮爲革，「執之用黄牛之革」也。二近初六而應五，處于内，近小人，往從五則所執説矣。二從五成離兑，離火勝兑金，兑爲毁折，有勝説之意。六二知其不可以處而比初，又不可往而從五，乃堅固以執其志，如執用黄牛之革，則初莫之止，五莫之勝，確乎不可拔，孰能奪其所守哉？故曰「固志也」。六二柔中，故執志如此乃能遯。

九三，係遯，有疾，厲，畜臣妾吉。《象》曰：係遯之厲，有疾憊也；「畜臣妾吉」，不可大事也。

九三得位，係於二陰而不能遯。巽繩，係也，故曰「係遯」。九三遯則陽失位，以動爲疾，故安其位而不動，故曰「有疾」。陰方剥陽，已私係之，未失位也，而曰「厲」，以動爲疾，久則極憊，困篤不可救已。晉張華是已。三，極也，有憊之意，故曰：「係遯之厲，有疾憊也。」九三爲内之主，二陰自下承之，坤爲臣，伏兑爲妾，以此畜臣妾則吉，正也。若係志於鄙賤之人，其可大事乎？陽爲大，巽爲事，三動巽毁，不可大事也，故曰：「『畜臣妾吉』，不可大事也。」

九四，好遯，君子吉，小人否。《象》曰：君子好遯，小人否也。

好者，情欲之所好也。九四係於初六，不正之陰而相應，情好也。君子剛决以義斷之，當可遯之時，舍所好，動而去，與應絶矣。動則正，正故吉，蕭望之不顧王生之寵是也，故曰「君子吉」。曰「小人否」者，九動成六，六安於四，又有小人不能去之象。否者，不能然也。此爻與初六相應，處陰而有所係，故極陳小人之戒，以佐君子之决。《易傳》曰：「所謂克己復禮，以道制欲者也，是以吉。小人則義不勝欲，牽於私好，相與陷於困辱危殆之途猶不知也。」

九五，嘉遯，貞吉。《象》曰：「嘉遯貞吉」，以正志也。

陽爲美，九五中正，无以加焉，美之至也。剛中處外，可行則行也；當位而應，可止則止也。不後而往，不柔而應，不安於疾憊，不係於情好，遯之至美，故曰「嘉遯」。「貞吉」者，以自正其志而安也。「正志」者，行止无累於物也。此夫子所以疾固歟。《易傳》曰：「在《象》則概言遯時，故云『與時行，小利貞』，有濟遯之意也。於爻至於五則遯將極矣，故唯以中正處遯言之。」

上九，肥遯，无不利。《象》曰：「肥遯，无不利」，无所疑也。

上九盈矣，動成兑，説見於外，「肥」也。上九處卦外，内无應，動則正，无往不利，其於遯也有餘矣，故曰「肥遯」。所以无不利者，剛決不係於四，无疑情也。巽爲不果，疑也。

䷡乾下震上

大壯，利貞。《彖》曰：大壯，大者壯也，剛以動，故壯。大壯利貞，大者正也。正大而天地之情可見矣！

陰陽迭壯者也。以三畫卦言之：初爲少，二爲壯，三爲究。以重卦言之：初二爲少，三四爲壯。陽動於《復》，長於《臨》，交於《泰》，至四爻而後壯。《泰》不曰壯者，陰陽敵也，過於陰則陽壯矣，猶人血氣方剛，故曰：「大壯，大者壯也。」陽之初，其動甚微，動而不已，物莫能禦。君子之道義，其大至於塞乎天地之間者，以剛動也，故曰：「剛以動，故壯。」此合震、乾二體而言《壯》之時也。初九，大者正也。大者正乃能動而不屈，壯而不以正，則失之暴，不能久也。飄風暴雨，江河之大，皆不能久，故曰：「利貞，大者正也。」此以初九言壯之道也。曾子曰「自反而縮，雖千萬人吾往矣」，正故也，正故能大。天地之動也，乾始於子，坤始於午，震卯而兑酉，正也。故四時行、萬物生，其大无外，以正而大也。《易傳》曰：「天地之道常久而不已者，亦至大至正而已，故正大而天地之情可見矣！」以卦氣言之，二月也，故《太玄》準之以《格》、《夷》。

《象》曰：雷在天上，大壯。君子以非禮弗履。

雷，出地者也，而在天上，大壯也。雷在天上，非所履而履，故史墨謂雷乘乾爲臣强之象。然俄且降矣，君子以是動必以正，非禮弗履。非禮弗履，所以全其壯也。横渠曰：「克己復禮，壯莫甚焉。」

初九，壯于趾，征凶，有孚。《象》曰：「壯于趾」，其孚窮也。

初在下體之下，應震足而動趾也，孚四也。初九剛在下，用壯不中，當守正不動，以全其壯可也。「征凶」者，以正行亦凶，言不可行，行則兩剛相敵，而四不應壯，豈得用哉？故壯于趾者，以其孚窮也。《易傳》曰：「用壯而不得中，雖以剛居上，猶不可行，況在下乎？」

九二，貞吉。《象》曰：「九二貞吉」，以中也。

九二剛中，壯而處中，其動也正，正則吉。正吉者，以中也。蓋剛正而不中者有矣，《中庸》曰「中立而不倚，强哉矯」，其九二乎？《易傳》曰：「居柔處中，不過乎剛〔二〕者也。」

九三，小人用壯，君子用罔，貞厲。羝羊觸藩，羸其角。《象》曰：小人用壯，君子罔也。

九三不動，陽爲君子，九動變六，陰爲小人，小人處極剛而有應，必用其壯，故曰「小人用壯」。君子處此，自守其正，有剛而不用。《太玄》曰：「罔者，有之舍。」罔非无也，有在其中矣，故曰「君子用罔」。然剛極矣，處兩剛之間，雖正亦厲，正而濟之以和説可也，故曰「貞厲」。此君子所以用罔歟？震爲萑葦，爲竹木，在外爲藩，兑爲羊，前剛爲角，震爲反生，羊角反生爲羝羊。羝羊，羖也。三往觸上，剛絓於藩。六來乘之，兑毁羊喪其很，此小人用壯之禍，可不戒乎？京房曰：「壯不可極，極則敗；物不可極，極則反。故曰『羝羊觸藩，羸其角』。壯一也，小人用之，君子有

〔二〕剛，叢刊本、通本、薈要本作「壯」。

而不用，故曰『小人用壯，君子罔也』。」

九四，貞吉，悔亡，藩决不羸，壯于大輿之輹。《象》曰：「藩决不羸」，尚往也。

四陽長過中，壯之甚也，而不正。君子道長之時，四以不正在上〔二〕，宜有悔，故戒以貞。貞則類進之吉，无用壯之悔，故「貞吉，悔亡」。震在内外之際，爲藩，四動往之五，藩决剛得中，群陽自下進而不括，故曰：「『藩决不羸』，尚往也。」曰「不羸」者，因九三爲象也。坤爲輿，震木在輿下，爲輹，車之毁折常在於輹。九四陽壯，壯于大輿之輹，則何惡於壯乎？大輿而輹壯，其往利矣，壯以任重，道行於上之象也。貞吉悔亡，故藩决不羸，往而之五，藩决不羸，以壯於大輿之輹，利往也。故《象》辭如此。

六五，喪羊于易，无悔。《象》曰：「喪羊于易」，位不當也。

兑爲羊，羊群行善觸，諸陽並進之象。六五柔不當位，陽剛方長，宜有悔，然持〔三〕以和易，則諸

〔二〕上，通本、薈要本同，叢刊本作「世」。
〔三〕持，通本、薈要本同，叢刊本作「待」。

陽无所用其壯，而剛强暴戾之氣屈矣。此所以无悔歟？四、五相易，兑毁，喪羊于易，和易亦兑也。蓋位尊則能制下，德中則和而不流，以此用和，其誰不服？光武曰「吾治天下亦柔道」，六五之謂乎？《易傳》曰：「治壯不可以剛，人君之勢不足而後有治剛之道。」

上六，羝羊觸藩，不能退，不能遂，无攸利，艱則吉。《象》曰：「不能退，不能遂」，不詳也；「艱則吉」，咎不長也。

上六動成九，前剛也。前剛，角之象，兑爲羊，震爲反生，羊角反生，羝羊也。震爲萑葦、竹木，在外爲藩。上動觸藩，羸絓其角，「不能遂」也。退則三不應，「不能退」也。決事者當於其始詳慮之，可則進，否則退。上六妄動，不能退，不能遂，自處之不詳審也，何往而利哉？然壯終則變，能艱難守正，自處以柔則吉，妄動之咎不長也，在我而已。巽爲長，震者巽之反，故曰「不長」。

䷢坤下離上

晋，康侯用錫馬蕃庶，晝日三接。《象》曰：晋，進也。明出地上，順而麗乎大明，柔進而上行，是以康侯用錫馬蕃庶，晝日三接也。

明出地上，進而不已，至於盛明，故曰：「晋，進也。」明出地上，此合離、坤兩體言《晋》也。

《晉》自《臨》來，《蹇》之變也。離者，坤易乾也。離爲明，自六五言之，爲大明，乾陽爲大也，人君有明德居尊位，照天下之象。坤順離麗也，人臣之道主於順而不知其所麗，則其道不能以上行，順而麗乎大明，然後蹇。六三〔一〕之柔進，而與君同德，故曰：「順而麗乎大明，柔進而上行。」此以六五一爻言《晉》也。五爲天子，四爲諸侯。康，褒大之，與《禮記》「康周公」之「康」同。六四進而之五，以諸侯近天子之光，王明而受福。九五用是降心以褒大之，錫馬蕃庶也。乾變坎爲美脊之馬，坤變乾爲牝馬，坤爲衆，蕃息庶多，言不一種也。《周官·校人》：「天子十有二閑，馬六種；邦國六閑，馬四種。」「凡朝覲會同，毛馬而頒之。」錫馬蕃庶，亦進之意也。日在中天爲晝，艮爲手，坤三爻三接。三，極數也。不唯錫予，又親禮之。大行人之職，諸公三饗三問三勞。晝日訪問之時三接，極盛之禮，所以康諸侯者至矣，非順而麗乎大明，柔進而上行，何由至是哉？故曰：「是以康侯用錫馬蕃庶，晝日三接也。」此以六五兼兩體而言處《晉》之道。或曰：午爲馬，火畜也，故古者差馬以午出，入馬以日中，而《說卦》以乾、坎、震爲馬，何也？曰：乾離同位，日與天同體，金與火相守則流。以五行言之，火爲馬，以八卦言之，乾爲馬，觀諸天文，七星爲馬，離也。離者，午之位，漢中之四星曰天駟，東壁之北四星曰天廄，建星六星曰天馬，乾坎也。房爲天

〔一〕三，叢刊本、通本同，薈要本校改作「二」。

駟，東一星爲天馬，震也。故馬以三卦言之。昔者國有戎事，各服其產，而冀北之馬獨爲良。馬者，乾也。震爲龍，其究爲健。健，乾也。辰爲角，亢與房及尾共爲蒼龍之次，故馬八尺以上曰龍，世傳大宛、余吾之馬出於龍種。龍飛天者，離也；馬行地者，乾也。而馬政禁原蠶，蠶以火出而浴龍星之精，與馬同氣，察乎此則知乾離同位矣。在卦氣爲二月，故《太玄》準之以《進》。

《象》曰：明出地上，晉。君子以自昭明德。

《乾》曰「自强」，《晉》曰「自昭」，二者自己爲之，人力无所施，天行日進，誰使之哉？明德者，己之所自有也。進而不已，其德自昭，如日有光，出則被乎萬物，非有心於昭昭也。《易傳》曰：「去蔽致知，昭明德於己也。明明德於天下，昭明德於外也。」

初六，晉如摧如，貞吉，罔孚。裕，无咎。《象》曰：「晉如摧如」，獨行正也；「裕无咎」，未受命也。

《晉》之始，見有應則動而進，故晉如。動而九四不應，知其不可進則自抑而退，故摧如。摧者，抑其動也。始進未孚，戒在不正，以求四之知，唯獨行正道乃獲貞吉。積誠不已，未有不孚者，故曰「貞吉，罔孚」。初坤體順，其進也不汲汲以失守，其退也不悻悻以傷義，綽然有餘裕，卒歸於无咎，故曰「裕，无咎」。然裕无咎者，以進之始未受命也。若已仕而有官守，上不見信，不得其職，致爲臣而去可也，裕安得无咎。四艮爲手，受也，巽爲命，初動震見巽伏，未受命。《易傳》曰：「若夫有官守而不孚于上，廢職失守以爲裕，則一日不可居矣。」

六二，晋如愁如，貞吉。受兹介福，于其王母。《象》曰：「受兹介福」，以中正也。

六二得位，居《晋》之時而五不應，故晋如愁如。二至五，有離目、艮鼻，坎加憂，嚬蹙之象，故愁如，言進之難。知道未行，爲天下憂之，然守貞則吉。王母，六五動也。柔得尊位，五動成乾，乾爲王，坤爲母，「王母」也。數親自二而[一]上，二爲己，三爲考，四爲祖，五坤，祖之配也，故祖母謂之王母。二雖難進，无援於上，然柔順中正，履貞不回，久而必孚，況同德乎？未有五不動而應之者，故受兹介福于其王母。五動陽爲福、爲大。介，大也。二中正，五動亦中正，是以二受五之福，故曰「以中正也」。

六三，衆允，悔亡。《象》曰：衆允之，志上行也。

坤爲衆，三不當位，衆所未允，宜有悔。《晋》之時，三陰在下，同順乎上，三順之極而有應，三

[一] 而，原作「爲」，據叢刊本、通本、薈要本改。

志上行則二陰因之，得麗乎大明。上九應之成兑，兑爲口，三得正，「衆允之」也。衆允則悔亡，此大臣因衆之願而效之上者也。以此居位雖柔必强，何憂乎不勝其任哉？

九四，晋如鼫鼠，貞厲。《象》曰：鼫鼠貞厲，位不當也。

鼫鼠，《子夏傳》作「碩鼠」。碩，大也。艮坎爲鼠，陽爲大，鼠晝伏夜動者也。坎爲加憂，九四剛而不正，處晋明之時，竊據上位，憂畏而不安，碩鼠也。大明在上，三陰進而麗乎明，四處位不當而不知退於正，爲厲。知非而去，未失爲虞丘子也。

六五，悔亡，失得勿恤。往吉，无不利。《象》曰：「失得勿恤」，往有慶也。

六五柔不當位，有悔者，於進德爲失，不剛故也。坎爲加憂，恤也。五能舍己，往而從上九，上正其君於道，柔者剛矣，則悔亡，失者得而坎毁，故曰：「悔亡，失得勿恤。」五明之主，患在於矜智遂非，以失爲恥，故戒以「失得勿恤」。不憚從人，不留情於既失，則往正而吉，无所不利，邦國之慶也。悔者亡，失者得，憂者喜慶之謂也。陽爲慶，故辭曰「往吉，无不利」，《象》曰「往有慶也」。《易傳》曰：「不患不能明，患其用明之過，故戒以失得勿恤。」

上九，晋其角，維用伐邑。厲吉，无咎，貞吝。《象》曰：「維用伐邑」，道未光也。

上九前剛，角象也。上，《晋》之極，至於角，窮矣。猶進而不止，危厲之道，維用於伐邑則可，雖危厲而吉。伐邑者，自治也。若施之征伐，則凶有咎，窮兵故也。上窮反三，入于坎險，坤在内爲邑。邑，己之自有，故此伐邑有自治之意。伐邑則九得正，厲者吉，吉則於自治爲无咎，亦猶「冥升利於不息之貞」。所以自治者，於進道有未光也。上反三，坎離毁，未光之象。《易傳》曰：「人之自治，剛極則守道固，進極則還善速。」六三之行，六五之往，皆不曰晋者，三行則上反三，五往則上反五，反非進也，故二爻不言晋。

䷣離下坤上

明夷，利艱貞。《象》曰：明入地中，明夷。内文明而外柔順，以蒙大難，文王以之。「利艱貞」，晦其明也。内難而能正其志，箕子以之。

離爲日、爲明，坤爲地、爲晦，坤上離下，明入地中。夷，傷也。《晋》，日在上，旦晝也；《明夷》，明入地中，暮夜也。鄭康成曰：「日在地上，其明乃光，至其入也，明乃傷矣。」《晋》者，明君在上，群賢並進，麗于大明之時。《明夷》者，暗君在上，明者在下，見傷之時，故曰「明夷」。此以坤、離兩體言《明夷》也。《明夷》，《晋》之反，離爲文明，坤爲柔順，坎爲險難，陽爲大。文王當紂之時，内含文明，外體柔順，蒙大難而免於難，故曰：「内文明而外柔順，以蒙大難，文王以之。」言文王用《明夷》之一卦也。初九、六二、九三，正也，《明夷》之時，不晦其明則有禍，失其正則其明熄滅，處之者利在於艱貞而已。艱貞者，有其明而晦之也。如日在地中，其明可晦，正不可動，故曰：「『利艱貞』，晦其明也。」坎險在内，「内難」也。箕子，紂同姓，近則身在商邑之中，難在内者也。佯狂被髮，自守其志，囚奴而不變，其於正也難矣，故曰：「内難而能正其志，箕子以之。」言箕子用《明夷》利艱貞之三爻也。文王、箕子雖若不同，其用《明夷》之道則一也。在卦氣爲九月，故《太玄》準之以《晦》。

《象》曰：明入地中，明夷。君子以莅衆，用晦而明。

《明夷》者《晋》之反，坤爲衆、爲晦，離爲明，初九、九三入而治之，「莅衆」也。天下至衆，以明莅之，則知有時而困，人情不安，用晦而明，則親疏、小大无所不容，衆爲我用，此垂旒黈纊而明目達聰之道也。

初九，明夷于飛，垂其翼，君子于行，三日不食。有攸往，主人有言。

《象》曰：「君子于行」，義不食也。

《晉》上九反而爲《明夷》之初九，離爲鳥，自上下下，「于飛」也，見傷而垂其翼者也。柔爲毛，剛其翼也。小人之害君子，必害其所以行，使不得進，君子明足以見微，故去位而行。離爲日，之四，歷三爻，兑口在上，「三日不食」也。斷之以義，雖困窮饑餓而不悔，故曰：「『君子于行』，義不食也。」之四，「有攸往」也。巽，東南方，主人位，兑口爲有言，君子所爲，衆人固不識也。方初九以正，見傷於明夷之始，其事隱而難見，微而未著，自常情觀之，豈不離世異俗乎？此所以主人有言，然君子不恤也，義之當然，納履而行，何往而不貧賤哉？《易傳》曰：「待其已顯，則无及矣。此薛方所以爲明，而揚雄所以不獲去也。穆生之去楚，二儒且非之，况世俗之人乎？故袁閎之於東漢，亦以爲狂也。所往而人有言，何足怪哉？」

六二，明夷，夷于左股，用拯馬壯，吉。《象》曰：六二之吉，順以則也。

此爻因初九之往以取象。初往二成巽，震爲左，巽，股也。二爲小人所傷，不可動以應五。明夷，夷于左股，小人之傷君子，天也，君子无如之何，亦順之而已。六二在位不可以苟去，用九三拯之可也。拯，《子夏傳》、《説文》、《字林》作「抍」，音升，一音承，上舉也。三，震起也，九三之五成艮手，有起手上舉之象。夷于左股，既不可動，用之上舉其手以濟六五之柔者，當資九三之力。九三坎馬，震爲作足，坎、震得位，馬之壯健者也，馬壯乃可載上而行以濟弱。六二不動，亦保其吉，雖傷左股，猶无傷也。此六二順以致吉，不失其事君之則也。則者，理之所不能違也，故曰：「六二之吉，順以則也。」夫雷風相益，水火相用，見於萬物異體而同功者多矣。況二、三同體乎？然非中正明德君子，其能如是？《書》曰「告予顛隮，若之何其」，六二之謂歟？鄭本作「明夷睇于左股」，睇，傾視也。離目變巽，左股見傷，故睇之。或當從鄭。或曰：卦爻有因前爻何也？曰：亦彰往察來之一端也。前爻既往，後爻方來，來往相爲用，故有因爻成象者，如《同人》九四因九三，九五因九三、九四，《明夷》六二因初九也。有因前卦爲象者，如《明夷》之上六因《晉》，《夬》之初九因《大壯》，玩其辭則可知。故曰：「斷辭則備矣。」《太玄》亦然，一首不盡其義，乃以二首明之。

九三，明夷于南狩，得其大首，不可疾貞。《象》曰：南狩之志，乃大得也。

三，公之位；上六，《明夷》之主。九三極明至剛得位而應，不得已而動，以克極暗之主，湯、武之事也。自二至上體《師》，坎爲中，冬狩之時，離爲南，三動之上，南狩也，故曰「明夷于南狩」。狩者，爲民去害。離之三陽，乾也，乾爲首，陽爲大，南狩克之，得其大首。大首，元惡也。得者易辭，故曰「得其大首」。離爲鳥，飛而上，逆不可疾也。九居上，未正也，民迷久矣，遽正則駭懼不安，當以疾貞爲戒，故曰「不可疾貞」。動於中，志也。京房曰「動乃見志」，故曰：「南狩之志，乃大得也。」《易傳》曰：「以下之明，除上之暗，其志在於去害而已。商周之湯武，豈有意於利天下乎？志苟不然，乃悖亂之事也。」

六四，入于左腹，獲明夷之心，于出門庭。《象》曰：「入于左腹」，獲心意也。

上六極暗，九三極明，四遠上、近三、應初。震爲左，離爲大腹，四自震應初入離，「入於左腹」也。坎爲心，坤中爲意，初六〔一〕之四，離變艮爲門，四爲夜，「獲明夷之心，于出門庭也」。初之四，則坎坤變兑爲説，獲心意之象，故又曰「獲心意也」，其微子去商之事乎？上六極暗將亡，其意豈願亡哉？去暗就明，亡者復存，則獲明夷之心意矣，震爲反生故也。六四柔順而正，與上六同體，比於三而遠於上六，以譬則微子之類也。腹之爲物，能容者也，自外而之内，自上而之下，九三所受也。

六五，箕子之明夷，利貞。《象》曰：箕子之貞，明不可息也。

六五動則正，正成離，離，明也。不動成坤，坤爲晦，自晦其明也。五、上同體，迫於昏亂而不

〔一〕六，各本同，據文義，疑當作「九」。

可去，是以自晦其明以免禍，「箕子之明夷」也。自晦者，不動而已，未嘗失正也，明在其中。失正則其明遂亡，故佯狂者，自晦也，不受封去之朝鮮者，正也。聖人慮後世讀《易》者以自晦即守正而蒙垢愛生，失其所守，故曰：「箕子之貞，明不可息也。」

上六，不明晦，初登于天，後入於地。《象》曰：「初登于天」，照四國也；「後入于地」，失則也。

《晋》明出地上，反爲《明夷》，則明入地中，不明而晦。上六極坤，坤爲晦，故曰「不明晦」。《晋》時離出坤，登于乾，五下照坤，六四坤在上爲國，故曰：「『初登于天』，照四國也。」《晋》反則離入于坤，「後入于地」也。五者，君之位，以明德居尊位者，人君之則。後入于地則失位，失位者，以不明晦而失爲君之則也。人君近君子遠小人，兢兢焉，唯懼不明乎？善者所以守其則也。得失无不自己爲之者，得之明，失之晦，晝夜之象，故聖人舉《晋》、《明夷》二卦，反復以釋爻義，原初徵後，爲人君萬世之戒。《雜卦》曰：「《明夷》，誅也。」爲明夷之主而不誅者，鮮矣。

☲☴離下巽上

家人，利女貞。《象》曰：家人，女正位乎内，男正位乎外，男女正，天地之大義也。家人有嚴君焉，父母之謂也。父父，子子，兄兄，弟弟，夫夫，婦婦，而家道正。正家而天下定矣。

外巽内離。離，明也。《易傳》曰：「外巽内明，處家之道。」然卦以長女、中女爲象者，女以男爲家，家人以女爲奥主，故曰家人。此合兩體言《家人》也。《家人》自《遯》來，《无妄》變也。互巽變離，六二正，離爲女，「女正位乎内」也。震變互坎，六四正，坎爲男，「男正位乎外」也。女正位乎内，然後男正位乎外，女不正而能正其外者，无有也。天地，坎正位乎北，離正位乎南，南北定位，東西通氣，而天地化生萬物。故曰：「女正位乎内，男正位乎外，男女正，天地之大義也。」此以六四而下言《家人》「利女貞」也。五，君之位也，乾九五者，父也。乾爲剛嚴无妄，坤居四，上配乾五爲母，以坤變乾爲離，歸尊於父，父母之於家人，其嚴有君道，家人猶臣妾也。子之事父母，婦之事舅姑，雞鳴而朝，非君道乎？《易傳》曰：「无尊嚴則孝敬衰，无君長則法度廢。」故曰：「家有嚴君，父母之謂也。」此以九五而下言《家人》正家之道也。乾爲父，坎爲子，父上子下，父子正也；巽爲長女，離爲中女，孟上仲下，兄弟正也；坎爲夫，離爲婦，夫上婦下，夫婦正也。乾爲天，五爻各得其位，天下定也。故曰：「父父，子子，兄兄，弟弟，夫夫，婦婦，而家道正。正家而天下定矣。」此以上九而下推廣正家之道也。夫正家之道，始於女正，女正而後男女正，男女正而後父母嚴，父母嚴而後家道正，家正而後天下定。家者，天下之則也。孟子曰：「天下之本在國，國之本在家，家之本在身。」故《象》辭如此。在卦氣爲五月，故《太玄》準之以《居》。

《象》曰：風自火出，家人。君子以言有物，而行有恒。

巽風離火，「風自火出」也。《説卦》巽爲木、爲風，《黄帝書》曰：「東方生風，風生木。」又曰：「火疾生風。」蓋風火同生於木，風自火出，由内及外，家人之象。夫風緣火，火緣木，未始相離。君子體之，故言有事實，行有常度。自初至五體《噬嗑》，頤中有物，「言有物」也。《无妄》震爲行，六四行不失正，行有常也。言行有法，則家人化之。

初九，閑有家，悔亡。《象》曰：「閑有家」，志未變也。

家道正則治，不正則亂。初九，明於家道正以閑其初，能有家者也。初九動而與四相易，則内外不正。禮，外内不共井，不共湢浴，不通寢席，不通乞假，男女不通衣裳，内言不出，外言不入，防瀆亂也。初者，家人之志未變之時，於是閑之以法度，内外各守其正，何悔之有？志動不正，流宕无别，然後閑之，則悔矣，失防患未然之道。

六二，无攸遂，在中饋，貞吉。《象》曰：六二之吉，順以巽也。

二，主婦之位，坤得位，上從乾五，乾，夫道也。地道无成，婦人從夫，无所遂事者，順也，故曰

「无攸遂」。坎水離火而應巽木，女在中當位，亨飪而主饋，事順也，故曰「在中饋」。順以巽者，婦人之正也。正則吉，故曰「貞吉」。六二不動而吉者以此，故曰：「六二之吉，順以巽也。」《詩》曰：「無非無儀，維酒食是議。」孟子之母曰：「婦人之禮，精五飯，羃酒漿，養舅姑，縫衣裳而已矣。故有閨門之修，而无境外之志。」

九三，家人嗃嗃，悔厲吉。婦子嘻嘻，終吝。《象》曰：「家人嗃嗃」，未失也；「婦子嘻嘻」，失家節也。

三，内之主也。嗃嗃，陸法言曰「嚴厲貌」，《易傳》曰「有急速之意」。陽居三，剛正過中，巽爲風，爲號，離火炎上，聲大且急，嚴厲之象。骨肉之情，望我以恩，而治家太嚴，傷恩矣，能无悔乎？拂其情矣，能无厲乎？然法度立，倫理正，小大祇畏，以正得吉，未爲大失也。故辭曰「家人嗃嗃，悔厲吉」，《象》曰「未失也」。坎子離婦，三動不正，與二相易，離成震兑。離，目也；震，動也；兑，説也。坎兑爲節，坎動兑見，失節也。目動聲出而説，「嘻嘻」也，喜樂无節，其終必至於亂倫瀆理，蕩而不反，雖欲節之，有不得而節者，吝也。故辭曰「婦子嘻嘻，終吝」，《象》曰「失家節也」。二者治亂之别。京房曰：「治家之道，於此分矣。」

六四，富家，大吉。《象》曰：「富家大吉」，順在位也。

六四本《无妄》之三，進而在位，巽體而順，三陽爲實，積其上，「富家」也。上有承，下有應，巽以事上則親，順以接下則從。夫奢則不遜，而富者怨之府。六四如此，故能安處其位，有家之實，陽爲大，正則吉，「富家大吉」也。治家之道，以剛正威嚴爲善，戒在於柔順，故《家人》初、三、五皆吉，上九威如終吉。二與四柔也，於治家无取，故二以柔順卑巽者，婦人之正也，非男子所宜也。四巽體而順，在位者滿而不盈，保其家者也，非治家也。

九五，王假有家，勿恤吉。《象》曰：「王假有家」，交相愛也。

五乾爲王，假，至也。王極乎有家之道，正家以定天下則至矣，故曰「王假有家」。五剛而巽乎外，二柔而順乎內，中正相應，心化誠合，則上下內外互〔一〕相親睦，故曰「交相愛也」。交相愛者，相與于中之象也。王假有家，達之天下，至於交相愛，則天下不勞而治矣，勿恤乎吉可也。五動成離有伏坎，坎爲憂恤，不動坎伏，正則吉。三代之王，正心誠意，修乎閨門之內，不下席而天下治，何所憂哉？故辭曰「勿恤吉」，《象》曰「交相愛也」。

上九，有孚，威如，終吉。《象》曰：威如之吉，反身之謂也。

〔一〕互，通本、薈要本同，叢刊本作「日」。

上、三有孚之道，以下未孚也，故威如。威如者，九在上，剛嚴之象。上九動而正，家人見信，九三孚也。始也威如，終則正而見信，「威如，終吉」也。上九，卦之終。坤爲身，九動反正，反身之謂也。威非外求，反求諸身而已。反身則正，正則誠，誠則不怒而威，夫誠所以動天地者也，況家人乎？聖人以治家之道，莫尚於威嚴，慮後世不知所謂威嚴者，正其身也，或不正而尚威怒，則父子相夷，愈不服矣，安得吉？故於上九發之，孟子曰：「身不行，道不行於妻子。」石慶家人有過，輒不食，家人謝過而後復，是亦反身也。《易傳》曰：「慈過則失嚴，恩勝則掩義，長失尊嚴、少忘恭順而家不亂者，未之有也。」

䷥兌下離上

睽，小事吉。《彖》曰：睽，火動而上，澤動而下，二女同居，其志不同行。説而麗乎明，柔進而上行，得中而應乎剛，是以小事吉。天地睽而其事同也，男女睽而其志通也，萬物睽而其事類也。睽之時用大矣哉！

離火動而上，兌澤動而下，火澤之睽也。中、少二女同居於家，而所歸之志各異，二女之睽也，故曰睽。此以兩體言《睽》也。睽本同也，離、兑同爲女而至於睽者，時也。故《睽》自《家人》反，明本同也。本不同，則无睽，惟本同，故有合睽之道。自離兑言之，説而麗乎明；自《家人》六二之五言之，柔進而上行，得中而應乎剛。説則順民，麗乎明則擇善，柔得中則柔而不過，應乎剛則取剛以濟柔，是以小事吉。夫説而麗明，柔得中而應剛，不可以作大事，何也？以柔進上行而得尊位也。《睽》之時，人情乖隔，相與者未固，非剛健中正不能合天下之睽。如睽之柔，其才纔足以小事吉也。故曰：「説而麗乎明，柔進而上行，得中而應乎剛，是以小事吉。」此合兩體、卦變而言處《睽》之道也。天地男女，萬物一氣也，得其所同，則睽者合矣。剛上柔下，天地睽也；天降地升，生育萬物，其事同也。坎外離内，男女睽也；男上女下，乃有室家，其志通〔一〕也。坎見震毁，萬物睽也；陽生陰成，物无二理，其事類也。非本同也，其能合乎大人，以是能用天地，能用男女，能用萬物，乖者復合，混而爲一，以至天下爲一家，中國爲一人。故曰：「天地睽而其事同也，男女睽而其志通〔二〕也，萬物睽而其事類也。睽之時用大矣哉！」此推原一卦以論合睽之道也。在卦氣爲十一月，故《太玄》準之以《戾》。

〔一〕通，通本、薈要本同，叢刊本作「同」。

〔二〕通，通本、薈要本同，叢刊本作「同」。

《象》曰：上火下澤，睽。君子以同而異。

離、兑同爲陰卦，而未始不異。君子之所同者，人之大倫也，然各盡其道，亦不苟同以徇，衆人見其爲異矣，不知異所以爲同。《中庸》曰：「和而不流」。晏平仲曰：「同之不可也如是。」《彖》言異而同，《大象》言同而異。

初九，悔亡，喪馬，勿逐，自復。見惡人，无咎。《象》曰：「見惡人」，以辟咎也。

《睽》之始，剛而无應，動則不正，故有悔。四坎，馬也，四不與初，以剛自守，喪馬不逐也。《睽》諸爻皆有應，四獨无與，安得不動而求初乎？四動之初，初往復成坎馬，「勿逐自復」也，故悔亡。四不正而險，惡人也。離目爲見，初往之四，有離，「見惡人」也。之四雖不正，以辟咎故无咎。天下惡人衆多，疾之已甚，人人與君子爲敵，是睽者既合而復睽，斯亦君子之咎也。然初守正，四動而後初見之。夫子見陽貨，陽貨先也，故不得不見，若屈己而先見之，睽非〔一〕不合矣。見之可也，從之不可也。《易傳》曰：「古之聖人所以能化姦凶爲善良，綏仇敵爲臣民，由弗絶也。」

〔一〕非，通本、薈要本同，叢刊本作「亦」。

九二，遇主于巷，无咎。《象》曰：「遇主于巷」，未失道也。

九二以剛中之德，遇六五濟睽之主，人情睽離之時。二、五皆非正應，五來求二，兑變震艮。《睽》者，《家人》之反。艮爲門、爲徑，家門之有徑者，巷也。二往應之，離變巽，巽，東南，主人位也。五來求二，二適往應，是以相遇，故曰「遇主于巷」。遇者，不期而會，巷委蛇曲折而後達，睽而欲合，故如是之難。然二、五得中，震爲大途，合睽者如是乃爲得中，未失道也。《易傳》曰：「巷者，委曲之途也，非邪僻由徑也；遇者，逢會之謂，非枉道詭遇也。至誠以感動之，盡力以扶持之，明義理以致其知，杜蔽惑以誠其意。」如是而已，故云「未失道也」。

六三，見輿曳，其牛掣，其人天且劓，无初有終。《象》曰：「見輿曳」，位不當也；「无初有終」，遇剛也。

六三，於睽時處不當位，介於二剛之間，其柔不能自進。上九之剛雖非正應，欲往而遇焉，二剛侵凌莫之與也。三坤爲輿、爲牛，離目爲見，四前剛爲角，離火欲上，坎水欲下，「見輿曳」也。離上角仰也，坎下角俯也，一仰一俯，牛頓掣也。鄭康成作「㸷」。㸷，牛角踊也。踊起而復下，亦頓掣也。見輿曳而不行，其牛俯仰而頓掣，言四扼於前者如此也。二乾爲天，三坎之柔爲髮而兑毀之，髡其首也。馬融曰「刻鑿其額曰天」，《易傳》曰「髡其首」爲天。以象考之，《易傳》爲是。

伏艮爲鼻，兑金制之，刑其鼻也。「其人天且劓」者，言其人既爲四扼於前，猶力進而犯之，又爲二制於後，出[一]處不當位，故人情上下惡之。然動得其正，睽極則通，初雖艱厄，終必遇之。三遇上剛，二四象毁，坤輿進而上行矣，故曰：「『无初有終』，遇剛也。」曰遇者，不期而會，謂其非正應也。君子於此不尤乎見惡者，反身以正而已。正則應，應則惡我者説、睽我者合。《易傳》曰：「不正而合，未有久而不離者也。合以正道，則无終睽之理。故賢者順理而安行，智者知幾而固守。」

九四，睽孤，遇元夫，交孚，厲无咎。《象》曰：交孚无咎，志行也。

九四，《睽》時處不當位，介二陰之間，五應二，三應上，四獨无應，在睽而又孤，故曰「睽孤」。孤則危厲，有乖離之咎。初守正，不援乎上，處睽之善者也。四變交初，兑變坎，四離爲婦，初坎爲夫。元，始也，善之長也，故曰「遇元夫」。四動正，正則誠矣，彼我皆誠，有不約而自信者，故曰「交孚」。交孚則雖厲而无咎。交則初四未正，曰无咎者，初志上行，睽者通也。《易傳》曰：「卦辭言无咎，夫子又從而明之，云志行也。蓋君子以剛陽之才，至誠相輔，何所不濟也？唯有君則能

[一] 出，通本、薈要本同，叢刊本作「由」。

行其志爾。」

六五，悔亡。厥宗噬膚，往何咎。《象》曰：「厥宗噬膚」，往有慶也。

六五柔得尊位，宜有悔也，能致九二在下之賢，以剛輔柔，故悔亡。五離也，二兑有離體，同宗而爲六五所宗。噬膚者，嚙柔也。五來下二，兑變成艮，艮爲膚，兑口嚙柔，噬膚也。自二至上體《噬嗑》，故曰「厥宗噬膚」。二噬五柔而深之，剛柔相入之意。睽離之時，非五下二，三〔一〕不可往，非深入之，則其久必離。九二剛中，不苟往者也。五既下之，往亦何咎？往則有濟睽之功，成邦家之慶。陽爲慶，謂五柔成剛也。《易傳》曰：「爻辭但言厥宗噬膚，則可往而无咎。《象》推明其義，言人君雖己才不足，若能任賢輔使，以其道深入於己，則可以有爲，往而有福慶也。」

上九，睽孤，見豕負塗，載鬼一車，先張之弧，後説之弧，匪寇婚媾。往，遇雨則吉。《象》曰：遇雨之吉，群疑亡也。

上與三應，亦曰「睽孤」者，睽離之時，三未從上，有四間焉，而上疑之，則人情不合而孤。猶之人也，疇類異處，適有人參處乎兩者之間，則疑矣。上九處極睽難合之地，過剛而暴，極明而察，

〔一〕三，通本、薈要本同，叢刊本作「二」。

故疑於四者，无所不至。離目爲見，坎爲豕，兑爲澤，坤土坎水陷于兑澤，豕在澤中，汩之以泥塗，「見豕負塗」也，言惡其穢之甚也。坤爲鬼，坎爲輪，坤在坎中，「載鬼一車」也，言以无爲有，妄之極也。離矢坎弓，先張之弧，疑四爲寇而見攻也。三所以未應，豈四之罪哉？人情有未通爾。睽極則通，異極則同，陰陽剛柔无獨立之理。六陰柔也，九陽剛也，剛來柔往，則疑情涣然釋矣，故後説之弧，知四匪寇也。九剛六柔，自婚媾也，故曰「匪寇婚媾」。此匪寇婚媾，與他卦言同而象異。坎在下爲雨，上來之三，三往遇之，上三正則吉，吉則向來群疑亡，本无是也，故曰「遇雨則吉，群疑亡也」。辭枝如此者，疑辭也。

䷦艮下坎上

蹇，利西南，不利東北，利見大人，貞吉。《彖》曰：蹇，難也，險在前也。見險而能止，知矣哉。「蹇利西南」，往得中也。「不利東北」，其道窮也。「利見大人」，往有功也。當位貞吉，以正邦也。蹇之時用大矣哉。

蹇坎，險難也。艮，止也，坎在上，險難在前，止而不進，故曰：「蹇，難也，險在前也。」此合兩體言《蹇》也。離目爲見，見險者明也，知其不可進則止而不犯者，行其所知也。知者，精神之會，水火之合，坎離之象，故曰：「見險而能止，知矣哉。」此兼互體，以卦才言處《蹇》之道也。《蹇》自《臨》來，《小過》變也。九四往之五，《小過》之五即《臨》之坤也。坤西南，體順而易。坤，衆也。五中蹇難不解，天下思治，九四能順乎衆而往，上居於五，處順易以濟險難，以順民心，乃得中道，所謂時中，蹇之利也。故曰：「『蹇利西南』，往得中也。」艮，止也，東北方也。見險而止，非遂止不往也，順時而處以有待也。若遂止於險，則過矣。過則道不行，天下益蹇，非中道，乃蹇之所不利，故曰：「『不利東北』，其道窮也。」此以卦變四、五相易言濟蹇之道也。大人，九五也，剛中而正，量險而行，其才足以濟難。「利見大人」者，六二也。非剛健中正在上，則六二柔中未有功也，故曰：「『利見大人』，往有功也。」此以二五言濟蹇也。坤在四爲邦國，四，諸侯位也，故建侯、康侯、正邦、无邦皆取此象。《蹇》五爻皆正而初不正，初不正者，蹇之所由生也。九五當位而正，以正六四而邦國正，邦國正則天下正，而蹇難解矣，正而吉也。故曰：「當位貞吉，以正邦也。」此再以九五、六四言濟蹇也。《蹇》之時，或可止，或可往，往而有功，非大人不能盡其用，故曰：「蹇之時用大矣哉！」在卦氣爲十一月，故《太玄》準之以《難》。

《象》曰：山上有水，蹇。君子以反身修德。

山上復有險，行者蹇也。六五反四而正，反身修德之象。《易傳》曰：「君子之遇蹇難，必自省於身有失而致之乎？有所未善則改之，无慊於心則加勉。」

初六，往蹇，來譽。《象》曰：「往蹇來譽」，宜待也。

《蹇》之初，有險在前，往則遇蹇，知不可往，來而止，安時處順，待可動而動，則有見幾知時之譽。初動而往，離坎變兑，兑口譽之，往則蹇，來則譽，宜待也。天下之險未有久結而不解者，故伯夷、太公居海濱以俟，若先時而起，則愈蹇矣。鄭氏本作「宜待時也」。

六二，王臣蹇蹇，匪躬之故。《象》曰：「王臣蹇蹇」，終无尤也。

五乾，王也；二坤，臣也；二應五，「王臣」也。五在險中，蹇也，六二犯難，濟五之險，蹇之又蹇，故曰「王臣蹇蹇」。坤爲身，三折之，目視下，爲躬，二履當其位，而艮體有保其躬之意。二往濟五，身任安危，五坎變坤，「匪躬之故」也。蹇時非有才而剛，上輔其君，不能濟難，二柔濟五，才不足，疑若有尤。然志靖王室，忘身以衛其上，雖蹇之又蹇，終无尤也。《易傳》曰：「聖人取其志義，謂其无尤，所以勸忠藎也。」

九三，往蹇，來反。《象》曰：「往蹇來反」，内喜之也。

往則犯難，反則得位，九三重剛爲下卦之主，初二柔爻，恃之以拒外險，故往蹇來反，以内喜之而反也。陽得位，故喜。《易傳》曰：「反，猶《春秋》之言歸也。」

六四，往蹇，來連。《象》曰：「往蹇來連」，當位實也。

六柔无應，往則犯難，故往蹇；來則當位，承五，下連九三，故來連。連，牽連也。九三剛實，四牽連之，共濟五難，當位而又得濟之實也。處蹇難不以剛實濟之，柔者安能獨濟乎？陽爲實。

九五，大蹇，朋來。《象》曰：「大蹇朋來」，以中節也。

險者，人情之所不敢犯也。五在險中，獨安其險，剛正足以任天下之難而不辭。大者得位，當《蹇》之時，如是乃爲得中。陽與陽爲朋，朋謂九三也。五下應二，三來比之，「朋來」也。五爲坎，三來成兑，水澤《節》之象。節者，處蹇之節也。九五在險得中道，應六二者有節，則九三之剛不約而自來。九三外應上六，内爲六二、初六之所喜，而又六四牽連而進，同心協力，斯可以濟天下之難，故曰：「『大蹇朋來』，以中節也。」若九五前却，應於下者失剛柔緩急之節，則九三招之不來矣。仲虺贊湯曰「天錫王勇智」，武王曰「今朕必往」。濟蹇大難者，其要在於九五乎？

上六，往蹇來碩，吉，利見大人。《象》曰：「往蹇來碩」，志在内也；「利見大人」，以從貴也。

上六志在紓難，然柔也才不足，以柔犯難，故往蹇。柔自外來，求助於九三，三以剛濟柔，則難紓，志乃大得，故曰：「『往蹇來碩』，志在内也。」陽爲大，艮爲石。碩，剛大也。離目爲見，大人，九五也，故曰「利見大人」。九五貴而有位，足以行其道，九三其德剛，大佐五以濟天下之難，上六志在内，因九三利見九五，斯可以出難，故曰「以從貴也」，陽爲貴。蹇難未解，人不知所從，上六因九三以從九五之貴，則君臣之分定矣。

䷧坎下震上

解，利西南。无所往，其來復吉；有攸往，夙吉。《彖》曰：解險以動，動而免乎險，解。「解利西南」，往得衆也。「其來復吉」，乃得中也。「有攸往，夙吉」，往有功也。天地解而雷雨作，雷雨作而百果草木皆甲坼。解之時大矣哉！

坎，險也；震，動也。他卦名不再釋，解言解乎險難以是動，動而出乎險之外，則險難解矣，故曰：「解險以動，動而免乎險，解。」此合二體言《解》也。《解》者《蹇》之反，《解》之九二乃《蹇》之九五也，九四乃《蹇》之九三也。坤爲西南，其體順，自艮反，有平易之意。坤又爲衆，當蹇難之後，人皆厭亂，四以平易之道往順乎衆，而衆與之，是以得衆。湯代虐以寬，武王乃反商政是也，故曰：「『解利西南』，往得衆也」。此以九二言處解之道也。其者，指二也。難方在外，二往濟難，則處乎險中，以身任之而不辭。當是時以往爲中，大難既解，无所事於往也，則五來復，二乃爲得中，得中者，合宜之謂也，得中則吉。《易傳》曰：「天下國家，必綱紀法度廢亂而後禍亂生，聖人解其難而安平无事矣，則无所往也。當正紀綱，明法度，反正理，追復先王之治，所謂來復也，此天下之吉也。自漢而下，亂既除則不爲可久可繼之治，不復有爲，姑隨時維持而已，故不能成善治，蓋不知來復之義也。」故曰「无所往復吉」，《彖》曰「『其來復吉』，乃得中也」。此以九二言處解之道也。大難雖解，其間有未盡而當有爲者，不可不往。有所往，不可不早圖之，緩則難深而不可解，荀爽曰「據五濟[一]難」是也。《解》反爲《蹇》，則二先往，夙也。離爲日，震東方，日出乎東，夙之象也。二之五，正而吉，解緩也。宜以夙爲戒，故曰：「有攸往，夙吉。」此復以九二言終則有始之道也。不有蹇則无解，故反復爻義以明之。震者，天地之始交也。天地始交，物生之難，雷動雨流，天地難解，則百果草木一瞬息間，其甲皆坼，无不解者。所以如此其速者，不失時也。艮在木爲果，在草爲蓏，陽止也。艮反爲震，陽動於草荄木根之時。離爲甲，解者，坼也，故有百果草

[一] 濟，通本、薈要本同，叢刊本作「解」。

木甲坼之象。以卦氣言之，《解》爲春分，雷始發聲，故《太玄》準之以《釋》。蓋聖人因論天地始解之義，而卦氣在其中矣。「解之時大矣哉！」不言義者，无所疑也；不言用者，其用見於蹇之時也。

《象》曰：雷雨作，解。君子以赦過宥罪。

雷雨作，天地之難解，萬物維新之時也。内外有坎，坎爲獄。九二、九四皆不正，九二未失中而陷之，過也；九四不中正，罪也。君子於是時，過誤者赦而不問，有罪者宥而從輕，與民更始，則難解矣。後世多赦，輕重悉原，刑罰不得其平，失是義也。

初六，无咎。《象》曰：剛柔之際，義无咎也。

《屯》剛柔始交而難生，故六二乘剛，雖正而難解。蹇難既解，剛柔分矣。初六剛柔之際，以柔自處而下剛，剛而能柔者也，雖未正而无咎，得其宜也。得宜之謂義，辭寡如此者，吉辭也。

九二，田獲三狐，得黄矢，貞吉。《象》曰：九二貞吉，得中道也。

二爲田，自三至上，有《師》象。四艮坎爲狐，狐善疑惑，《春秋傳》卜徒父謂狐爲蠱，蠱亦惑也。自二至四，三爻不正，皆具坎艮而近五，小人惑其上者也。二坎爲弓，三離爲矢，三動以正，弓動矢發，二剛上行，歷三爻而坎毁，「田獲三狐」也。二動離爲坤。黄，地道之美，坤之中色，「得黄矢」也。正則吉，故曰「九二貞吉」。九二剛中，爲五所任，六五柔得尊位，於剛斷及明有不足，難解之時，小人乘之而惑其君，則難復結矣。小人不可不去也。小人去則直道行，而得中矣。《易傳》曰：「群邪不去，君心一入，則中直之道无由行矣，桓、敬之不去武三思是也。」

六三，負且乘，致寇至，貞吝。《象》曰：「負且乘」，亦可醜也；自我致戎，又誰咎也。

六三上負四，下乘二，坎爲輪，六爲小人，故曰：「負也者，小人之事。」九爲君子，故曰：「乘也者，君子之器。」四坎爲盗，故曰：「小人而乘君子之器，盗斯奪之矣。」三正則乘象毁，不正則盗斯奪之，故貞吝。車服所以昭庸，宜負而反乘，亦可醜也，陰爲醜。《辭》曰盗，《象》曰戎，盗用衆，戎也。致戎者以不正，自我致戎，又誰咎哉？難解之時，小人竊位，則寇至矣。六三一爻當内卦之上，三公之位，小人而在高位。自二言之，與四五爲狐；自三言之，爲負乘；自上六言之，爲隼。

九四，解而拇，朋至斯孚。《象》曰：「解而拇」，未當位也。

四震爲足，初在下體之下，動而應，足拇之象。九四陽也，陽與陽爲朋。劉牧曰：「朋謂二。四當大臣之位，下與初六小人相應，則九二君子與我朋類者不信而去。」蓋觀近臣以其所主也。

故解其拇，則九二自至，爲[二]孚於五矣。四陽處陰，於正疑不足，復比小人，則與君子之誠有不至也，其能爲五得君子乎？故拇不解則小人進，小人進則君子去而難作。

六五，君子維有解，吉，有孚于小人。《象》曰：君子有解，小人退也。

難生之初，剛柔交錯，小人道勝，君子合内外之力以濟其難，非以勝小人也。如理亂繩，維有解其結而已。九自二之五成巽，巽爲繩，故曰：「君子維有解，吉。」正故吉也。解之者，使剛者在上，柔者在下，不唯君子安之以信于小人，小人退而不疑，是以險去難解，物莫之傷，六五之吉，孰大于是？六下之二，與九相應者，孚也。二之下，小人退也，故辭曰「有孚于小人」，《象》曰「小人退也」。譬之有疾，本於陰陽揉錯，善醫者導之，各復其所，釋然解矣，不善治者又從而紛亂之，解天下之大難者亦然。陽爲君子，陰爲小人，故二以物言之爲狐，以陽言之爲君子。五君位也，以陰言之，又爲小人之在上者，唯其時物也。

上六，公用射隼于高墉之上，獲之，无不利。《象》曰：「公用射隼」，以解悖也。

〔二〕爲，通本、薈要本同，叢刊本作「斯」。

三，公位。坤土，坎險，積土當内外之際，「墉」也。坎爲弓，離爲矢，上動之三，弓動矢發。巽爲高，離兑爲隼，六三之上，「公用射隼于高墉之上，獲之」也。六三，小人之鷙害者，當《解》之終，離乎内而未去，解道已成，悖而未去，其害堅强矣。上六在上，動不失時，以解悖亂，六三變則悖解，悖解則天下之難解。无不利者，動而[二]括也。

䷨兑下艮上

損，有孚，元吉，无咎，可貞，利有攸往。曷之用？二簋可用享。《彖》曰：損，損下益上，其道上行，損而有孚，元吉，无咎，可貞，利有攸往。曷之用？二簋可用享。二簋應有時，損剛益柔有時。損益盈虛，與時偕行。

《泰》變也，損九三以益上六也。益上矣，而謂之損。上以下[三]爲基，譬之築墉，損其基以增

[二]「而」下，叢刊本有「不」字。通本、薈要本同底本。

[三]下，通本、薈要本同，叢刊本作「益」。

上之高，則危矣，非益也，故曰損。損下益上者，以其下事上之道行乎上也，故曰：「損下益上，其道上行。」此以三、上二爻言《損》也。《損》六爻皆應，「有孚」也。凡《損》之道，損抑其過以就理義，則誠也，誠則上下内外无不信，乃可損，以人情莫不欲損也。《泰》九三正也，其始損之以天下之正理，非私心有所好惡而損之也，故元吉。元吉則於理義爲无咎，始出於正也。上九宜有咎，然而无咎者，損之以正，是以无咎。自古有損之太過而人情不安，或損之不及不足以爲損，暫行復止，人不與之，其始不正，其終安得无咎？故曰「元吉，无咎」。損之本出於正，雖抑損其過，而正理不動，則可堅守其正勿失之矣。上九不正，動則正，正則何所往而不利？故曰：「可貞，利有攸往。」此再以《泰》九三往上言處《損》之道也。損之爲用，不可常也，往而不已，將何之乎？之，往也，故曰「曷之用」。此因上九之往以設問也。兑爲口，有問之意，損、益相爲用也。《損》、《益》二卦皆有簋象，坤爲腹、爲方，震爲足，艮爲鼻，震巽爲木。木爲方器，有腹、有足、有鼻，簋也。以損益二簋論之，四時之享，春祠夏禴，品物少時也，其簋不可不損；秋嘗冬烝，品物多時也，其簋不可不益。或損之，或益之，所應之時有不同，可用之以享鬼神則一也。上爲宗廟，艮爲門闕、爲手，震爲長子，升自門闕而薦之，享也。然則二簋可用享者，特未定也，時焉〔二〕而已矣，則損焉可往

〔二〕 焉，叢刊本、薈要本同，通本作「爲」。

而不反哉？故曰「損剛益柔有時」。《泰》者，陽息而盈；《否》者，陰消而虛。盈則損之，虛則益之，一損一益，循環无窮，則二簋可用享，豈不信乎？三代之王所損益可知矣。可損而損，不爲不足；可益而益，不爲有餘。因時而行，當理而止，故曰：「消息盈虛，與時偕行。」此反復二卦以明損益之用也。在卦氣爲處暑，故《太玄》準之以《減》。

《象》曰：山下有澤，損。君子以懲忿窒欲。

山下有澤，則山日以削，澤日以壅，有抑損之意。君子觀山之削也，則懲忿；觀澤之壅也，則窒欲。艮，止也，震雷，怒也，「懲忿」也。兑，説也，坤爲土，震爲足，土窒塞之，「窒欲」也。忿不懲則凌物，欲不窒則溺人，懲之然後平，窒之然後清，君子之所可損，唯此二者。

初九，已事遄往，无咎，酌損之。《象》曰：「已事遄往」，尚合志也。

四體艮，止也，已事者，止其事也。初九兑决，往四成離，飛鳥决起之象，遄疾之意。九居四宜有咎，已事遄往，故无咎。四坎水，艮手酌損之也。志者，動於中也。事有當損於其初，以剛正决斷，止之遄往乃无咎，如救焚拯溺可也。躊躇不往，則事已成而不可損，於損爲有咎。損宜斟酌，可損損之，過則非四所堪，不及則損之无益，尚合乎六四之志而已。蓋事有當損，彼或不損而至於敗，敗豈其志哉？已事遄往，如魯人欲以璠璵葬夫子，歷階而止之是已。

九二，利貞，征凶。弗損，益之。《象》曰：九二利貞，中以爲志也。

九二剛中而説，動則損剛爲柔。六五柔也，二動以柔説應之，枉道干時徒自失己，不能益也。无益則容悦致凶。曰「征凶」者，動而上行，以柔爲正也。若五來下二，二往應之，弗損己之剛，而五自益矣，能益其上，故曰「弗損益之」。然則九二利貞者，非謂動而以柔爲正也，以中爲志，守之用剛，待上之求者也，故曰「中以爲志也」。《易傳》曰：「失其剛正而用柔説，適足損之矣。世之人愚者，雖无邪心，唯知竭力順上爲忠，不知『弗損益之』之義也。」

六三，三人行，則損一人，一人行，則得其友。《象》曰：一人行，三則疑也。

《損》自《泰》變，三陽並進，「三人行」也。九三一爻損而之上，「三人行則損一人」也。九三〔一〕上行，則上六下居三，剛柔偶合，「一人行則得其友」也。三爻即上爻也，故謂之友。《太玄》曰：「一與七共朋，三與八成友。」一七均火也，三八均木〔二〕也，猶三即上也。萬物之理，无有獨

〔一〕三，原作「二」，通本、薈要本同底本，據叢刊本改。
〔二〕木，原作「水」，通本同底本，據叢刊本、薈要本改。

立而无友者，有一則有兩，得配也；有兩則有一，致一也。有兩者，益也；有一者，損也。兩則變，一則化，是謂天地生生之本，非致一其能生乎？三陽三〔二〕進成巽，巽爲不果，疑也，故曰：「一人行，三則疑也。」

六四，損其疾，使遄有喜，无咎。《象》曰：「損其疾」，亦可喜也。

六四下從初九，初九以剛益柔，九六離位，而六四之疾見矣。及其既益，各復其所，在六四爲損其疾，在初九爲遄有喜。遄者，離爲飛鳥，疾之象也。蓋君子見人之不善者，若在己也，初九以剛益柔，六四亟損其柔以受初之益，初九豈不遄有喜乎？使初九遄有喜者，六四也。然六四亟損其不善，過咎未深而害已去，亦安得不自喜乎？子路聞過則喜是也。或曰：九二損剛，故戒以征凶，初九益四，非損剛乎？曰：六四下初九，初九往益以剛，非損初九之剛也，益人而不失己，故不戒也。

六五，或益之十朋之龜，弗克違，元吉。《象》曰：六五元吉，自上祐也。

六五得尊位而虛中，上九以剛自上益五，五忘其尊，虛中而納之，受益者也。五受益，則天下

〔二〕三，叢刊本、通本同，薈要本校改作「並」。

之善皆願益之。「或益之」，言益之者不一也。天地鬼神人道以謙爲貴，五受益自天祐之，獲元吉，復何疑哉？上九益五，正也，故吉。元吉者，吉之至善，始終吉也。上九自《泰》九三變，始吉也，上九變五，終吉也，故曰「元吉」。五有伏兑，兑爲右，「自上祐」也。《泰》一變《歸妹》，二變《節》，皆有坎離龜象。三變《損》，坤數十，四陰爲朋，「十朋」也。崔憬曰：「元龜直二十大貝。」雙貝爲朋，蓋古者三人占則從二人之言，未有用龜至於十朋者。崔説是也。三應上，四應初，五應二，「十朋之龜弗克違」也。

上九，弗損，益之，无咎，貞吉，利有攸往，得臣无家。《象》曰：「弗損益之」，大得志也。

上九，《損》之極，乃有弗損，弗損於下，反以益三，故曰「弗損益之」。上九如此，何咎於損，故无咎。九在上，宜有咎也，夫益下必以正理，正理者，天理也。益之以天理，則取之愈有，用之不竭，人各自得於分量之内，故正吉。「利有攸往」者，六三往也。坤爲臣，二，大夫位，爲家，上九反三，則六不比于二，故得臣无家，其益豈有窮哉？又《易》外以内爲家，四以初，五以二，上以三，外本於内也。故虞仲翔解《鼎》九二曰「二據四家」，言四以初爲家也。言上九益下，則得人心之服從者，无有遠近内外之限，非適一家。以六三之上，則内外皆應，五之所得不止於二也。弗損益之，其效至於得臣无家，則上九之志大有得也。无求於人益我也，而人自益之。上九益人之志，豈不大有得乎？

䷩震下巽上

益，利有攸往，利涉大川。《彖》曰：益，損上益下，民說无疆。自上下下，其道大光。「利有攸往」，中正有慶。「利涉大川」，木道乃行。益動而巽，日進无疆，天施地生，其益无方。凡益之道，與時偕行。

《益》，《否》之變，《損》之反也。損上之九四，益下之初六，「損上益下」也。《益》之巽乃《損》之兑，坤爲衆，民也。損上益下，得民之心，是以「民說无疆」者，乾上九益坤初也。天无疆，地與天合德乃无疆，无疆則民說无彼此之限，故曰：「損上益下，民說无疆。」此以初九言《益》之道也。《否》自上而下，一變《漸》，二變《渙》，三變《益》。《漸》、《渙》皆有坎離日月象，以上之貴能下，其下則益道光明，文武之下下是也。夫損者將以爲益也。損下益上，其道上行[一]，至於自上

[一] 行，通本、薈要本同，叢刊本作「往」。

下下，其道乃大光明矣，故曰：「自上下下，其道大光。」此再以初九推原其變而言《益》也。九五木《損》之九二，反而上往得尊位，以中正觀天下，六二復以中正應之，君臣上下以中正益天下，天下受其益，是爲九五一人之慶，則益之道何往而不利哉？故曰：「『利有攸往』，中正有慶。」此以《損》之九二往五而言《益》也。《益》道之行，自上下下，爲《漸》爲《涣》，皆有涉坎之象。巽爲木，坎爲大川，木在坎上，乘舟之象。上益其下，百姓親附，樂爲之用，入可以守，出可以戰，如子弟之衛父兄，孰不致其死力以犯大難哉？故曰：「『利涉大川』，木道乃行。」此復以初九之變兼上五二爻言《益》也。凡利涉大川言木者三：《益》也，《涣》也，《中孚》也，皆巽坎也。《涣》曰「乘木有功」，《中孚》曰「乘木舟虚」。動者，震也；巽者，巽也；无疆者，乾合坤也。《否》變《漸》有離日，變《涣》變《益》，日進而上行，益動而巽於理，則日進而无疆，如寒暑之不停，晝夜之有經。日益一日，莫之能禦，以動而巽也。故曰：「益動而巽，其益无疆。」此合震、巽二體兼初九之變而言《益》也。天地之益物者，以動而巽也。天施一陽於地，地得之以生萬物，自坎至艮，自艮至震，其益至盈乎天地之間，豈有方所分量哉？益人者，動而巽於理亦然。輔其自然，各足其分，无方也。坤爲方，乾變之爲无方。《繫辭》曰「《益》長裕而不設」是也。故曰：「天施地生，其益无方。」此因乾降坤升以言《益》也。天地之大，損益有時，益極則損，損極則益，其道與天地並，是以能无疆，故曰：「凡益之道，與時偕行。」此再以《損》、《益》二卦終言乎益之時也。在卦氣爲立春，故《太玄》準之以《增》。

《象》曰：風雷，益。君子以見善則遷，有過則改。

風行雷動，相薄有聲，不知風之爲雷歟？雷之爲風歟？風雷相益也。君子見人之善則遷之，己有過則改之，忘乎己與人也，相益而已。《益》自《否》來，九四不正，之初而正，一變成離，離爲目，「見善則遷」也。初六不正，過也，初往之四得正，「有過則改」也。不遷善則无改過，遷善者以改過爲益。

初九，利用爲大作，元吉，无咎。《象》曰：「元吉无咎」，下不厚事也。

陽爲大，震爲作，《益》之初，利用有爲而大作。大作者，作大事以益天下也。事大且善，獲元吉，則動而无咎。初九正，得乾之始，元吉也。坤，厚也，巽爲亨，震有伏巽，動則坤見震巽毁，下不可厚事也。先王用民之力，歲不過三日，唯田與追胥竭作，其不可厚事如此。爲大作也，非元吉則安得无咎？

六二，或益之十朋之龜，弗克違，永貞吉。王用享于帝，吉。《象》曰：「或益之」，自外來也。

《益》、《損》之反，《益》之六二即《損》之六五，故其象同。夫子曰：「辭也者，各指其所之。」

然巽於《損》者，六二受益者也。虛中退托，又順其鞠矣，五自外來而益之。「或益之」者，益之者不一，天下之善皆歸之也。天地鬼神人道貴謙，得人如此，故十朋之龜弗克違。受益者當守而不變，愈久而不厭，則來益者无窮矣，故永貞吉，言六二之虛中不可動也。乾五爲王，乾五兼上九爲巽，巽爲工。帝者，天之工宰，故又爲上帝象。五自外來，益二成兑，有殺牛于宫象。及復於五，有外〔一〕自門闕享于帝之象。六二受益不已，獲天人之助，王者用此爻以享于上帝，吉也，況六二乎？

六三，益之用凶事，无咎。有孚中行，告公用圭。《象》曰：益用凶事，固有之也。

《易》以正爲吉，不正爲凶。六居三不正，上巽來益三，巽爲事，「益之用凶事」也。三，震動之極爲決躁，巽其究爲躁，果於益民者也。用之於凶事，乃无咎，以爲〔二〕不當故也。凶事者，患難躋阨非常之事，唯此乃當，奮身不顧，如救焚拯溺，果於益可也。然非有誠心愛民，見信於上，中道而行，亦不可。三，公位。上乾不變爲玉，震，東方之卦，交乾爲圭，圭象春，生者也。三公以中道上行，見孚于上，故聘之用圭以達其誠。及其既孚，上九反三，復以誠信與之用圭之禮，卒事則反之。

〔一〕外，通本、薈要本同，叢刊本作「升」。
〔二〕爲，通本同，叢刊本、薈要本作「位」。

告者，上告下也。伏兑爲口，「告公用圭」也。夫益用凶事，唯有孚中行，上、三交孚，至於告公用圭，乃能固有其孚。不然，公雖人臣之尊位也，爲善專輒有拊傴其民之嫌，雖益猶有咎。季路爲蒲宰，修溝洫不白於君，以簞食壺漿與民，而夫子止之者，亦此類也。《易傳》曰：「禮，大夫執圭而使，所以申信也。凡祭祀朝聘，皆以達誠而已。」

六四，中行，告公從，利用爲依遷國。《象》曰：「告公從」，以益志也。

三、四中位，六四當位以益下，四之初，其中下行，故曰「中行」。益人者，以中道行也。三，公位，初九應四，有伏兑，兑口，「告公」也。兑口坤順，允從之象，故曰「告公」。雖益人以中道，告公而不從，亦不可行。四，諸侯位，坤爲國，四之初，「遷國」也。依六三公位而後遷，故曰「依遷國」。苟利於吾，力不足則依之以遷國可也。衛文公依齊桓公而遷楚丘是也。六四告公而從，能遷其國者，以益民爲志，公信之也，志動於中也。遷，大事也。《傳》曰：「吾不能定遷。」事有當遷而益者，以遷爲中，不可憚也。然非以益民爲志，雖有强國，亦不可依之以遷，遷則不利。許子是也。《易傳》曰：「自古國邑民不安其居，則遷。遷國者，順下而動也。」

九五，有孚惠心，勿問元吉。有孚，惠我德。《象》曰：「有孚惠心」，勿問之矣；「惠我德」，大得志也。

六二應九五，「有孚」也。中者，心之象。惠者，順人心而益之。五有惠心，二信之，益人以誠也。五之二成兑，兑口，《問》也。問而後惠，惠亦狹矣，勿問則吉之至善，故勿問元吉，不失其始之吉也。五不之二而守中正，兑象隱，勿問之吉也。故曰：「『有孚惠心』，勿問之矣。」六二中正孚於五者，惠我中正之德也。九五勿問，六二自順我德，而中正之德自益以誠，不費之惠也，是以九五不動而大得志。《易傳》曰：「人君至誠於益天下，則天下孰不以誠懷吾德而爲惠哉？」

上九，莫益之，或擊之，立心勿恒，凶。《象》曰：「莫益之」，偏辭也；「或擊之」，自外來也。

上九，《益》之極，有不益者矣，上當益三而莫益之。上、三相益有雷風相與之象，「恒」也。巽股，「立」也。三中，爲心。上九莫益之，持其心不以相益爲恒，如是則凶矣。人道彼我相益而後安，莫益之，有我而已，一偏之辭，不知道之大全也。三往乘之，艮手上擊，九損於下，雖欲益之晚矣。何以知或擊之？九自外來也，傷於外者，必反于内，人之情也。上九安能有我而忘彼哉？

漢上易傳卷五

下　經

䷪乾下兑上

夬，揚于王庭，孚號有厲。告自邑，不利即戎，利有攸往。《彖》曰：夬，決也，剛決柔也。健而説，決而和。「揚于王庭」，柔乘五剛也。「孚號有厲」，其[一]危乃光也。「告自邑，不利即戎」，所尚乃窮也。「利有攸往」，剛長乃終也。

五陽長於下，一陰消於上，五陽合力而決一陰，故曰：「夬，決也，剛決柔也。」此以五剛言《夬》之時也。健者，乾也。決而和説者，兑也。健而説諸理，決而不失其和，非亢暴忿疾以力勝

[一] 其，原作「乘」，據叢刊本、通本、薈要本改。

之，决之至善者也。古之人退人以禮，其用刑至於殺之而不怨，所以異於刑名家也。彼嚴而少恩，敢於殺以失人之情，豈知健决有和説之義？故曰：「健而説，决而和。」此合二體言《夬》之才也。五，王位，伏艮爲庭。王庭者，孤、卿大夫、諸侯、三公、群士、群吏之位，大詢于衆之地。五得尊位，體兑，兑爲口，訟言於王庭，與衆君子共去之而无忌。以上六小人得位，一柔乘五剛，則其害未易去也。故曰：「『揚于王庭』，一柔而乘五剛也。」此以九五言處《夬》之道也。或曰：何以知艮爲庭？曰：艮，行于〔一〕庭。《春秋左氏傳》：「周史有以《周易》見陳侯者。陳侯使筮之，遇《觀》之《否》，曰：庭實旅百。」杜氏曰：「艮爲門庭。」上六下與九三相應成巽，離巽爲號，巽風者，大之號令。故號令也、號呼也、命也，皆取巽象。相應，孚也。揚于王庭，發大號以信于下，使知危者安其位，不可易也。一柔乘五剛而未去，有危之道。厲者，危也。其危猶曰其亡，則决小人之道光矣。離爲光，所謂與衆棄之，舜去四凶而天下服是已。若隱其誅，如唐去李輔國則不光矣。故曰：「『孚號有厲』，其危乃光也。」此以上六應九三言處《夬》之道也。《夬》自《姤》變，一變《同人》，二變《履》，三變《小畜》，四變《大有》，五變《夬》。《姤》巽爲命，《同人》二坤爲邑，《履》兑爲口，告邑也。于《小畜》、《大有》皆有告命之象。「告自邑」者，告戒自我私邑，言自治也。君

〔一〕于，叢刊本、通本同，薈要本校改爲「其」。

子將治小人，必先自治，自治則以我之善去彼不善，小人所以服也。《傳》曰：「无瑕者乃能戮人。」舜修文德，文王无畔援歆羡，自治也。故曰「告自邑」。戎，戈兵也。離之象，自《同人》之離，五變離成兑，兑爲刑殺而近君，「不利即戎」也。決小人不能揚于王庭，孚大號于下，藉戎兵以清君側，猶鑿木去蠹、熏社逐鼠，豈夬之尚哉？所貴其夬者，謂其乘時去害，動而不窮也。交兵幸一日之勝則窮矣。自古用兵去小人，如漢、唐之季，召外兵以去近習，其禍至於覆宗，聖人之戒不其深乎？故曰：「不利即戎，所尚乃[一]窮也。」此二者推言[二]卦變以言夬之所當戒也。君子之道有始必有終，《夬》始於《復》，其剛浸長，一柔尚存，君子之道有未盡也。剛長成乾，其道乃終，不能終則必有悔，彦範之不誅武三思，卒爲世患，剛長不終也。故曰：「『利有攸往』，剛長乃終也。」此復以二[三]剛終言處《夬》之道也。在卦氣爲三月，故《太玄》準之以《斷》、《毅》。

《象》曰：澤上於天，夬。君子以施禄及下，居德則忌。

雨澤上於天，其勢不居，必決而下流，君子體《夬》之象，故施禄澤以及下。兑爲口食，下應

[一] 乃，原作「也」，據叢刊本、通本、薈要本改。
[二] 言，叢刊本、通本、薈要本作「原」。
[三] 二，叢刊本、通本、薈要本作「五」。

三，有施禄及下之象。古者上有大澤，則民夫人待于下流，知惠之必將至也。君子之於德也，寬以居之，然後仁以行之，若決而散，則不可以畜矣。故以此施禄則可，以此居德則忌。上六居位而安，有伏艮，居德象也。

初九，壯于前趾，往不勝爲咎。《象》曰：不勝而往，咎也。

《大壯》震爲足，初九在下體之下，應足之動，趾也。《夬》自《大壯》積之，在《大壯》時，四剛已壯，長而至於五剛，則初九壯于前，《大壯》之趾也。《大壯》所以征凶者，初九无應，不可動而先動也。今震足毀折，又无應，動而往不正，不正不足以勝。九四恃其剛壯，不計彼之不可勝而往決之，過也。不正故有咎，不曰凶者，陰將盡也。《易傳》曰：「凡行而有咎者，皆決之過。」

九二，惕號，莫夜有戎，勿恤。《象》曰：「有戎勿恤」，得中道也。

二動成離目，巽爲多白眼，惕懼之象。巽風爲號，應兑口，爲號呼，故曰「惕號」。離日在西之下，莫也；巽爲入，日入于地，「莫夜」也。離爲戈兵，戎也。坎爲憂，離見坎伏，「勿恤」也。一爻又具此三者，故曰「有戎勿恤」。九二〔一〕剛長欲極之時，處中體柔不爲過剛，中動而正，可以決小

〔一〕九二，原作「上九」，通本、薈要本作「九上」，據叢刊本改。

人矣。而猶不忘乎戒懼，求應自處之至善者也。小人知將亡其徒，必乘人之疑以相恐動。夫暮至於夜，陰氣將盡，陽氣欲生，雖有戎兵窮寇也，勿憂可也。我得中道，行之以正，雖千萬人往矣，何恤乎小人，況窮寇乎？

九三，壯于頄，有凶。君子夬夬，獨行遇雨，若濡有慍，无咎。《象》曰：「君子夬夬」，終无咎也。

《易傳》曰：「爻辭差錯，當云『壯于頄，有凶，獨行遇雨，君子夬夬，若濡有慍，无咎』。」以象考之，《傳》爲是。三，健之極，與上六小人相應，乾爲首，兑見於外爲頄，九三往應之，頄柔而增剛，「壯於頄」。頄，頰間骨，鄭氏本作「頯」。衆陽決小人，而己違衆應之，有凶之道，不正也。四爻不應，三獨上行而遇之。兑澤下流，「遇雨」也，言說小人而與之和也。兑，和說也。君子當此，則棄去情累，外決小人而絶之，内自健決，決之又決，以上六兑三動，復成兑，「夬夬」也。乾爲衣，坤爲裳，而遇兑澤，霑濡也。巽多白眼，上視而不悦，慍也。若惡小人之浼己，如遇雨霑濡其衣，又疾視之，有慍怒則无咎，故曰「終无咎也」。或曰：君子亦有慍乎？曰：「君子如怒，亂庶遄沮」，當怒而怒也。

九四，臀无膚，其行次且，牽羊悔亡，聞言不信。《象》曰：「其行次且」，位不當也；「聞言不信」，聰不明也。

一陰在上，衆陽争趨之。九四居上卦之後，動有伏艮，爲臀。艮柔爲膚，三陽自下侵之，不足於柔也，故臀无膚，无膚則不可以處矣。四本《大壯》震，震爲足，欲前而九五礙之，又柔而少決，則却而不前，故其行次且。次且，一本作「趦趄」。次且不可前矣。處則乘剛，行則不前，以九處四也。故曰：「『其行次且』，位不當也。」然則爲九四者，如何避位？居初，讓三陽，使先行，斯可无悔矣。四動成兑，兑爲羊。羊性很，牽挽則抵觸不行，却行而使之先則行。張載曰：「牽羊者，讓而先之。」如是悔亡，正故也。雖有是言也，九四未必聞其言而信之，不足於剛決也。兑爲口，坎耳受之，信也。九四動乃有坎耳離目，聰明之象；不動則耳塞目毁，聰不明矣。兑口雖告，莫之聽焉，故曰：「『聞言不信』，聰不明也。」

九五，莧陸夬夬，中行无咎。《象》曰：「中行无咎」，中未光也。

《大壯》震爲蕃鮮，兑爲澤。莧，蕢，澤草也，葉柔根小，堅且赤，乾爲大赤，上六之象。陸，商陸，亦澤草也，葉大而柔，根猥大而深，有赤白二種。五動震爲蕃鮮，伏巽爲白，商陸也。莧陸，小人之近君者，莧柔脆，根淺易决，商陸根大而深爲難决。九五得尊位大中，爲决之主，當五陽並進决小人之時，而反比之，中道未光也。五兑乾，健决也，動而往决上六，復成兑，故曰「夬夬」，决之又決。震巽象毁成離，則莧與陸去而中道光矣。離爲光，動則不正，宜若有咎。然《夬》之時，剛長乃有終，動而往決，而後中道行。張載曰：「陽比於陰，不能无累，故必正其行，然後无咎。」《易傳》曰：「五心有比，於中道未得爲光也。蓋人心有所欲，則離道矣，此示人之意深矣。」

上六，无號，終有凶。《象》曰：无號之凶，終不可長也。

上六之三成巽，巽爲號。上六小人，知非而去，有號呼求免之象。陽長陰消之時，安其位而不去，无自悔之實，陽長則陰失位，終必有凶。巽爲長，安[一]位巽毁，終不可長也。聖人明此，開小人自悔之路。

䷫巽下乾上

姤，女壯，勿用取女。《象》曰：姤，遇也，柔遇剛也。「勿用取女」，不可與長也。天地相遇，品物咸章也；剛遇中正，天下大行也。姤之時義大矣哉！

[一] 安，原作「女」，通本、薈要本同底本，據叢刊本改。

姤，遇也，柔出而遇剛，若邂逅然，故曰：「姤，遇也，柔遇剛也。」此以一柔遇五剛言《姤》之義也。女德柔順而剛健，女壯也，故曰「女壯」。陰息剝陽，以柔變剛，女壯男弱，不可與久處，故曰：「『勿用取女』，不可與長也。」《詩》以蛇虺爲女子之祥，熊羆爲男子之祥。剛柔反易，必有女禍。此以初六言《姤》之戒也。陽生於子，至巳成乾，巳者，巽也，轉而至午，陽極陰生，午者，離也。荀爽曰：「坤出於離，與乾相遇」，故萬物皆相見。相見也，咸章也，皆謂出於離也。萬物別而言之曰品物，品物成章則相見者著矣。故曰：「天地相遇，品物咸章。」此再以初六言《姤》之時也。《姤》，五月卦也，《太玄》準之以《遇》。《易》於《復》言「七日來復」，冬至也；於《姤》言「品物咸章」，夏至也。舉二至，則律曆見矣。九二剛中，臣也；九五剛中而正，君也。《姤》比《遯》爲有臣，比《剝》爲有君。以剛中之臣遇中正之君，有其位，有其時，君臣相遇亦猶天地之相遇，故曰「剛遇中正」。《姤》者，《夬》之反，《夬》一陰自上而下，五變成《姤》。乾爲天，天下行也，君臣相遇，道行乎天下，故曰：「剛遇中正，天下大行也。」此以二五兩爻、卦之反復言《姤》之用也。天地也，君臣也，非其時也亦莫之遇，莫之遇則天地閉，賢人隱，萬物幾乎息矣，故曰：「姤之時義大矣哉！」

《象》曰：天下有風，姤。后以施命誥四[一]方。

[一] 四，原作「西」，據叢刊本、通本、薈要本改。

天下有風，乃與萬物相遇，后以施命誥詔四方，君與萬民相遇之道也。風者，天之號令，以時而動。明庶東也，景風南也，閶闔西也，廣莫北也，周流天下，无所不遍，故后體之。陰陽家有風律之占，源於此。《姤》自《夬》變離，離有伏坎，變兑有伏震，四方也。巽爲命，自上而下，兑爲口，施命誥四方之象。《易傳》曰：「諸象或稱先王，或稱后，或稱君子大人。先王者，先王立法制，建國，作樂，省方，勑法，閉關，育物，享帝是也。后者，後王之所爲，裁成天地之道，施命誥四方是也。君子則上下之通稱。大人者，王公之通稱。」

初六，繫于金柅，貞吉。有攸往，見凶。羸豕孚蹢躅。《象》曰：「繫于金柅」，柔道牽也。

《姤》初六，五月離卦之一陰也，離巽之柔爲絲。乾變爲金，堅重也。柅，絡絲趺也，許慎作「檷」，謂九二也。初六陰柔不正，與九二相遇，如絲紛然，繫之以堅重之器，乃可經理，故曰「繫于金柅」。初六變而正則吉。人亦何常，君子小人在正不正之間耳。故初六繫于金柅，貞則吉，勉初六也。初、二相易成離，目見也。陰有攸往，九二降初，剥剛而進，凶也。凶，戒九二也。言初陰辯之不早，必見凶害。乾初爻甲子，子，坎位，爲豕。初九變六，陽變陰，「羸豕」也。羸豕，牝豕也。伏震爲躁，巽爲股，爲進退，初陰應四，孚也。牝豕感陽，志欲往，前爲二所制，進退蹢躅而躁動不安，其意未始不在于陽。九二可不繫于金柅乎？繫于金柅，則柔道有所牽矣。《易》言牽者，皆艮巽之動。艮，手也，巽，股也，手挽之而股動。夫君子小人相爲消長，雖初陰，其心未嘗一日不欲害君子。一陰雖弱，方來也。五陽雖强，既往也，其可忽諸？自古禍亂或始於牀笫之近、給使之賤、夷裔荒服之遠，易而忽之，馴致大亂。反求其故，必本於剛正不足。若柔道有牽，君子小人各當其分，禍亂何由而作？或曰：巽離爲絲，何也？曰：巽爲木、爲風，巽變離，木中含火，火生風，風化蟲〔二〕，蠶爲龍馬之精，龍大火，馬畜蠶以火出，出而浴〔三〕，畜馬者禁原蠶。故《太玄》以火爲絲，賈逵以離爲絲。郭璞曰：「巽爲風蟲，屬龍馬，絲出中。」

九二，包有魚，无咎，不利賓。《象》曰：「包有魚」，義不及賓也。

魚謂初也，初六易四成兑爲澤，巽于澤下者，魚也，民之象。初者，二四之所欲，初本應四，九二據之宜有咎，然陰出遇陽，二近而包有之，於遇道爲得，故无咎。若二不能包，四又遠民，初將散亂而不可制矣。賓謂四也，四在外，動而易初，初成乾，西北方，賓之位。二體巽，東南方，主人位。初六之民爲二所有，非九四之利，而九四所不能包者，遠於民也。一民不可有二君，亦義之所不及

〔二〕 蟲，叢刊本、通本同，薈要本校改作「蟲」。其校語云：「刊本蟲訛蟲，據《大戴禮》改。」

〔三〕 馬畜蠶以火出出而浴，叢刊本、通本、薈要本作「馬火畜蠶以火出而浴」。

也。古者有分土无分民，得道則歸往，失道則攜持而去，无遠近内外之間，顧遇民之道何如〔一〕耳？此二所以无咎。《易傳》曰：「遇道當一，二則離矣，故義不可及賓也。」

九三，臀无膚，其行次且，厲，无大咎。《象》曰：「其行次且」，行未牽也。

《姤》者，《夬》之反，《姤》之九二〔二〕即《夬》之九四，故二爻同象。艮在下體之上，爲臀，其柔膚也。二不動而侵三，艮成巽，柔不足也，故臀无膚。臀无膚則不能處矣。陰陽之情必求相遇，初陰在下，亦三陽之所欲遇者也。二比於初，已包有之，三非義求遇，亦何所得哉？亦必有咎。而遇情未忘，故其行次且。次且者，且進且退，不能遽行。巽究爲躁，爲進退故也。處則爲二所侵，行則有求而不去，可謂危厲。然九三剛正處巽，知義不可而舍之。初陰不能牽其後，故无大咎。牽者，手挽股動。初爲二所制，艮隱巽見，故曰「柔未牽也」。不曰凶者，初非三之所宜有，四失初則凶矣。

九四，包无魚，起凶。《象》曰：无魚之凶，遠民也。

二有其魚，四失所遇，失其民也。起，動也。動成離，戈兵之象，三動初愈不應，故起凶。无魚之凶，以九四不中正，自遠其民，故九二得以中近之。民无常心，撫我則后，此九四所以凶歟？

〔一〕何如，叢刊本、通本、薈要本作「如何」。
〔二〕二，各本同，據文義，疑當作「三」。

《易傳》曰：「遇之道，君臣、民主、夫婦、朋友皆在焉。四以下暌，故主民而言也。」

九五，以杞包瓜，含章，有隕自天。《象》曰：九五含章，中正也；「有隕自天」，志不舍命也。

二，巽木也，變乾爲大木，此爻自兑變巽，兑爲澤，澤木而大，杞也。杞似檮，葉大而蔭。張載曰：「杞，周於下者也。」艮在草爲蓏。蓏，瓜屬，艮爲巽，包瓜也。瓜譬則民，瓜雖可欲，而潰必自内始。九五當陰長之時，含章不耀，中正在上，遇九二之賢而用之，以剛中守〔一〕道，防民之潰，故曰「以杞包瓜」。九五動則成離，離爲文章，不動含章而中正。唯含章不耀，中正自處，是以能用九二以盡其才，故辭曰「含章」。《象》曰：「九五含章，中正也。」一陰浸長，陽爻消剥者，天也。九五含章用九二，以防民之潰者，人也。盡人謀則有時而勝天，然或不勝，至于隕越者，亦天也。九五之志，知盡人謀而已。以謂天之所命以祐下民者在我，有隕越者自天隕之，吾終不舍天之命也，故曰「有隕自天」，《象》曰「志不舍命也」。二陽爲陰剥，五自乾而隕，「有隕自天」也。五隕於二復成巽，巽爲命，「志不舍命」也。張載曰：「以杞包瓜，文王事紂之道也。厚下以防中潰，盡

〔一〕中守，叢刊本、通本、薈要本作「守中」。

人謀而聽天命者歟？」

上九，姤其角，吝，无咎。《象》曰：「姤其角」，上窮吝也。

上九，《姤》之極，有弗遇焉。前剛，角也。姤道上窮，不動則不和，不和則无所遇，動則吝，是以窮也。《易傳》曰：「上九高亢而剛極，人誰與之？以此求遇，將安歸咎乎？」

䷬坤下兑上

萃，亨。王假有廟，利見大人，亨，利貞。用大牲，吉，利有攸往。《彖》曰：萃，聚也。順以說，剛中而應，故聚也。「王假有廟」，致孝享也。「利見大人，亨」，聚以正也。「用大牲，吉，利有攸往」，順天命也。觀其所聚，而天地萬物之情可見矣。

坤順，兑說也。上順民心以說之，民亦順上以說其政令。上下皆順以說，上以是聚，下以是從，此合二體而言《萃》也。九五剛得位，以剛中爲《萃》之主，下有六二，柔中之臣應之，君臣聚會以聚天下，此合二五而言《萃》也。具是四者然後能聚，不然民不可得而聚矣。故曰：「萃，聚也。順以説，剛中而應，故聚也。」《萃》自《臨》來，《小過》三之五，艮爲門闕，巽爲高，上爲宗廟，四本震爻，長子也。三自門闕升高至宗廟，有長子奉祀之象。民之所聚，必建邦設都，宗廟爲先，宮室次之，王者萃天下之道，至於有廟則萃道至矣。假，至也，謂五也。王格祖考，則諸侯、大夫、士各致其孝，報本反始，教民不忘其親。《易傳》曰：「萃合人心，總攝衆志之道非一，其至大莫過宗廟。」故曰：「『王假有廟』，致孝享也。」此以九五言《萃》之道也。天下既聚，未見大人，其聚未必正。凡有血氣，必有争心，萃不以正，適所以致争奪，安得亨乎？九五示之以大人之德，六二以正而往聚之，則人倫正，民志定，物情相交而亨。九六聚成離，離目爲見，故曰：「『利見大人，亨，利貞』，聚以正也。」此以九五、六二相易而言《萃》之道也。聖人隨時而已，萃聚之世，物之所聚者大，故所用不可不大，用大牲則鬼神福之，禮以時爲大。坤爲牛，兑爲刑殺，殺牛以奉宗廟，「用人牲」也。物聚則力贍，動而有成，何往不利哉？謂三之五也。舉宗廟之禮〔二〕，則百禮无不洽矣。所謂隨時者，順天理而行天理，即天命也。巽爲命，故曰：「『用大牲，吉，利有攸往』，順天命也。」此以九〔三〕三之五言《萃》之道也。天地之氣聚而有物，散而无形，散者必聚，鬼神耗荒至幽

〔二〕　禮，通本、薈要本同，叢刊本作「理」。
〔三〕　九，各本同，據文義，疑當作「六」。

也，而各享其類，萬物散殊至衆也，而各從其類，故曰：「觀其所聚，而天地萬物之情可見矣。」此以《小過》九三萃於上，六五萃于下，推廣萃之義也。在卦氣爲八月，故《太玄》準之以《聚》。

《象》曰：澤上于地，萃。君子以除戎器，戒不虞。

《萃》自《小過》變，澤上於地，萬物萃聚之時。虞翻謂三四之正。《小過》、《明夷》變也。《明夷》離爲甲胄戈兵，坎爲弓，變《小過》，巽爲繩，爲工，艮爲石，巽納辛，繕甲兵修弓矢，去弊惡而之〔二〕新之象也。《小過》變《萃》，聚所除之器也。《明夷》坎爲寇，兑爲口，上六既安之時，聚而相告，消寇於未形，「戒不虞」也。萃則多，故君子過爲之防，是以萃而无患。非用明於至微者不能也。故此象以三卦言〔三〕之，原始要終以遏禍亂，聖人之憂患後世深矣乎。秦銷鋒鏑、唐銷兵，卒至大亂，豈知戒不虞哉？

初六，有孚不終，乃亂乃萃。若號，一握爲笑，勿恤，往无咎。《象》曰：「乃亂乃萃」，其志亂也。

〔二〕「之」字，叢刊本、通本、薈要本無。
〔三〕言，叢刊本、通本、薈要本作「明」。

初六柔不中正，進則疑六三之間已，退不能專一以待應〔二〕。「乃亂」者，退而亂於三陰之中；「乃萃」者，欲進而與四相萃也。其志惑亂不決，是以有孚不終，故曰「乃亂乃萃」。《象》曰「其志亂也」。初應四，巽爲進退故也。若號，謂四也，兑爲口，巽爲號。若四在上號召之，三陰不正，惡初之往合於四，一握其手，笑以喻意微動之也。艮爲手，三往易四，一握手也。兑爲口，爲説，離喜説動而出聲，笑也。爲笑者，獻笑也。巽爲工，有造爲之象，故曰「一握爲笑」。萃聚之世，上下相求，以陰從陽，動而得正，何恤乎小人之笑而不往哉？往而相應，何咎之有？否則與小人爲徒，非萃之正也。故曰：「勿恤，往无咎。」自古不知堅守其節，從應以動，捨君子之正義，畏小人之非笑，相率陷於非義，皆不知《萃》之道。

六二，引吉，无咎，孚乃利用禴。《象》曰：「引吉无咎」，中未變也。

萃聚之時，初、三同體之陰皆萃於四，己於其間，得位守中，不變其志，須五牽引之而後應，不急於萃者也。然陰從陽，靜而待唱，引而後往，其聚也有吉无咎矣。巽爲繩，艮手持繩，相應引也，故曰「引吉，无咎」。《象》曰：「『引吉无咎』，中未變也。」不變之中，有手相應。孚者，萃之本，其誠素著，不假外飾。譬之祭也，精意承之，雖薄可以薦也。禴，夏祭，以聲爲主，祭之薄者。上六宗

〔二〕應，通本、薈要本同，叢刊本作「志」。

廟，六二與五相易，離爲夏，五本《小過》震，震爲聲、爲長子，有長子用禴祭之象，故曰「孚乃利用禴」。夫君臣以道相感，精迎誠致，不言而動，蛟潛於淵，陵卵自化，至于既孚，二五相易，乃利用禴矣。《易傳》曰：「《萃》之時能自守不變，遠須正應，剛立者能之。二，陰柔之才，以其有中正之德，猶〔一〕冀其未至於變耳，故象含其意，以存戒也。」

六三，萃如嗟如，无攸利。往无咎，小吝。《象》曰：「往无咎」，上巽也。

六三履非其位，欲萃於四，四應初；欲萃於二，二應五。莫知所萃，故萃如。巽爲號，兑爲口，嗟也，故嗟如。上下不與，雖嗟之，无所利，故无攸利。上六无與，據高慮危，孤立求助，六三動而往則正，正則无咎，然三欲萃於四、二之間，故小吝。陰爲小，三往從上，上來應三成巽，巽則不亢，三宜往而萃也，小吝過矣。

九四，大吉，无咎。《象》曰：「大吉无咎」，位不當也。

九四上比於五，君臣聚也；下據三陰，民所聚也。然九四處位不當，疑於上下之聚，理有未

〔一〕猶，通本、薈要本同，叢刊本作「可」。

正。九四動則得正，上承於五，下納三陰，上下皆正，是謂大吉。大吉則无不當位之咎。陽爲大，大者吉也。《易傳》曰：「非理枉道而得君得民者，蓋亦有焉，齊之陳恒、魯之季氏是也。得爲大吉乎，得爲无咎乎？」

九五，萃有位，无咎，匪孚。元永貞，悔亡。《象》曰：「萃有位」，志未光也。

九五得尊位，天下皆萃而歸之，於是觀其所孚，可以知其志，而專於六二，係應至狹，所萃者有定位，得近遺遠，聚道不全，能无悔乎？纔足以自守，免咎而已，於人君恢宏廣博无所不萃之志，未有〔一〕光大，匪所謂孚也。故曰「萃有位，无咎，匪孚」，《象》曰：「『萃有位』，志未光也。」蓋初可萃四，二可萃五，三可萃上，獨五不可專萃於二，萃則陋矣。五萃二有坎離，坎離爲光，而曰未光者，於无所不萃之志未光也。九五剛中而正，當有君德而永貞。元者，善之長，大人體此以仁覆天下。永，久也。貞，正也。體仁在上，久正而不變，唯九五不動而應二，乃具此三者，如是則无偏无黨，其悔乃亡。若五以萃二爲光，失是道矣。故曰：「元永貞，悔亡。」横渠曰：「居得盛位，不

〔一〕有，通本、薈要本同，叢刊本作「爲」。

能見大人之德，係應於二，故曰『有位』。」一本作「未光大」也，无「志」字。

上六，齎咨涕洟，无咎。《象》曰：「齎咨涕洟」，未安上也。

上六以柔乘剛，處上獨立，當《萃》之極。六三柔不正，不足以爲援。齎，持也。咨，歎息也。艮爲手，上、三相持，歎息憂其所宜憂也。上之三成巽，巽爲多白眼，艮爲鼻，兑澤，下流在目曰涕，在鼻曰洟，出涕洟也。然乘剛必危，處上獨立則无助。《萃》之極，以柔居之則不堪。兼是數者，其可久安上位乎？亦必至於求萃而之三，動而憂則无咎，故曰：「『齎咨涕洟』，未安上也。」

䷭巽下坤上

升，元亨。用見大人，勿恤。南征吉。《象》曰：柔以時升，巽而順，剛中而應，是以大亨。「用見大人，勿恤」，有慶也。「南征吉」，志行也。

《升》者，《萃》之反，柔在下者也，以時而升乎上，上巽乎下者，坤可升之時也，故曰「柔以時升」，此以坤體在上言《升》之時也。卑巽在下而順乎理，剛中自守而應乎上，其升以時，不爲富貴利達動其心，則得位而大亨矣。故曰：「巽而順，剛中而應，是以大亨。」此合兩體以二、五相易明《升》之才也。大人者，九二之五也，二之五成離，離目爲見，二升於五，剛中正得位，以此見大人，其升必矣，故曰「用見大人」。恤，憂也。九二失位爲憂，之五得位，雖有坎險，「勿恤」也。所謂恤者，二陽欲升，陰道凝盛，未可遽進。以人事言之，小人猶在上也。然九二、六五應也，巽下順上，升之時也。雖坤陰在上，何憂乎不遂？遂往而升，有慶及物矣。陽爲慶也。夫日之初升，陰固未退，及其清風戒旦則群陰解駮盡矣，夫何憂哉？故曰：「『勿恤』，有慶也。」大則虞、舜升聞在上，小則文子同升諸公，與學以聚之，自下而上達，而升之道皆趨乎明也。離，南方也，征以正而行，正則吉，二之五之謂也。二動於中，以正而行，以見大人，往而有慶，則其志上行，故曰：「『南征吉』，志行也。」此復以九二之五勉其升也。在卦氣爲小寒，故《太玄》準之以《上》、《干》。

《象》曰：地中生木，升。君子以順德，積小以高大。

木根於地中乃升而上者，順也。君子以順爲德，不棄小善，積卑成高，積小成大，其德日躋，亦以根于心者，順也。否則，无本安能積之以成高大乎？揚子雲所謂「木漸」是也。《易傳》曰：「萬物長進，皆以順道。」

初六，允升，大吉。《象》曰：「允升大吉」，上合志也。

允，《施氏易》作粇，進也。四坤爲衆、爲順，二、三、四兑爲口，衆口順之，允也。初六，巽之主，以一柔承二剛，能巽者也。在《升》時九二、九三俱升。六四當位，合衆之欲，志在於初，而初未應。六四順而正，初動則正，從九三，九三進而升於四，與上合志，「允升」也，是以大吉。荀爽曰：「一體相從，允然俱升。」

九二，孚乃利用禴，无咎。《象》曰：九二之孚，有喜也。

《升》、《萃》之反也。《升》之九二即《萃》之九五，故《升》、《萃》二爻反復同象，明二五之孚也。凡人從上，或出於勢位，則雖恭巽，未免有咎，況望行道乎？誠不足也。二剛上應五，柔納之，剛柔相與而孚，其爲巽也，盡誠敬而已，非外飾也。是以道行於上，澤被於下，此九二所以喜歟？喜，發於中心，形於面目者也。陽得位爲喜，故曰：「九二之孚，有喜也。」禴，夏祭。五納二成離，離爲夏，震爲聲、爲長子，上爲宗廟，艮爲門闕，二升五有長子升自門闕奉祭之象。禴薄祭，以聲爲主，用誠敬也。二五相孚乃利，用誠敬无咎。乃，難辭。

九三，升虛邑。《象》曰：「升虛邑」，无所疑也。

九三升上六，六坤之三，坤在下爲邑，陰爲虛，「升虛邑」也。九三、上六相應以正，下巽而上順，如升无人之邑，孰禦哉？巽爲不果，三升上，巽毁〔一〕，无所疑也。

〔一〕「毁」字原闕，通本、薈要本同底本，據叢刊本補。

六四，王用亨于岐山，吉，无咎。《象》曰：「王用亨于岐山」，順事也。

六四柔順謙恭而正，上順六五柔暗之君，下順九三剛正之賢，升之於五，以事其君亦恭也。已則不出乎諸侯之位者，正也。三者皆順事也，文王可謂至德也已，故能用此以亨于岐山。三升五，乾爲王，兑爲西方，艮爲山，四以諸侯居於西山之下，「岐山」也。正則吉且无咎。坤爲順，巽爲事，三分天下有其二，以服事殷〔一〕，順事也。毛公言文王率諸侯以朝聘于紂，則升九三可知。崔憬謂此大王避狄徙岐之爻，誤矣。

六五，貞吉，升階。《象》曰：「貞吉升階」，大得志也。

六五虛中降位而接九二，九二階之以升，則五正而吉。不正則信賢不篤，用賢不終，其能吉乎？五正而吉者，以二升階也。五正二升，君臣道行，由是而致治，故五大得志也。坤土自上際下，巽爲高，升階之象。

上六，冥升，利于不息之貞。《象》曰：冥升在上，消不富也。

坤爲冥晦陰虛，爲不富，上六利已極矣，猶升而不息，不知升極當降，長極當消，消則不富矣。

〔一〕殷，叢刊本、通本、薈要本作「商」。

豈復更有增益之理？四時之進退、萬物之盛衰皆然。上六不知，冥於升也。「不息之貞」者，仁義忠信，樂善不倦是也。惟施於此爲利，若施于公卿大夫，可已而不已，不利。《易傳》曰：「以小人貪求无已之心，移之於進德，則何利如之？」

䷮坎下兑上

困，亨。貞，大人吉，无咎[一]。有言不信。《彖》曰：困，剛掩也。險以說，困而不失其所亨，其唯君子乎？「貞大人吉」，以剛中也。「有言不信」，尚口乃窮也。

四五之剛爲三上所掩，二剛爲初三所掩，又陷焉，陷亦掩也。陽剛君子，陰柔小人，陽剛爲陰柔掩蔽而不伸，君子窮困窒塞之時，故曰：「困，剛掩也。」此以一卦之爻言《困》也。《困》自《否》來，二之上，坎險兑說也。上九之二，處乎險難之中，樂天安義，困而自說，不失其所亨者，心

〔一〕「无咎」二字，各本皆闕，據《周易》補。

亨也。亨,通也,困而亨,則不窮矣。古人塵視富貴,夢視生死,唯不失其所困〔二〕也,唯君子能之。夫子曰:「人不知而不愠,不亦君子乎?」故曰:「險以説,困而不失其所亨,其唯君子乎?」此合二體兼九二言處《困》之才也。大人,君子通稱,對而言之,君子通乎大賢小賢,而大人德配天地者也。在困處之裕然不失其正,吉且无咎,非大人不能,以剛中也。剛或不足,則困以智免而失其正者有之。剛或〔三〕不中,則正或致凶。於道皆有咎。剛中而正,文王、周公、孔子是已,故曰:「『貞大人吉』,以剛中也。」此以九五言大人處《困》之才也。剛見掩者,天也,非人之所能爲,无怨尤可也。己困而言,人誰信之?若崇尚口才,以言説處困,適所以增窮矣。上六窮困,兑爲口,有言也,下无應,「有言不信」也。此聖人因上六以戒不善處困者也。范諤昌曰:「《彖》文『貞大人吉』下脱『无咎』二字。」理或然也。在卦氣爲霜降,故《太玄》準之以《窮》。

《象》曰:澤无水,困。君子以致命遂志。

澤所以説萬物者,水也。澤无水,則澤道困矣。然水在澤下,未嘗不通也,君子處困窒之時,澤不及物矣。推致其所以然者,命也。巽爲命。命者,消息盈虚之理,君子聽命固窮,自遂其剛大

〔二〕困,叢刊本、通本、薈要本作「亨」。
〔三〕或,叢刊本、通本、薈要本作「而」。

之志。夫居下而无憂者則思不遠，處身而常逸者則志不廣，君子憤激自厲，增益其所不能，无若困之爲速也。《易傳》曰：「雖阨窮而不動其心，行吾義而已，所以遂其爲善之志也。」

初六，臀困于株木，入于幽谷，三歲不覿。《象》曰：「入于幽谷」，幽不明也。

四《否》艮，在上體之下爲臀。巽木，兑金傷之，爲株木困，寒露節也，與《大過》枯楊同象。《大過》，小雪之氣也。四陽居陰，不安其居，臀困于株木者也。初六柔而不正，困于坎底，妄動求濟於四，不知四剛不中，不安其居，臀困于株木，豈能濟人之困哉？初既失援迷謬，自四反二，二又深陷，猶入于幽谷也。艮爲山，坎爲水，水注山谿間爲谷，坤爲冥晦，「入于幽谷」也。入于幽谷，窮困益甚，无自出之勢，故三歲不覿於四。乾爲歲，初覿四，歷三爻，「三歲」也。私見曰覿，見之不正也。三，離目不正，覿也。初，出不知四之困，入不知谷之幽晦，而不明乎處困之道也。初在坎下，不明之象，何謂處困之道？安静自守而已。

九二，困于酒食，朱紱方來，利用亨祀，征凶，无咎。《象》曰：「困于酒食」，中有慶也。

五動成震，爲稼，二坎水往之爲酒，兑爲口食也。五不動，二未可往，「困于酒食」也。酒食者，人之所欲以施惠也。朱紱亦謂九五也。巽爲股，膝以上也，乾爲大赤，坤爲黄，赤黄爲朱，乾爲衣，蔽乎膝上，「朱紱」也。九二剛中，雖困于酒食而无所動其心，則九五中正同德之君方來，而相求共濟天下之困，故曰「朱紱方來」。九五來，然後誠意通於上下，故利用享祀。上六宗廟，五動二往，震爲長子，艮爲門闕，有升自門闕，長子奉宗廟之象。享，獻也。祀者，祭上下之通稱，兼下言也。若二動求五，雖以正行亦凶，凶自取之，无所咎也，故曰：「征凶，无咎。」困于酒食者，唯无所動其心則中，中則進退遲速審而後動，往有慶矣。慶者，朱紱方來，得其所欲之謂也。陽爲慶。征凶戒之也，有慶勉之也。《易傳》曰：「諸卦二、五以陰陽相應而吉，惟《小畜》與《困》乃厄於陰，故同道相求。《小畜》陽爲陰所畜，《困》陽爲陰所掩也。」陰陽相應者，自然相應也，如夫婦、骨肉分定也。五與二皆陽爻，以剛中之德同而相應，求而後合，如君臣、朋友義合也。

六三，困于石，據于蒺藜，入于其宫，不見其妻，凶。《象》曰：「據于蒺藜」，乘剛也；「入于其宫，不見其妻」，不祥也。

六三險而不正，不善處困者也。艮坎爲石，謂三。石之堅，不可以處者也。巽交坎離爲蒺藜，中堅外鋭，蒺藜之象，謂乘二也。蒺藜傷人，不可以據者也。三非其位，非所困而困，不度德也；乘二之剛，非所據而據，不量力也。不度德，故名辱；不量力，故身危。名辱身危，死期將至，故入于其宫，不見其妻。艮坤爲宫，坎爲夫，離爲妻，爲目，爲見。三困非其位而乘二剛，凌人者也。凌人者，人亦凌之。故二往乘三，兩爻相易，三入于其宫，坎離象毁，不見其妻矣。又曰凶者，不見其妻，乃死亡將至之期，所謂亡之兆，非吉祥之兆，坤爲死，故曰「不祥也」。

九四，來徐徐，困于金車。吝，有終。《象》曰：「來徐徐」，志在下也。雖不當位，有與也。

九四尚柔，九二剛得中，柔不足以濟困，剛得中乃可濟。初六近比九二，遠於九四，四與初應而九二礙之，既疑其險矣，又疑初捨己而從二，故來徐徐。徐徐者，疑懼之辭。巽爲不果，故志在下也。乾變爲金，坤爲輿，坎爲輪，二剛而能載，故曰「困于金車」。四履不當位，欲去則志初〔一〕，欲行則懼二，處困有應而不能相濟，吝道也。然以陽居陰，能説而巽，明於處困，不與二争，雖不當位，終有與之者。以《困》之時，上下急於相求故也，是以吝而有終。

九五，劓刖，困于赤紱。乃徐有説。利用祭祀。《象》曰：「劓刖」，志未得也；「乃徐有説」，以中直也；「利用祭祀」，受福也。

〔一〕「欲去則志初」五字原闕，據叢刊本、通本、薈要本補。

九四，君側强臣之象。二、五同德相求，而四間之。四動艮爲鼻，震爲足，四不動，兑金刑之，「劓刖」也。劓則醜，刖則不行，五爲四傷，亨困之志未得行於二也，故曰：「『劓刖』，志未得也。」二坎爲赤，乾爲衣，往應五巽，蔽膝之象。赤紱，諸臣之紱也。二躊躇不往，以征爲凶，五以无助而困，「困於赤紱」也。巽爲不果，徐也。兑爲説。九五剛中而正，動以直行。中則思慮精審，直則其行不撓，如是則君臣相説之志久而必亨，九四豈能間之？始也不果，今則來説，故曰：「『乃徐有説』，以中直也。」上六宗廟，五王假有廟。祭祀者，人君所以遍及百神，自上格下，二五相易之象。人君得九二之賢，利用誠意感格之，如祭祀然，上下並受其福矣。亨困之道，莫利于用此，尚何困于赤紱哉？艮爲手，下援九二，受福也。陽爲福。故曰：「『利用祭祀』，受福也。」

上六，困于葛藟，于臲卼，曰動悔。有悔，征吉。《象》曰：「困于葛藟」，未當也；「動悔有悔」，吉行也。

上六困極而當動者也。巽爲草。葛藟，藤蔓，葉艾白，子赤。六三乾巽之象，上六困極求助，六三柔而不正，以巽乎上爲説，不能相濟，又纏繞之，故困于葛藟，言求六三爲未當也。上六動則安其位，不動則困于六三，困于葛藟，又困于臲卼之地也。曰，發聲。兑，口象。上六自謀曰，動則失正，失正則悔，故安於困。然不動乃有悔，不知征則吉。征以正行也，以正而行，吉且无悔矣，是行而後吉也，故曰「吉行也」。范雎困于鄭安平，虞卿困于魏齊，猶能解相印以全其軀，況體《易》君子乎？

䷯巽下坎上

井，改邑不改井，无喪无得，往來井井。汔至亦未繘井，羸其瓶，凶。

《彖》曰：巽乎水而上水，井，井養而不窮也。「改邑不改井」，乃以剛中也。「汔至亦未繘井」，未有功也。「羸其瓶」，是以凶也。

此卦《彖》文脱錯，當曰：「巽乎水而上水，井。『改邑不改井』，乃以剛中也；『无喪无得，往來井井』，井養而不窮也；『汔至亦未繘井』，未有功也；『羸其瓶』，是以凶也。」巽，木也，入也，木入于水，舉水而上之，井也。故曰「巽乎水而上水曰井」。此合二卦言《井》也。《泰》之初[二]五成《井》。古者八家爲井，四井爲邑，邑改而井不改，《井》德之不遷也。坤在内爲邑，坎爲水，水者所以爲井也。易其中畫，非坎也，而坤則可易矣，坎之中畫其剛中乎？乃，難辭也。君子

〔二〕之初，各本同，據文義，疑當作「初之」。

窮居不損，大行不加，窮亦樂，通亦樂，非剛中不變能之乎？故曰：「『改邑不改井』，乃以剛中也。」初往之五，汲之象，若有喪而實无所喪，以其不失位，不曰取之而不竭乎？五來之初，不汲之象，若有得而實无所得，以其失位，不曰存之而不盈乎？言井之體一也。往者上也，來者下也，往亦井，來亦井，上下无常，其用通矣，所以爲井者一也，體用一也。定而應，應而常定，井之養物所以无窮歟？故曰：「『无喪无得，往來井井』，井養而不窮也。」此以九五升降言《井》之德也。汔，幾也。自二至四，體兑，兑爲澤，初本《泰》震，震動也，來動於澤之下，泉之象。荀爽曰：「陰來在下，亦爲井是也。」巽爲繩，在井中，繘也。繘，汲繩也。二幾及初，反巽而上，有垂繘而汲幾及井泉之象焉，亦有既汲而反未能引繘以出乎井之象。兩者雖有濟物之用，皆未及乎物也，何由有功？故曰：「『汔至亦未繘井』，未有功也。」坤爲腹，兑爲口，井中之器有腹有口，瓶也。在井之口，水實其中，汲水而上之象也。自四至初，成反兑，兑爲口、爲毁折，巽繩反上而毁折之，汲水至于井口，羸掛其瓶，瓶口在下，覆其瓶也，井之用喪矣。凶，言初二不正，不正則凶，故曰：「『羸其瓶』，是以凶也。」汔至亦未繘井者，半途而廢也。羸其瓶凶，不善其終也。君子免是二者，其唯剛中乎？此以互體言《井》之戒也。在卦爲芒種，故《太玄》準之以《法》。范諤昌曰「巽乎水」當作「巽乎木」。一本曰：「井羸其瓶凶。」或曰：反巽，兑也，何以猶有繩之象？曰：象有相因而成者，震陽動於下，爲大塗，艮陽止於上，爲徑路，離外實内虛，爲目，巽實者反在上，爲多白眼，相因也，故《臨》之兑爲《觀》之盥，《損》之兑爲《益》之説，《大過》巽與兑同爲棟橈。巽爲繩，反復成巽者，或爲維繫糾固之象，其在井爲反繘而上之象，象之相因，其生无窮也。

《象》曰：木上有水，井。君子以勞民勸相。

坎爲水，勞卦也。水在地中，自下而升，達乎木上，可謂勞矣。其於水也，有出之道，故曰井。坤爲民，《泰》震爲左，兑爲右，相之，兑爲口，勸之也。君子施澤於民，既以言勸其不能，又以道相其不足，雖勞而不憚。不如是，《井》道不足以及民矣。《雅·鴻雁》，勞來還定安集之詩，其辭曰「知我者謂我劬勞」，又曰「雖則劬勞，其究安宅」。勞民勸相者，固自勞也。

初六，井泥不食，舊井无禽。《象》曰：「井泥不食」，下也；「舊井无禽」，時舍也。

《井》，《泰》初之五。初在《井》下，坤土汨之，泥也。兑口在上，「不食」也。言初六之柔，自處卑穢，无高人之行，故曰：「『井泥不食』，下也。」乾之初九往而爲坎水，去泥存舊井也。離爲飛鳥，四不應初，「无禽」也。猶舊井之澤已盡，而禽亦无也。无禽則人不食可知，行爲人惡，四往而不顧，時舍之也。

九二，井谷射鮒，甕敝漏。《象》曰：「井谷射鮒」，无與也。

井以不遷爲德，非有求於人。九五不應，无與之者，二宜剛中自守，養德俟時，動而求五，失所以爲井矣。谷，注谿者也。二動，坎水注于艮山之間，谷也。鮒，蛙也。兑巽爲魚，初井泥，又伏震，爲足在下，魚類生於井泥而滅跗者，鮒也。坎弓離矢，射也。動則谷水注下而射鮒，言動則其道愈下，入於污濁矣。甕，汲瓶也，《説文》作「罋」。兑爲口，離爲大腹，器在井中，有口有腹且大者，甕也。二動，兑毁，口壞見腹，坎水下流，「甕敝漏」也。言動則不能上行以濟物矣。嗚呼！无與而動，動則終莫之與，曷若自守哉？

九三，井渫不食，爲我心惻，可用汲。王明，並受其福。《象》曰：「井渫不食」，行惻也；求王明，受福也。

陽爲清潔，九三以陽居陽，清潔也。巽爲股，爲入，股入坎下而水清潔，治井之象，「渫」也。兑口在上，「不食」也。九三君子修德潔己，可用而未用，猶井渫不食也。我者，九三自謂，上六正應，在高位，爲我道不行憂之，其心惻然。坎爲加憂，爲心病，故爲我心惻。上六有是心矣，可用是心以汲引之。坎在井上，坎爲輪，井車汲引之象。上汲引之，則三往上來，其惻然之心見矣。失位爲憂故也。往來，行也，故曰：「『井渫不食』，行惻也。」乾五爲王，離爲明，三往應上，九五成艮手，王受福也。三、上同象，亦受福，故並受其福。王明，五也，求王明者，三也，故求王明，受福也。

司馬遷曰：「王之不明，豈足福哉？」陽爲福，求亦艮也。上六有憂惻之心，不用之以汲引，乃士之尊賢也。上六就三，三往求五，乃能盡上下相與之情，故夫子增一「求」字[一]，以發其義。

六四，井甃，无咎。《象》曰：「井甃无咎」，修井也。

坎水坤土，合而火之，甄也。有巽工焉，自下壘而上，至于井口，甃也。古者甃井爲瓦裏。自下達上，六四正位近五，下无應，近君而无汲引之用，守正自修，免咎而已。故曰：「『井甃无咎』，修井也。」《易傳》曰：「无咎者，僅能免咎而已，若陽剛自不如是，如是則可咎矣。」

九五，井洌，寒泉食。《象》曰：寒泉之食，中正也。

九五以陽居陽，坎又爲陽，清潔之至，故爲洌。《説文》云：「洌，清也。」乾在坎爲寒，九五即《泰》初九，甲子爻，子，坎位。井，五月卦，陰氣自下而上，井寒矣。故五坎有寒泉之象。兑口承之，食也。九五中正，贍給萬物而不費，往者食者[二]无偏係也。故曰：「寒泉之食，以中正也。」《易傳》曰：「不言吉者[三]，井以上出爲成功，未至於上，未及用也。故至上而後元吉。」

[一] 增一求字，通本、薈要本同，叢刊本作「增求一字」。
[二] 者，叢刊本、通本、薈要本作「之」。
[三] 不言吉者，原作「不言出者」，叢刊本作「不吉吉者」，據通本、薈要本改。

上六，井收，勿幕，有孚，元吉。《象》曰：元吉在上，大成也。

幕，干氏本作「冖〔一〕」。冖，亡狄切，覆也。《玉篇》曰：「以巾覆物，今爲幂。」則今《易》作「幕」，音莫者，傳寫誤也。當作「幂」，在古文當作「冖」。坎爲輪，在井之上，下應巽繩，收也。虞翻曰：「收謂以鹿盧收繘也。」勿幂者，上六又當守正之象，上汲三往，艮坎成《蒙》，《蒙》有覆幂之意。《井》道大成，若專於應三則不正，所養狹矣，猶井有收而幂之。有發其幂而得汲者，有欲汲之而不得發其幂者。三發其幂汲之而又幂者也，故於此戒之。勿幂，則上下有孚而得元吉。元吉在上，以《井》道大成，故元吉歸於上也。

䷰離下兑上

革，己日乃孚，元亨利貞，悔亡。《彖》曰：革，水火相息，二女同居，其志不相得，曰革。己日乃孚，革而信之。文明以説，大亨以正，革而當，其悔乃亡。天地革而四時成，湯武革命，順乎天而應乎人。革之

〔一〕冖，叢刊本、通本、薈要本作「勿」。

時大矣哉！

兑澤離火，而《象》曰「水火」，何也？曰：坎兑一也，澤者，水所鍾，无水則无澤矣。坎上爲雲，下爲雨，上爲雲者，澤之氣也，下爲雨則澤萬物也。故《屯》、《需》之坎爲雲，《小畜》之兑亦爲雲；坎爲川，《大畜》之兑亦爲川；坎爲水，《革》兑亦爲水。又兑爲金。金者，水之母，此水所以周流而不窮乎？坎陽兑陰，陰陽二端，其理則一，知此始可言象矣，故曰「曲而中」。水得火而竭，火得水而滅，水火相止息則變。少女志處乎内而在外，中女志適乎外而在内，二女同居，其志不相得，則變之所由生，不可不革也，故曰：「革，水火相息，二女同居，其志不相得，曰革。」此以兩體言《革》也。革，變也，非常之事。方革之初，人豈能遽信哉？《傳》曰：「非常之元，黎民懼焉。」已日，先儒讀作「已事」之「已」，當讀作「戊己」之「己」，十日至庚而更。更，革也。自庚至己，十日，浹矣。己日者，浹日也。《革》自《遯》來，《无妄》變也。一變《家人》，二變《離》，四變《革》。《无妄》之震納庚，《革》之離納己，故有此象。二應五，三應上，孚也。湯之伐桀，猶曰：「舍我穡事而割正夏。」故革，即日不孚，浹日乃孚。乃，難詞也。故曰：「己日乃孚，革而信之。」此以兑離、二五、三上言革之難也。坤離爲文明，兑爲説，天下之事至於壞而不振者，文亂而不理，事暗而不察，民怨而上不恤也。故萬物否隔，人道失正，所以當革。文明則事理，説則民心和，故曰「文明以説」。此以兩體言《革》之道也。五、上相易，各當其位。相易亨也，各當其位正也。文明以説，然後大亨，而大亨之道利在於正，正則不正者正矣。故曰「元亨利貞」，《彖》曰「大亨以正」。此復以五上言《革》之道也。革而當者，六五之上也。上五革而各得其正者，當也。文明以説，大亨以正，革而當，三者具，其悔乃亡。革之非其道，或不當革而革，或革之而无甚益其於新舊，皆有悔。是本欲去悔，復入於悔矣。秦革封建，子弟无立錐之地，漢革郡縣而七國叛，唐革府兵而兵農分，不當故耳。故曰：「革而當，其悔乃亡。」此再以上五言《革》之戒也。乾始於坎而終於離，坤始於離而終於坎，乾終而坤革之，地革天也。陽極生陰，乃爲寒，坤終而乾革之，天革地也。陰極生陽，乃爲暑，天地相革，寒暑相成，是亦水火相息也。坎冬、離夏、震春、兑秋，四時也。故曰「天地革而四時成」。兑革離而成乾巽，乾爲天，坤爲順，巽爲命。六二順五，順乎天也；九五應二，應乎人也。湯武改物創制，革天之命，亦順天應人而已。猶寒暑之相代，天道變於上，民物改於下，因其可革而革之。故曰：「湯武革命，順乎天而應乎人。革之時大矣哉！」此復以五上升降推廣《革》之道也。在卦氣爲三月，故《太玄》準之以《更》。

《象》曰：澤中有火，革。君子以治曆明時。

水火相會，其氣必革。澤中有火，革之時也。其在地，則温泉是已。君子觀澤中有火，則知日月坎離有交會之道。日，火也；月，水也。冬至日起，牽牛一度右行而周十二次，盡斗二十六度則復還。牽牛之一度而曆更端矣。牽牛者，星紀也，水之位也。日月交會于此，澤中有火之象也。曆更端者，革也。昔者黄帝迎日推策始作調曆，閲世十一，歷年五千而更七曆。至漢造曆，歲在甲子，乃十一月冬至甲子朔爲入曆之始。是時日月如合璧，復會于牽牛，距上元太初十四萬三千一百二十七歲。蓋日月盈縮，與天錯行，積久閏差，君子必修治其曆，以明四時之正。所謂四時之正者，冬至日月必會于牽牛之一度，而弦望、晦朔、分至、啟閉皆得其正矣。日月不會者，司曆之過也。震嘗問曆於郭忠孝曰：古曆起於牽牛一度，沈括謂今宿於斗六度謂之歲差，何也？曰：久則必差，差久必復於牽牛，牽牛一度者，乃上元太初起曆之元也。

初九，鞏用黄牛之革。《象》曰：「鞏用黄牛」，不可以有爲也。

初九，《革》之始，在下而九四不應，離體務上，速於革者也。鞏，固也。坤離爲黄牛，初動艮爲皮革，日熯之不可動，鞏固也。黄牛者，中順也。鞏固用黄牛之革，堅韌不動，以中順守之可也。初動艮又爲手、爲指。莊子曰「指窮於爲」，初不可動，不可有爲也。《易傳》曰：「革，事之大也，必有其時，有其位，有其才，審慮慎動而後可以无悔。」

六二，己日乃革之，征吉，无咎。《象》曰：己日革之，行有嘉也。

六二得位得時，上應九五，有可革之才，然不可遽爲，必俟人情既浹，上下既信之日，乃可革之。十日之次，自庚至己，浹焉。離納己，己日者，浹日也。故曰「己日乃革之」。九五中正，二應上行，而又其難其慎如此，革道之美，无以復加。乾爲美，六上行則二有嘉美，故辭曰「征吉无咎」，《象》曰「行有嘉也」。夫變動貴乎適時，趨舍存乎機會。二當可革，濡滯而不行於革道，安得无咎？征吉无咎者，以行有嘉也。二巽體不果，故勉之。《易傳》曰：「以六居二，柔順得中正，又文明之主，上有剛陽之君，同德相應。中正則无偏蔽，文明則盡事理，應上則得權勢，體順則无違悖。時可矣，位得矣，才足矣，處《革》之至善者也。」

九三，征凶，貞厲。革言三就，有孚。《象》曰：「革言三就」，又何之矣。

九三剛正而明，處下之極，革之而當，不可復動，往而不已，有凶。成則必虧，以正守之猶厲，故曰「征凶貞厲」。然守之者，其在懼乎初不可有爲也。二己日乃革之，三革之而就稽之於衆，其言亦曰三就，故曰「革言三就」。三，極數也。月之盈虧，氣候之變，皆以三五，三則就矣。往而不已，人必有言。兑爲口，革言也。上六應九三，孚也。革於此，信於彼，有孚也。民情既孚，革道已就，欲往何之？違民妄作則有凶咎。九三離體務上，革而過中，聖人戒之。故辭曰「革言三就，有孚」，《象》曰「又何之矣」。

九四，悔亡，有孚，改命吉。《象》曰：改命之吉，信志也。

九居四宜有悔，然當水火相革之際，有其時矣。其才也以柔濟剛，其動也革而當，是以悔亡。《革》五爻皆正，四動初應，則上下靡不信，不動有悔，故曰「有孚」。動而正，近與五相得，遠與初相應，故抗君之命，反君之事，解國之大難，除國之大害，无招權擅事之凶。巽爲命，四動改命也，故曰：「改命之吉，信志也。」《易傳》曰：「四非中正而至善，何也？曰：唯其處柔也。故剛而不過，近而不逼，順承中正之君，而上下信其志矣。」

九五，大人虎變，未占有孚。《象》曰：「大人虎變」，其文炳也。

乾爲大人，兑爲虎，虎生而具天地之文，然未著也。既變，則其文炳然易見，京房謂「虎文疏而著」是也。六二離變兑爲文明，「虎變」也。九五剛健中正而得尊位，大人之革也，其舉事无悔，其應曲當，文理彰著，天下曉然知之，猶虎變也，豈俟於既革而後孚哉？蓋未革之先，在㝨奥之間、簟席之上，其文章固已斂然而具矣。不假占決質之鬼神，其下既孚，二五未易而應，「未占有孚」也。二離爲龜，兑乾爲決，兑乾變離，決龜也，決謂之占。非天下之至誠，不言而信，能如是乎？文王之不長夏以〔二〕革，而虞、芮質厥成是已。

〔二〕不長夏以，通本、薈要本同，叢刊本作「長夏不以」。

上六，君子豹變，小人革面。征凶，居貞吉。《象》曰：「君子豹變」，其文蔚也；「小人革面」，順以從君也。

陸績曰：「兑之陽爻稱虎，陰爻稱豹。」考之天文，尾爲虎，火也，箕爲豹，水也。而同位於寅，虎豹同象而異爻也。離二，文之中也，故二交五，其文炳明；離三，文已過，故三交上，其文蔚茂繁縟〔一〕，文之過也。上交三成六，「小人革面」也。三交上成九〔二〕，「君子豹變」也。乾爲首，兑爲説，乾首而説見於外，面也。上交三成六，「小人革面」也。向也君子韜光遠害，小人自徇其面。今也君子豹變，其文蔚然，小人革面〔三〕嚮，順從其上。革面非謂面從也，旋其面目也，如是則革道大成。坤順也，兑口順之，從也。成則不可復動，故三征凶，上居貞吉。下三爻革弊，弊去當守以懼，上三爻革命，命定當復其常，故曰「征凶」。上六革道大成，柔戒於不守，故曰「居貞吉」。上有伏艮，居之象也。

〔一〕「縟」下，叢刊本、通本、薈要本有「蔚」字。
〔二〕「九」下原衍一「九」字，據叢刊本、通本、薈要本删。
〔三〕「面」下，叢刊本、通本、薈要本有「内」字。

䷱巽下離上

鼎，元吉，亨。《彖》曰：鼎，象也。以木巽火，亨飪也。聖人亨以享上帝，而大亨以養聖賢。巽而耳目聰明，柔進而上行，得中而應乎剛，是以元亨。

以全卦言之，初六足也，二、三、四，腹也。腹而中實，受物也。六五耳也，上九鉉也，有鼎之象。以二體言之，虛者在上，其足在下而承之，亦鼎之象。有是象而又以木巽火，木入而火出，亨飪之象。在他卦雖有木火而无鼎象，不爲亨飪矣。於此言象，則他卦以爻畫爲象者，可以類推，故曰：「鼎，象也。以木巽火，亨飪也。」此以六爻兩體言乎《鼎》也。聖人在上，尊之則亨以享上帝，大之則亨以養聖賢。天、帝一也，以其宰製萬物而爲之主，則謂之帝。聖人者，賢人之極，得天之道而能盡天之聰明者也。乾爲天，在上爲帝，指上九也；在下爲聖賢，指二、三、四爻也。以享上帝之心，推之以養聖賢，人有不樂盡其心者乎？鼎，器也，極其用則道也，故曰：「聖人亨以享上帝，大亨以養聖賢。」此復以六爻言《鼎》之用也。觀乾之象，則知天帝聖賢一也。聖賢之任，即天帝之任，其任豈不重乎？《鼎》自《遯》三變而成，一變《訟》，坎爲耳，在下聽卑，聽也；再變《巽》，離爲目在四；三變《鼎》，離目在五，其視愈遠明也。所以聰明者，聖人卑巽下人，兼天下之耳以爲聽，故其耳聰，兼天下之目以爲視，故其目明。六二之柔進而上行至於五，居尊位而得中，下應九二之剛。柔履尊位則无亢滿之累，得中則无過與不及之咎，應乎剛則君臣道合，萬物皆得其養，具此四者，是以元亨。坤柔之亨，始於六二之正，元吉亨也，故不曰大亨，曰：「巽而耳目聰明，柔進而上行，得中而應乎剛，是以元亨。」言元亨則吉在其中矣。此以卦爻三變言《鼎》之才也。在卦氣爲六月，故《太玄》準之從《竈》。

《象》曰：木上有火，鼎。君子以正位凝命。

鄭三月鑄鼎，士文伯曰：「火見，鄭其火乎？火未出，而作火以鑄刑器。」周三月，夏之正月也。火以三月昏見於辰上，故司爟以季春出火。《月令》，季春之月，命工師令百工而金鐵在焉。則古者鑄鼎以火出而作火矣。辰，東方，木也，火在木上，其鑄鼎之時乎？兑乾爲金，而又火在木上，亦鑄鼎之象也。鼎有趾、腹、耳、鉉，其位不可易，故正位。尊卑上下用之各有數，故凝命。離，南面，「正位」也。巽爲命，九三獨正，「凝命」也。定命之謂凝，木火鑄金，巽風入之，有凝之象。正位凝命，所以趨《鼎》之時。

初六，鼎顛趾，利出否，得妾以其子，无咎。《象》曰：「鼎顛趾」，未悖也；「利出否」，以從貴也。

初六在下體之下，動而應足，趾也。乾爲首，四來下初，首在下，顛也。初往四成震爲足，「顛趾」也。否者不善，初不正，否之象。初四得正，未悖也。古者鼎足空，潔鼎者顛趾出否，則能致新。雖曰顛倒，於鼎之用，未爲悖亂也。乾爲君，兑爲妾，震爲子，妾不以正合，以其有子，故无咎。无咎者，正也。妾，奔女。在女，體之不善者，穢也。利出否者，出穢納新，以賤從貴而後得子也。《公羊》謂妾以子貴，非也。嫡妾之分，豈可亂哉？以君臣言之，以貴下人，卑有時而踰尊矣。得賤臣者，苟利於宗廟社稷，則或出於屠販、奴隸、夷裔、俘虜，不問其素可也。

九二，鼎有實，我仇有疾，不我能即，吉。《象》曰：「鼎有實」，慎所之也；「我仇有疾」，終无尤也。

陽爲實，九二剛實得中，其可爲鼎用。二之五，「鼎有實」也。怨耦曰仇，子夏曰仇謂四也。九二、九四匹敵也。九二據初，九四比五，二、四失其應，故相與爲仇。四近君，與我爲仇，二之五其可不慎所之乎？二動成艮，艮止也。欲動而止，慎之象。九居四，陽失位，「仇有疾」也。我仇有疾，不能之初，則不能即我。二之五，鼎得實而吉，不喪其實，終无尤也。四兑爲口，尤之者也。五〔一〕往兑

〔一〕五，叢刊本、通本、薈要本作「二」。

毁，故終无尤也。

九三，鼎耳革，其行塞，雉膏不食。方雨虧悔，終吉。《象》曰：「鼎耳革」，失其義也。

三動成離坎，坎爲耳，「鼎耳」也。三應上九，鉉也。耳虚受鉉，則舉鼎而行。九三當剛柔相應之時，剛正自守，以動爲不正，且有悔，故上來之三而不受，是鼎耳距鉉，所以行鼎者塞絶而不亨矣。離兑，《革》之象。鼎耳革，失其爲鼎耳之義也，其能成亨飪之功乎？離爲雉，兑澤爲膏，雉膏食之美者，兑口在上，「不食」也。九三自守，雖有美而不食，五安知其旨哉？夫君子不爲已甚，與其獨善其身，曷若兼善天下？然剛正自守，人必有知者，上感而動，坎水上，兑澤流，方雨而其悔虧矣。坎變兑，兑爲毁，「虧悔」也。始不正而正，終吉也。

九四，鼎折足，覆公餗，其形渥，凶。《象》曰：「覆公餗」，信如何也。

四近君，九處不當位，既不堪其任矣，下信初六之小人，又无助。德與智力皆不足，安能謀大事、任重寄哉？故動則傾敗，覆其所有矣。四動之初成震兑，震爲足，兑折之，「鼎折足」也。餗，鼎實也。李鼎祚曰「雉之屬」，虞仲翔曰「八珍之具」。鼎祚指五離言雉，雉，八珍之一也。三，公位。初之四，乾首在下，三見離毁，「覆公餗」也。「其形渥，凶」，鄭康成、虞仲翔本作「其刑〔三〕剭，凶」。王洙曰：「古之大刑有剭誅之法。《周官·掌戮》，凡爵者殺之于甸師氏。」《子夏傳》作「握」。蓋傳之久，字誤而音存也。王輔嗣作「其形渥」，《易傳》從輔嗣。既曰「其刑〔三〕剭」，則凶可知矣。如《離》之九四「焚如，死如，棄如」，不言凶也。離爲目，震，動也，乾首在下，俯也。目動首俯，羞赧之象。兑爲澤，兑乾爲面，巽爲股，澤流被面，霑濡其體，「其形渥」也。如是者必害于家，凶于國，豈唯戮辱之凶哉？四不智，信任小人，禍至於覆公餗，信任如何也？如何，兑口發聲，與《大畜》「何天之衢亨」同象。

六五，鼎黄耳金鉉，利貞。《象》曰：「鼎黄耳」，中以爲實也。

離坤爲黄，黄者，坤之中，言有中德也。伏坎爲耳，耳虚而納者也。二自《遯》九五變，乾爲金，金，剛德也。二應五，舉鼎耳而行，爲金鉉，故曰「鼎黄耳金鉉」。五之二，巽變艮，艮手爲也。六五有中德，虚中而納九二，九二剛中而實，舉五而行，以中爲鼎之實也。鼎之行在耳，剛中爲耳之實，則剛柔得中而鼎道行矣。故曰：「『鼎黄耳』，中以爲實也。」中以爲實，釋金鉉也。五雖虚

〔二〕刑，叢刊本、通本、薈要本作「形」。
〔三〕刑，叢刊本、通本同，薈要本作「形」。

納，二應之不以正，失耳之實。君臣[一]相合，不正其可乎？故利貞。九二之五，正也，言中以爲實，則正在其中矣。

上九，鼎玉鉉，大吉，无不利。《象》曰：玉鉉在上，剛柔節也。

上九，《遯》乾之不變者也，故爲玉。三動坎爲耳，上來應三，舉鼎耳而上行，玉鉉也。蓋上九不變，則九三之剛正應之，其道上行矣，故曰「鼎玉鉉」。上九之三，坎變成兑，水澤《節》也。九居三而正大者，吉也。言上九爲三而屈，則大者吉，小者无往不利，上下之道行矣，故曰：「大吉，无不利。」鼎道既成，九三復位，玉鉉在上而處成功。夫上九動而下三，知柔也；靜而在上，知剛也。動靜適宜，剛柔有節，是以動則吉，无不利，斯所以能保其成功歟？

䷲震下震上

震，亨。震來虩虩，笑言啞啞，震驚百里，不喪匕鬯。《象》曰：震，亨。「震來虩虩」，恐致福也。「笑言啞啞」，後有則也。「震驚百里」，驚遠

〔一〕臣，原作「正」，據叢刊本、通本、薈要本改。

而懼邇也。出可以守宗廟社稷，以爲祭主也。

自《臨》來，二之四也。震動於積陰之下，奮擊而出，亨也。天威震動，畏而恐懼，乃所以致亨。故曰「震，亨」。此以重震言亨也。「震來」者，九四來也。虩，許慎曰：「蠅虎也。」《易傳》曰：「蠅虎謂之虩者，周旋顧慮不自寧也。」四動於坎中，動而止，止而復動，離目內顧未嘗寧息，虩之象。震動之來，恐懼如此，初九守正，所以致福。福者，陽之類，謂九四來也。故曰：「『震來虩虩』，恐致福也。」此以《震》四之初言「震亨」也。四來之三成離，離目動，笑也；之二成兑，兑口動，言也。自二之三，笑且言矣；之四，聲達于外，啞啞也。惟震動恐懼，必有笑言啞啞，理之所不能違也。故曰：「『笑言啞啞』，後有則也。」此再以九四往來言「震亨」也。傳曰：「千里不同風，百里不共雷。」雷震於百里之遠，宜若不聞而猶恐懼於邇者。驚於遠、懼於邇，所謂恐懼於其所不聞也。自初之〔一〕四，乾坤之策百有二十。百里，舉大數也。驚遠，四也。懼邇，初也。故曰：「震驚百里，驚遠而懼邇也。」此以初、二、三、四言《震》也。坤爲肉，坎爲棘，艮爲手，以棘載肉而升之者，匕也。坎震爲酒，離爲黄酒，黄鬱鬯也。驚遠懼邇乃能不喪匕鬯，則出可以守宗廟

〔一〕之，叢刊本、通本、薈要本作「至」。

社稷以爲祭主，故曰「不喪匕鬯」。徐氏謂《象》文脱「不喪匕鬯」一句，是也。六，宗廟也，艮爲門闕，坤土在上爲社，震爲穀。稷者，百穀之長，宗廟社稷之象。古者諸侯出而朝覲會同，世子監國，以奉宗廟社稷之粢盛，匕牲體、酌鬱鬯，二者皆親之，長子主器也，不喪匕鬯，則不失職矣。四者，諸侯位，長子居之，監國之象，艮爲手，「不喪匕鬯」也。《臨》二之四，出也。横渠曰：「此卦純以君出子在爲言，則《震》之體全而用顯，故曰『出可以守宗廟社稷』，不雜君父共國時也。」在卦氣爲春分，故《太玄》準之以《釋》。

《象》曰：洊雷，震。君子以恐懼修省。

上下皆震，「洊雷」也。震動爲恐懼，坎爲加憂，亦恐懼也。初九正，震爲行，得一善而行之之象，故曰「修」。九四不正，有過而思改之象，故曰「省」。

初九，震來虩虩，後笑言啞啞，吉。《象》曰：「震來虩虩」，恐致福也；「笑言啞啞」，後有則也。

初九，先畫之爻；九四，後也。於爻言「後笑言啞啞」，與卦辭互發之。

六二，震來厲，億喪貝，躋于九陵。勿逐，七日得。《象》曰：「震來厲」，乘剛也。

九四震自上來，而下乘初九之剛，此六二所以危厲不安。二動成兑離，兑爲口，億也。億，虞氏本作「噫」，於其反，虞翻曰：「惜也。」兑離爲嬴，嬴，貝也。貝，貨貝也。古者貨貝而寶龜。貝者，二之所利。九四艮山，在大塗之下，陵也。九，陽之極數，七之變。《太玄》曰：「九也者，禍之窮也。」二惜其所利，避初之五，震足升于四之上，躋于九陵，逐利而往。然離毀貝喪，復乘四剛，其禍愈大〔一〕，何所避哉？震爲作足之馬，初之四，四亦爲馬，逐之象也。六二不逐所喪，中正自守，則所喪不逐而自得矣。自二數至上，又自初數至二，其數七，二復成兑離，得貝之象，離爲日，「勿逐七日得」也。《易傳》曰：「守其中正而不自失，過則復其常矣。」

六三，震蘇蘇，震行无眚。《象》曰：「震蘇蘇」，位不當也。

六三在坎陷中，處不當位，震懼自失，故震蘇蘇。震爲反生，三，震之極，震極反生，蘇也。《春秋外傳》：「殺秦諜，三日而蘇。」若《太玄》謂「震于利，顛仆死」，則不復蘇矣。《易傳》曰：「蘇蘇，神氣緩散自失之狀。」處不當位，震懼自失而不知動，其禍自取也，故曰眚。若因震懼而行，出險就正，何眚之有？《易傳》曰：「三行至四，正也。」

〔一〕大，叢刊本、通本、薈要本作「矣」。

九四，震遂泥。《象》曰：「震遂泥」，未光也。

坎水坤土，泥也，震足陷於泥中，滯泥也。陽有可震之剛，動則有光。而四自二進，遂行而不反，四失位陷於泥中，處則莫能守，動則莫能奮，震道未光也。知其不可遂，反而處三，震懼得正，俟時而動，則光矣。坎離，正光也。二、三兩爻相易取義。夫初九、九四均震也。六二喪貝，六五无喪，當位不當位之異也。荀本作「隧」，或云遂、隧古通用。

六五，震往來，厲。億无喪有事。《象》曰：「震往來厲」，危行也；「其事在中」，大无喪也。

五往而上則柔不可居，動之極來而下則乘剛，往來皆危行也。億，虞氏作「噫」。五動成兑巽，兑口噫也，惜之辭。巽爲事，五之所有事在中而已。五剛大乃能无喪有事，柔則危。剛大守中，雖甚危之時可以致亨。五无喪有事，則二往助之矣。《易傳》曰：「諸卦雖不當位，多以中爲美；三、四雖當位，或以不中爲過。蓋中則不違於正，正不必中也。天下之理莫善于中，於二五見之矣。」

上六，震索索，視矍矍，征凶。震不于其躬，于其鄰，无咎。婚媾有言。《象》曰：「震索索」，中未得也；雖凶无咎，畏鄰戒也。

上六過中，處《震》之極，窮而氣索，將下交於三，三亦過中而窮，莫助之者。是以恐懼失守，窮之又窮，故曰：「『震索索』，中未得也。」使得中自持，不至於窮索矣。懼而動成離，離爲目，動而不正則否。或動或否，目不安定，「視矍矍」也。視矍矍者，以震索索也。恐懼如此，當守其正，征則凶，征者以正行亦動也。坤爲身，四折之爲躬。鄰謂五，五有乘剛之危，所以无喪者，得中也。上六未嘗乘剛而畏之。苟知鄰之无喪者，在於得中，能自戒懼不動，則雖處凶地而无咎矣。无咎者，得正也。五震而動，兑爲口，戒也。上六、六五，陰也，九四，陽也，六九相配，有婚媾之義。上六不得乎三，或來交四，則五必有言。四、五相比，上安得而配之？上既不可以交，三又不可以交，四以此見上六終不可動，故曰「征凶」。橫渠曰：「五既附四，己乃與焉，則招悔而有言矣。能以鄰爲戒，則无咎。」《易傳》曰：「聖人於《震》，終示人知懼能改之義，爲勸深矣。」

䷳艮下艮上

艮其背，不獲其身；行其庭，不見其人。无咎。《彖》曰：艮，止也。時止則止，時行則行，動靜不失其時，其道光明。艮其止，止其所也。

上下敵應，不相與也。是以不獲其身，行其庭不見其人，无咎也。

以三畫卦言之，陽止於二陰之上，止也。以重卦言之，上下内外，各得其止，故曰「艮，止也」。止非一定之止也。行、止相爲用，所以明道也。猶寒暑之成歲、晝夜之成日，時焉而已矣。《艮》者，《震》之反。艮，止也，静也；震，動也，行也。《艮》直《坤》之初六，可止之時也；《震》直《大壯》之九四，可行之時也。不可止而止，猶不可行而行，其失道一也。是以一動一静，《震》、《艮》相反而不失其時，則其道光明矣。坎月在東，光明之時也。夫子可以仕則仕，可以止則止，又曰「无可无不可」者，此也。彼入而不出，往而不反者，豈知道之大全哉？故曰：「時止則止，時行則行，其道光明。」此以《震》、《艮》反復言乎《艮》也。艮之所以能止者，止之於其所也。背，止之象，韓愈曰「艮爲背」。夫動生於欲，欲生於見，背止於其所，不見也。上下兩體，爻不相應，譬則兩人。《震》之初九越五而之上，一人背而往也；九四去四而之三，一人背而來也。五四中爻，體艮中，在門闕之中，庭也。庭，交際之地，兩人背行於庭，雖往來於交際之地，然背行則不與物交，无所見也。且自顧其後，不獲其身矣，安能見人乎？不獲其身，忘我也；不見其人，忘物也。所以能各止其止也。以人倫言之，君止於仁，臣止於敬，父止於慈，子止於孝，以至萬物庶事各有所止。古人繡紱於裳，兩己相背，其艮之象乎？故曰：「艮其止，止其所也。上下敵應，不相與也。是以不獲其身，行其庭不見其人，无咎也。」上下敵應不相與，可止之時，故无咎。若施之於他卦，則有咎矣。此以《震》、《艮》相反推明「艮其背」也。在卦氣爲十月，故《太玄》準之以《堅》。

《象》曰：兼山，艮。君子以思不出其位。

兩山相兼而峙，然各止其所焉。位者，所處之分，君子據正循分，亦各止其所而已。周公之忠，大舜之孝，皆分當然也。横渠曰：「如素夷狄行乎夷狄，素患難行乎患難也。」二、四坤爻在中而正，思不出位也。夫《易》言思者，皆坤也。故《太玄》以五五土爲思。或曰：心，火也，脾，土也，心乃有思，以爲土何也？曰：心，火也，有所思則係之於土，猶悲主肺，怒主肝，悲怒有不由於心者乎？故曰：心居中而治五官。

初六，艮其趾，无咎，利永貞。《象》曰：「艮其趾」，未失正也。

初在下體之下，動而應足者，趾也。四震爲足，艮其趾者，止其動之初也。六居初不正，宜有咎，事止之於初，其止早矣，未失正也。可動而動則正矣。利永貞者，非永止也，動而正也，正則行止一也，不能止則亦不能行矣。初、四相易成巽，巽爲長，「永貞」也。初六陰柔，患不能久，故戒之以利永貞。

六二，艮其腓，不拯其隨，其心不快。《象》曰：「不拯其隨」，未退聽也。

二動成巽，巽爲股，二艮之柔膚也，膚在下應股，腓也。腓，腨腸也。二不能動，三剛而失中，止之於上，不獲往應於五，「艮其腓」也。九三止矣，六二亦隨而止，則所謂其隨者，隨九三也。三震二動成兑，澤雷之象，故曰「隨」。拯一作「抍」，音承，馬融曰「舉也」。三震，起也，三若之五，成艮爲手，有舉之象。二未能使三退處於二而聽從於己，不能上行，一舉手以濟五之柔，不抍其隨也。其隨猶言其事當隨也。三坎爲耳，退處於二，退聽也。《易傳》曰「退聽，下從也」，故曰「未退聽也」。二又不能自動應五，故其心不快。二動成兑，兑爲決，其心快也。二不能動，坎爲心病，不快也。六二止於下，制於九三之强，而拳拳然不忘納忠於君，非中正君子，孰能如是乎？孟子出弔王驩輔行之時乎？《易傳》曰：「言不聽，道不行也，故其心不快，不得行其志也。士之處高位，則有拯无隨；在下位，則有當拯者，有當隨者，有拯之不得而後其隨者也。」

九三，艮其限，列其夤，厲薰心。《象》曰：「艮其限」，危薰心也。

薰，《子夏傳》、王弼本同，孟喜、京房、馬融、王肅作「熏」。馬、王曰：「熏灼其心。」虞翻本作「閽」，虞曰：「艮爲閽。閽，守門人。坎盜動門，故厲閽心。古『閽』作『熏』字。」又曰：「馬君言『熏灼其心』，未聞《易》道以坎水熏灼人也。」荀爽曰：「以『熏』爲『勳』，或誤作『動』。」蓋古本當作「動心」，「動心」二字傳者誤併作「勳」字耳，再傳者又脱其偏傍作「熏」，而後來者又加草，遂成「薰」字，故荀以「熏」爲「勳〔二〕」，虞亦曰古「閽」作「熏」字。今以象考之，宜作「動心」。三在上下體之際，限也。限，腰也，帶之所限。三，止之極，止而不動，「艮其限」也。夤，膂也，一作⿰朋刂。馬融曰「夾脊肉」，鄭氏本作「䏰」。古之人不動其心者，善養吾浩然之氣而已。進退綽然有餘裕，故其心不動。九三知止之止，而不知無止之止，堅强固止，與物睽絶，无安裕之理。譬之一身，下體欲静，上體動而争之，則上下不相屬，列絶其夤，危厲動其心，宜矣。坎爲心病，故曰「厲動心」。觀此知孟子之不動心，非體《易》者不能也。

六四，艮其身，无咎。《象》曰：「艮其身」，止諸躬也。

坤爲身，三坎折之爲躬，四在大臣之位，而六五柔中不足於剛健，故不能止天下之當止，惟止其身。自止於正，故无咎。若責以天下，則安得无咎？夫身有大身，萬物與我同體者是也。六四下不能止天下之當止，上不能正其君，局局然自止其身，不亦小哉？故夫子易「身」爲「躬」。王弼

〔二〕勳，原作「薰」，據叢刊本、通本、薈要本改。

謂「自止其躬，不分全體」，輔嗣其知之歟？《易傳》曰：「僅能善其身，豈足稱大臣之任乎？」

六五，艮其輔，言有序，悔亡。《象》曰：「艮其輔」，以中正也。

三至上體《頤》，五動成巽，五應二，五成兑〔二〕。艮在首，下動而上止，爲輔。兑爲口舌，言之象。五巽而出之，與二相應答，「艮其輔，言有序」也。六五不正，宜有悔，施止道於其輔頰，言必中正，斯可以止天下之動矣，是以悔亡。

上九，敦艮，吉。《象》曰：敦艮之吉，以厚終也。

艮爲山，篤實也，動成坤，厚也，篤實而厚，敦之象。上，《艮》之極，止極者，有不止焉。九以剛居上，動而必正，能厚其終，知止於至善之道，正故吉。非篤實之君子，能之乎？《易傳》曰：「人之止，難於久，故節或移於晚，守或失於終。事變於久，人之所同患也。」

䷴艮下巽上

漸，女歸吉，利貞。《象》曰：漸之進也，女歸吉也。進得位，往有功

〔二〕五成兑，通本、薈要本同，叢刊本作「五成艮二成兑」。

也；進以正，可以正邦也。其位，剛得中也。止而巽，動不窮也。

《漸》，《否》一變，三之四成卦。九四之剛下柔，六三之柔上進，漸柔之進也，故曰「漸之進也」。此以《否》六三之四言《漸》也。女謂嫁曰歸，自内之外也。三坤之四成巽，女往也。四乾之三成艮，男下女也。艮男下女，然後巽女往而進，艮陽居三，巽陰居四，男女各得其正矣。夫漸之進不一也，臣之進於君，人之進於事，學者之進於道，君子之進於德，未有犯分躐等而能進者。而《漸》專以女歸爲義者，禮義廉恥之重，天下國家之本，无若女之歸也。故娶妻者，非媒則不得，非卜筮則不從。納采，問名，納吉，納徵，請期，親迎，莫不以漸。女子之嫁也，母醮之房中，父命之阼階，諸母戒之兩階之間，三月廟見而後成婦，亦必以漸，如是而歸則正，正則吉。故曰「漸，女歸吉，利貞」。《彖》曰「女歸吉也」。言女歸之所以吉者，利於貞也。此以三四易位各得其正，言漸之進也。《易傳》曰：「在《漸》體而言，中二爻交也。」横渠亦曰：「九三、六四易位而居。」蓋後之傳《易》者，自伊川、横渠二先生漸以卦變言之矣。漸之進，其德有四：進得位，往有功也；進而正，可以正邦也；其位，剛得中也；止而巽，動不窮也。四者，陰之位，六往居之，得位也。位者，待才用之宅。進而不得其位，則无所施，位過其才則力不勝，進而得位，往必有功。故曰：「進得位，往有功也。」四者，諸侯之位，坤土在上爲邦，君子之進，正己而已。己不正，未有能正人者，其始不正，終必不正。三以正進，四以正交，則四爻皆正，邦國正也。猶女得所歸，男女既正，家道不期於正而自正，故曰：「進以正，可以正邦也。」此兩者以六居四言《漸》也。或曰「剛得中」謂九五，誤也。在九五當曰「剛中而應」，如《无妄》、《萃》是也；當曰「中正而應」，如《同人》是也。此謂九三也。剛，陽德也，其位在六爻爲一、三、五。一，始進也；五，進已極；三，得中也。已極則不復進矣。《太玄》曰：「月闕其膊，不如開明於西。」剛得中，其進未極，漸如是可進矣。故曰「其位剛得中也」。此以九三言《漸》也。內艮，止也；外巽，巽也。《易傳》曰：「人之進也，以欲心之動，躁而不得其漸，則有困窮矣。在漸之義，內止靜而外巽順，其動不窮也。」故曰：「止而巽，動不窮也。」動言三四動，動而正，所以不窮，此以兩體二爻言《漸》也。在卦氣爲正月，故《太玄》準之以《鋭》。

《象》曰：山上有木，漸。君子以居賢德善俗。

山上有木，止於下，漸於上也。君子進德以漸，善俗亦以漸。九五易而可久，賢人之德也。居賢德，則安之而不動矣，居亦止也。坤爲民，坎，險也。民險者，惡俗之象。然二、三、四正，正爲善，艮止也，君子在上，進德以漸，安其德而不動，則惡俗自善，險者漸止矣，善俗之道也。王肅本作「善風俗」。

初六，鴻漸于干，小子厲，有言，无咎。《象》曰：小子之厲，義无咎也。

初動離爲飛鳥，坎爲水，之二巽，爲進退，水鳥而能進退者，鴻也。二坎水之厓，干也。三艮爲少男，小子也。初之二，艮變兑，兑爲口，小子有言也。初在下，柔而无應，自小子見之以爲危厲者也。不知在下所以有進之漸，君子之柔其動也剛，離隱處卑，非援乎上也，於義无咎。夫《明夷》之初，君子于行，則主人有言。《漸》之初，鴻漸於干，則小子厲有言。進退之初，非深識遠照，不能處之而不疑，豈常情之能窺測哉？故曰：君子所爲，衆人固不識也。

六二，鴻漸于磐，飲食衎衎，吉。《象》曰：「飲食衎衎」，不素飽也。

自二至五有巽離坎，鴻之象。二之五坎變巽爲艮，艮坎爲石，巽爲高，坤爲平，石高且平，磐也。磐，大石也。五之二，坎變兑。坎爲水，飲也；兑爲口，食也；兑爲和説，衎衎而樂也。二五以中正相應，進而安裕，飲食衎衎而樂，《詩·鹿鳴》是也。巽爲白，離爲大腹，二之五，巽離毁，「不素飽」也。素飽者，无功食禄，徒飽也。君子之進，豈飲食而已哉？上則道行于君，下則澤加于民，不徒飽也。

九三，鴻漸于陸，夫征不復，婦孕不育，凶，利禦寇。《象》曰：「夫征不復」，離群醜也；「婦孕不育」，失其道也；利用禦寇，順相保也。

三至二有坎離巽，鴻之象。三艮爲山，四變三爲坤，坤爲平地，高者平矣，陸之象。鴻離于水，漸進于陸，三若守正，待時而不妄動，則得《漸》之道。三四无應，陰陽相比而易合，守正者戒之。横渠曰：「《漸》至九三、六四，易位而居。」坎爲夫，離爲婦，爲大腹。征以正行也，三不守正而合四，「夫征不復」也。夫征不復者，以離群醜也。三陰爻爲群，陰爲醜，言不正則離乎群衆，而往不能反也。四不守正而合三，則離毀矣，「婦孕不育」也。婦孕不育者，不以正合而失其交之道也。夫人所以致非道之交者，罔不自己求之，我无隙以乘之，彼何自來乎？故三不動則四坤不來矣。君子自守其正，不唯君子无失己之累，而小人亦不陷於非義，是以順相保，利用禦冦之道。坎爲盗，離爲戈兵，寇也。《象》以三爲君子，又以坎爲寇者，反以戒三也。坤爲順，各得其正，「順相保」也。

六四，鴻漸于木，或得其桷，无咎。《象》曰：「或得其桷」，順以巽也。

六四之柔進而介于二剛之間，猶鴻漸于木也。鴻足蹼不能握木，漸于木，非所安之地。四離飛鳥而有坎巽，鴻之象。巽爲木，漸于木也。然上承五以巽事之，下得三以順接之，得所止焉，惟順以巽，故介于二剛之間，得位而无咎，猶或得其桷也。桷，椽之方者。巽爲長木，艮爲小木，離爲麗，坤爲方，木小而方，可麗於長者，木之材中乎椽桷者也。《易傳》曰：「横平之柯也。」

九五，鴻漸于陵，婦三歲不孕，終莫之勝，吉。《象》曰：「終莫之勝，吉」，得所願也。

二至五有坎離巽，鴻之象。五巽爲高，二艮爲山，二之五，自山而進於高，復有山焉，陵也。大阜曰陵。二進於五，得尊位也。鴻，水鳥，進至于陵，其位高矣，然非所樂。君子之樂，王天下不與存焉，故曰「鴻漸于陵」。巽爲婦，離爲大腹，乾爲歲，二五相易，三至五，歷三爻，離毁巽見，「婦三歲不孕」。《漸》之時，道不〔一〕可遽行，其功未見于上下之間，以三、四相比而勝之也。二艮爲土，三四爲震木勝之。五巽爲木，三、四爲兑金勝之。勝之則四比五，三比二，而君臣離矣。然二五相應，中正之德同，其合乃中心之所願欲，豈三、四所能間哉？其行有漸，功成而復其所，則孕矣。故終莫之勝，吉。吉，正也。

上九，鴻漸于陸，其羽可用爲儀，吉。《象》曰：「其羽可用爲儀，吉」，不可亂也。

鴻漸于陵，已高矣，又升而至于上，窮而不知反，則亢，是以君子不居焉。進九三之賢，升之于

〔一〕不，叢刊本、通本、薈要本作「未」。

上，己變而退之三。艮爲山，上動之三成坤，艮山變坤爲平地，陸也。自下進上，漸也。上反三亦曰漸者，進退相爲用，无退則无進之漸。一進一退，其動不窮矣。離巽，飛類也，剛羽翰也，柔其毛也。九三之上成巽羽，剛爻也。所貴乎君子者，謂其進退不失其時。上九進退有序，不失其時，可用爲儀也。三陰爻，群也，上九變而正，退處而順，不亂群也，亦可用爲儀，吉。

䷵ 兑下震上

歸妹，征凶，无攸利。《彖》曰：歸妹，天地之大義也。天地不交，而萬物不興。歸妹，人之終始也。説以動，所歸妹也。「征凶」，位不當也。「无攸利」，柔乘剛也。

諸卦先釋卦名，此《彖》先言「天地之大義」、「人之終始」者，明夫婦之道原於天地，重〔二〕人倫之本也。《歸妹》自《泰》來，三之四爲震，四之三爲兑，天地相交而成坎離。坎離者，天地之用也。天地以坎離交陰陽，陰陽之義配日月。乾，天也，乾納甲壬；坤，地也，坤納乙癸。離，日也；

〔二〕重，通本、薈要本同，叢刊本作「聖」。

坎，月也。故觀月知日，觀日月而知天地。以一月論之，日遲月速，東西相望，震兑也。月至于晦，則自東而北，乃與日會。東，乙也，北，癸也，消乙入癸，會于乾壬。壬癸，北方氣之所歸。十有二會，萬物畢昌而月復見于震兑矣。故曰：「歸妹者，天地之大義也。」天地不交，則萬物不興。天地交而後有震，震者，天地之始交，萬物興之時也。夫坤終乙癸，則乾始震庚。終者，乾終於坤也，前者以是終也；始者，坤終而乾始也，後者以是始也。夫婦，始終之際也。父命子而醮之，代父之道，終之也。婿受女於主人，人道之始，始之也。終始相續，化生无窮。是乃月晦生，自震而兑之象。故曰：「夫婦者，人之終始也。」此以三、四相易言《歸妹》之義也。九三、六四，正也，三、四相易而天地各得其宜，義也，故曰「天地之大義也」。諸儒以爻位不當，謂所歸之妹爲姪娣，誤也。爻變矣，乃有姪娣之象。古者男三十而娶，女二十而嫁，故所歸以妹言之。妹，少女也。男説女以動者，以其所歸者妹也。説少女者，人之情慕少女也。乾上交坤，坤下交乾，震兑相交，以説而動，與《咸》同意，故曰：「説以動，所歸妹也。」言歸則兑女在内，從震夫之外矣。此合兩體而言《歸妹》之義也。婚姻之禮，陰陽交際，天地之大義也。故三、四皆不當位，退而各復其所，乃吉。六之四，九之三，征也。征而不已，必凶。古者昏禮冕而親迎，婿御婦車，男下女也。婿乘其車，待於門外，女從男也。男下女則天地之義明，女從男則天地之位定，是以位雖不當，而无征凶，斯道之並行，所以不偏廢歟？若以説而動，所履不正，其凶必矣，《氓》是也，故曰：「『征凶』，位不當也。」六二、六五，柔也；九二、九四，剛也。以柔乘剛，則其柔日長，剛爲柔所乘，則其剛日消。夫弱婦强，不能正室，必至於夫妻反目，其道不可以推行矣。三不利於内，四不利於外，故曰「无攸利」。此以中爻言説以動之戒也。在卦氣爲霜降，故《太玄》準之以《内》。

《象》曰：澤上有雷，歸妹。君子以永終知敝。

震，雷也，爲東方；兑，澤也，爲西方。天運八月，東方如西方，澤上有雷也，爲男下女之象。二月，西方如東方，澤中有雷也，爲女從男之象。始於下女，終於從男，天地之正未始有敝也，故嫁娶者法之。然人之於夫婦，不能如震兑相從、久而不息者，何哉？不能正其初也。説少而動，衰則棄之，其能永終乎？君子知其然，必謹於夫婦之際，下之者有義，率之者有禮，而其初正。其初正，則其末必正，故永終而无敝，《歸妹》初九、上六之義也。坎離合爲知，知敝者，其唯〔一〕君子乎？

初九，歸妹以娣，跛能履，征吉。《象》曰：「歸妹以娣」，以恒也；跛能履，吉，相承也。

三兑者，震所歸之妹也。初在三後无應，三以巽下之，初九自卑而進，説以從之，「歸妹以娣」

〔一〕「唯」下，叢刊本、通本、薈要本有「九四」兩字。

也。三下初成巽，初九應震，有雷風相與之象，《恒》也。嫡巽而娣説動，故能歸妹以娣，如有嫡不以其媵備數，豈能以娣哉？初九正，進之從三又正，能恒者也。故曰：「『歸妹以娣』，以恒也。」震爲足，兑折其左，跛也。跛者不足以行，而從三則有應可行，「跛能履」也。跛能履，故征吉。征以正行也，正則吉，所以吉者，以從三而承四。四震，大道也。三承[二]四，初又從三，相與以承，内事相承也，是以吉。

九二，眇能視，利幽人之貞。《象》曰：「利幽人之貞」，未變常也。

九二離爲目，兑毁其右，眇也。眇者不足以明，然二有應之五，能視也。女待男而行，六五未下二，二以剛中自持，處内而不動，不足以明也，有眇之象。初動而二不動，在坎中，坎爲隱伏。二貞於五，處内而説，爲幽人。幽人者，女在窈窕幽閑之中。五下之，則二行復成兑女，自若也，故利幽人之貞。利幽人之貞者，五下之而後兑變坤爲常，此又无娣象，此[三]以女子守常爲義。

六三，歸妹以須，反歸以娣。《象》曰：「歸妹以須」，未當也。

初至五體《需》，需，須也，須，待也。初從三得應，二與五應，三獨无應，須也。《天官書》：

〔二〕承，原作「成」，通本同底本，據叢刊本、薈要本改。

〔三〕此，叢刊本、通本、薈要本作「故」。

「須女四星，賤妾之稱。織女三星，天女也。」陸震曰：「天文，織女貴，須女賤。」則須爲賤女可知。蓋二應五已行矣，三往无應，而猶須之女之强顔而不見售者也，故曰「歸妹以須」。夫女之可貴者，爲其正也、順也、動以理也。六三居不當位，德不正也；柔而上剛，行不順也；爲説之主，以説而歸，動非理也。上无應，无受之者也，如是其賤矣，故曰「未當也」。《易傳》曰：「未當者，言其處、其德、其求歸之理皆未當，故无取之。」反歸以娣，何也？女謂嫁曰歸，自内之外也，三本《泰》之四爻，三无所適，反歸於四則得正，其應在初。初，正也，娣之位也，諸娣從婦同行者也。故應初乃有以娣之意。魯春姜之女，三往三逐，春姜召其女留之，三年乃復嫁之，卒知爲人婦之道，春姜知反歸以娣之義也。六三〔一〕既曰所歸之妹，又曰須，何也？自變卦言，《泰》四之三成兑，兑者，震所歸之妹也。自爻位言之，二往歸五矣，三无所歸，須也，故曰曲而當。

九四，歸妹愆期，遲歸有時。《象》曰：愆期之志，有待而行也。

離爲中女，九四居上體，女貴高之象。九剛明而守柔，静女之賢者也。六五歸妹，九二往從之，而九四不行成兑，兑正秋，是以愆期。女歸以仲春爲期，秋不行，愆期也。四本《泰》之九三，

〔一〕三，原作「四」，據叢刊本、通本、薈要本改。

六四以坎男下之，而後三之四成震。女以外爲歸，震，仲春也，遲歸以時也。觀九四待坎男下之，得仲春而後行，則愆期之志，有待而行也。

六五，帝乙歸妹，其君之袂，不如其娣之袂良。月幾望，吉。《象》曰：帝乙歸妹，不如其娣之袂良也，其位在中，以貴行也。

女以外爲歸。五，君位，九二兑女歸五。乾天爲帝，兑，少女，自長男觀之爲妹，「帝乙歸妹」也。《歸妹》自《泰》變，故六五同象，子夏曰：「湯之嫁妹也。」五坤居君位，嫡夫人小君位也。袂，衣袖手〔二〕飾也，所以爲禮容。二乾爲衣，離爲文章。二之五，離毁變坎成兑，坎爲水，兑有伏艮爲手，小君之袂无文而加澣濯之象。初九，娣之位，乾兑伏艮，爲衣袂，而初九不動，「君之袂不如其娣之袂良」也。爲小君如是，善矣。良，至善也。乾美爲良，貴女之歸，惟以謙降從禮，爲尊高之德，不以容飾爲説，故曰：「帝乙歸妹，不如其娣之袂良也。」九二，下也，何以爲帝女之象？以其所歸之位在五，而二以貴行也。五位在中，二亦中也。貴者，陽也。古者王姬嫁於諸侯，車服不繫其夫，下王后一等，以貴行也。不謙降從禮，則亢而失中，不稱其位矣。譬之天道，月幾望矣，其

〔二〕手，通本、薈要本同，叢刊本作「于」。

可盈乎？坎月在震東，離日在兑西，日月相望，陰之盈也。二之五，坎離象毁，「月幾望」也。月幾望而不盈，則不亢其夫，故吉，不然凶之道也。夫消長之理，陽消則陰生，故日下而月西見；陰盛則敵陽，故既望則月東出。婦道已盛，聖人於此深慮之，後世猶有以列侯奉事、舅姑通問。盈滿之禍，可勝言哉！

上六，女承筐无實，士刲羊无血，无攸利。《象》曰：上六无實，承虛筐也。

震爲竹，上六坤動爲方，竹器而方，筐也。六三兑女之上，陰虛无實，「承虛筐」也。三兑爲羊，四坎爲血，上動之三，坎毁兑見，兑爲刑殺，「士刲羊无血」也。祭祀之禮，主人割牲而主婦佐之，房中牲體在俎，乃設兩鉶而芼之。女承虛筐者，以士刲羊无血，无以爲筐之實也。故史蘇曰：「士刲羊亦无衁也，女承筐亦无貺也。」无血則无以貺女矣，何以奉祭祀哉？震兑，夫婦也，而曰士女，言夫婦之道不成也。女不得其所承矣，退而歸三，三亦失位，「无攸利」也。上六，女歸而无終者也，故其象如此。《子夏傳》曰：「血謂四，士刲羊三而无血。」是則自子夏以來，傳《易》者以互體言矣。

漢上易傳卷六

下　經

䷶離下震上

豐，亨，王假之。勿憂，宜日中。《彖》曰：豐，大也。明以動，故豐。「王假之」，尚大也。「勿憂，宜日中」，宜照天下也。日中則昃，月盈則食，天地盈虛，與時消息，而況於人乎？況於鬼神乎？

《豐》，《泰》九二之四也。乾變離明，坤易震動，明以動則亨，亨則大。豐，大也，故曰「豐，亨」，《彖》曰「豐，大也」。明以動故豐，此合兩體言致豐之道也。假，至也。乾在上之象，王者明以動，其道亨乃能至於豐大。九二上行至四，「王假之」也。王假之者，尚大也。四海之廣，萬物之衆，无一物不得其所，无一夫不獲自盡，非小道之所能至，故曰：「『王假之』，尚大也。」此以九四言乎《豐》之才也。二、四失位爲憂，離下有伏坎爲加憂，離見坎伏，勿憂也。然明以動，勿憂其至於大也。進而至於五，則得位矣，故曰「勿憂」。此以九二之四言乎《豐》之才也。離日震動。日當五爲中，日動於下，升于東方，明動不已。九四進五，何憂乎不至於中而无所不照哉？日之大明，萬物咸睹，宜照天下也。乾爲天，五離應二，照天下也。《太玄》曰：「日正於天，何爲也？曰：君子乘位，爲車爲馬，車軨馬駢可以周天下，故利其爲主也。」宜日中則正於天，利其爲主之謂也。故曰：「『勿憂，宜日中』，宜照天下也。」此以九二進而至五言乎《豐》之才也。五復降四，坎離象變，離成兑。兑，日在西，「日中則昃」也。坎成兑巽，兑爲口，月闕於巽辛，「月盈則食」也。四乾陽長於震二，坤陰生於離，陽長盈也、息也，陰生則盈者虚，消者息矣。有天地，然後有人，有鬼神。鬼神，往來於天地之間者也。豐大之時，所宜憂者，不在乎未中，而常在乎日之既中也。何則？日中俄且昃矣，月盈俄且食矣。盈者必虚，息者必消，天地之所不能違者，時也，而况天地之間聚而爲人、散而爲鬼神乎？明動不已，未有能保其大者也。保此道者，其唯中乎？故曰：「日中則昃，月盈則食，天地盈虚，與時消息，而况於人乎？况於鬼神乎？」此復以坎離升降明《豐》之戒也。在卦氣爲六月，故《太玄》準之以《大》、《廓》。

《象》曰：雷電皆至，豐。君子以折獄致刑。

雷電皆至，萬物豐大之時。豐則生訟，故君子法其威明，並用以治刑獄。電，明照也，所以折獄；雷，威怒也，所以致刑。折獄者，以正折其不正，初、二、三正也，而二有伏坎爲獄，不明則枉者不伸。致刑者，刑其不正而已，四、五不正也，兑爲刑殺，不威則小人不懼。《噬嗑》其明在上，君子在上之事也，故爲明罰敕法。《豐》用明在下，君子在下之事也，故爲折獄致刑。

初九，遇其配主，雖旬无咎，往有尚。《象》曰：「雖旬无咎」，過旬災也。

《泰》九二之四成《豐》，故九四爲《豐》之主。配者，陰陽相匹，孟氏、鄭氏本作「妃」。嘉耦曰妃，妃，媲也，亦匹配之意。初九、九四陽也，六五陰也。初與四不應，六五亦无應，四雖不應，初可因四爲主而配五，陰陽相配，故九四爲配主。遇者，不期而會。四不應初，而初九主之，不期於會而會，故曰「遇其配主」。旬，均也。初九、九四，均也。然明動相資，致豐之道，非明則動无所之，非動則明无所用，是以均而无咎。无咎者，初九以正相資也。初九遇四，往而相易以致用，則初得尚于五，而《豐》之道上行矣。尚亦配也，與「尚于中行」之「尚」同，故曰「往有尚」也。夫初九遇九四，所以得尚于五者，以正相資而成豐。譬之共難則仇怨協力，勢使之然。若妄動不正，過四而有其位，明、動不相爲用，「過旬」也。過旬則失其配主，往而无所尚，與坎險相會，災至矣。《豐》道亡，所以災也，故曰「過旬災也」。初動有《小過》象，故曰「過旬」。謂之均者，六甲周行乘八節，其數四百八十而成鈞。鈞，勻也。初九離納己，九四震納庚，自己至庚，凡十日，十日周而復始，故訓勻。

六二，豐其蔀，日中見斗。往得疑疾，有孚發若，吉。《象》曰：「有孚發若」，信以發志也。

震巽爲草，二在草中，有周匝掩蔽之意，故曰蔀。陸震曰：「曆法凡十九年閏分盡爲一章，四章凡七十六年爲一蔀，五蔀周六甲凡三百八十年而曆象小成。」豐蔀之名，蓋寓此意。離目爲見，豐爲日中，五兑伏艮，艮離爲天文，《賁》之象也。震，少陽，其策七。震爲動，有星在上，動於中，而其數七，斗之象也。二有至明中正之才，以《豐》時遇暗弱不正之君，猶當晝而夜，至於見斗，其昏甚。坤爲冥，晦暗之象，五既不能下賢，二自往見，反得疑疾。自往者亦取疑之道。巽爲不果，六五陰失位，疾也。然二、五相應之地，有孚之理，二積中正不已，盡其誠信，以感發其志，則五動而應之而吉。《易傳》曰：「苟誠意能動，雖昏蒙可開也，雖柔弱可輔也，雖不正可正也。古之人，事庸君常主而克行其道者，己之誠上達而君見信之篤耳。」

九三，豐其沛，日中見沬。折其右肱，无咎。《象》曰：「豐其沛」，不可大事也；「折其右肱」，終不可用也。

沛，古本作「旆」，王弼以爲幡幔。震爲玄黄，兑金斷之，旆也。幡幔圍蔽於内，故豐其沛。沬，斗後小星，微昧之光，《子夏傳》及《字林》作「昧」。三之上成艮，艮離爲天文。星在斗之後，隨斗而動者，「昧」也。三明極而剛正，處《豐》之昧，上六暗極矣，猶日中當明而反見斗後之星，其暗尤甚。巽爲事，陽爲大，伏坎爲可，豐尚大也。豐其旆，往見則不明，故退而守正，以不可大事故也。兑爲右，伏艮爲肱，兑折之，折右肱也。上六暗極，不可用之以有爲從之，必罹其咎，故自折其右肱，示終不可用，則无咎。

九四，豐其蔀，日中見斗，遇其夷主，吉。《象》曰：「豐其蔀」，位不當也；「日中見斗」，幽不明也；「遇其夷主」，吉行也。

四動成坎離，光明也。不動成震巽，震巽爲草，掩蔽周匝，蔀也。四在蔀中，處不當位，自蔽其光明，故曰「豐其蔀」。兑有伏艮，四應離初，艮離爲天文。震，動也，其策七。有星動於上，而其數七，斗之象。離目爲見，四處不當位，又不能變，若動而交初，則幽者明矣。坎爲隱伏故也。以此處《豐》，猶日中之時而反見斗，處幽暗而已不明，故曰「幽不明也」。九四不正，其不明自取之，異於二、三矣。夷主者，謂初也。九四與初九均爲陽，而上下不敵，四忘其勢，下夷於初。四者，初之所主也，故曰「夷主」。初正，正則吉，初九助四而上行，以資其明，「吉行」也。《易傳》曰：

「居大臣之位，得在下之賢，同德相輔，其助豈小也哉？」

六五，來章，有慶譽，吉。《象》曰：六五之吉，有慶也。

六五屈體，來下於四，與之共天位，九四之明上行之五，相錯成離坤。離爲文，章者文之成也。九四上行，則初應四，二應五，三應上，六爻並用，成豐大之慶。五屈己下賢，四志行乎上，人自譽之。兑爲口，譽之者也。五得正，吉也。

上六，豐其屋，蔀其家，窺其户，闃其无人，三歲不覿，凶。《象》曰：「豐其屋」，天際翔也；「窺其户，闃其无人」，自藏也。

自二至上體《大壯》，棟宇之象。上六動陰變陽，爲大。「豐其屋」，言自處高大也。二爲家，震巽爲草，豐盛周匝以掩蔽之。「蔀其家」，言所居不明也。自處高大，所居不明，以高亢自絶於人，如飛鳥務上翔於天際，豈復能降哉？上動成離，離爲飛鳥，乾爲天，在外卦之際，「天際」也。《豐》之時，九四〔一〕忘其敵己，下資初九，三與上六正應也，其能忘乎？故三自下往，庶幾發其昏暗，知處《豐》之道。九三離目爲見，往窺之，坤户闔而不應，闃寂乎其无人聲。《太玄》所謂「外大

〔一〕四，原作「三」，據叢刊本、通本、薈要本改。

抗[一]，中无人」也。三於是退，而自藏於坎中。乾爲歲，三自四，歷三爻，「三歲不覿」也。豐其屋，蔀其家，自絶於人也。三歲不覿，人絶之也。上六動不正，凶也。不直曰凶者，有應焉，猶冀乎下交也。至于三歲不覿，人亦厭之，而凶至矣。窺，小見也；覿，私見也。自上六言之，謂之窺，陰爲小也。自九三之上言之，謂之覿，私見也。私，不正也。

☶☲艮下離上

旅，小亨，旅貞吉。《彖》曰：「旅，小亨」，柔得中乎外而順乎剛，止而麗乎明，是以小亨，旅貞吉也。旅之時義大矣哉！

《旅》，《否》之變也。剛當居上，柔當居下，六居五，失其所居而在外，旅也。然六居五，柔得中矣，得中則其柔不過，得爲《旅》之中道。《易傳》曰：「中非一揆，《旅》有《旅》之中也。」柔得中，則能順乎上下之剛，不爲剛所掩而小者亨。順乎剛而柔失中，《旅》道窮矣。坤，順也。君子入國問禁興之日，從新國之法，順乎剛也，故曰「柔得中而順乎剛」，此以六五言「旅小亨」也。九

[一] 抗，各本同，據《太玄》，疑當作「扢」或「杚」。

居三，未爲失其所居也，然則〔一〕自五而反居於下，猶爲旅也。居三成艮，屈其剛而止於下，自謙屈之道也。雖止乎下矣，然九三正，止而不失其正，上麗乎離之明。君子之居是邦也，事其大夫之賢者，友其士之仁者，麗乎明也。正然後能麗乎明，不正人〔二〕將拒我矣，正則吉，故曰「止而麗乎明」。此以九三言「旅貞吉」也。旅，難處也。旅如六五，柔得中乎外而順乎剛，在我者不失己矣，乃可以小亨。旅如九三，止而麗乎明，在彼者亦不失人矣，乃可以貞吉。是以旅一也，而再言之。《易傳》曰：「旅困之時，非陽剛中正有助於下，則不能致大亨。如卦之才則可以小亨，得旅貞而吉也。」四方固男子之事，居者必有旅也，顧處之如何耳。夫子歷國應聘，嘗去父母之邦矣，去他國矣，欲浮于海，居九夷矣，蓋得《旅》之時義也。《旅》之時不一，而義者時措之宜，知其時而不知其宜，不可也。非大人孰能盡之？故曰：「旅之時義大矣哉！」在卦氣爲四月，故《太玄》準之以《裝》。

〈象〉曰：山上有火，旅。君子以明慎用刑而不留獄。

山上有火，明而止，止而不處，旅也。君子之用刑也，雖明而止，故明而慎於用刑；雖止而不處，故亦不留獄。明者或不慎，慎者或留獄，失旅之象也。離有伏坎，爲獄，兑爲刑殺，艮止，慎也。

〔一〕則，通本、薈要本同，叢刊本作「剛」。
〔二〕人，原作「又」，據叢刊本、通本、薈要本改。

初六，旅瑣瑣，斯其所取災。《象》曰：「旅瑣瑣」，志窮災也。

鄭曰：「瑣瑣，小也。」艮爲小，動而之四，復成艮，小之又小，瑣瑣也。初六，小人之旅，卑柔而不中正，恃應而求於四者，煩褻其細已甚，故曰「旅瑣瑣」。四巽極而躁，火性炎上，不能容初。艮，止也，厭止妄動，往而復止，人亦厭之，「志窮」也。坎險，災也，志窮遇險，「斯其所取災」也。艮爲手，有求取之象，楚申侯是已。曰「斯」曰「其」者，初、四上下皆有艮手，取災之象，故指兩爻言之。

六二，旅即次，懷其資，得童僕貞。《象》曰：「得童僕貞」，終无尤也。

艮，止也，二得位，止而得位，即次舍也。離兑爲贏，貨貝資財之象。二巽爲入，「懷其資」也。童僕，一本作「僮僕」。艮爲少男，初卑陰賤，二在上畜之，童僕也。初於二，「得童僕貞」也。童僕貞，則二親信之而不疑。旅在下，柔而中正，即次所遇而安也。懷其資，得三、四、五之助也，又得童僕貞而下承之，旅如是多助矣。故動而之外，終无尤之者。五兑爲口，尤之者也。初六不正而曰「貞」者，貞於二也，貞於主人。二巽，東南，主人位也。《歸妹》九二「利幽人之貞」，貞於五也。童僕貞，然後次舍可止，貨資〔二〕可有。夫子曰：「審其所以從之之謂貞也。」

〔二〕貨資，叢刊本、通本、薈要本作「資貨」。

九三，旅焚其次，喪其童僕貞，厲。《象》曰：「旅焚其次」，亦以傷矣；以旅與下，其義喪也。

艮，止也，三得位，止而得位。次，舍也，巽木，離火，「焚其次」也。九三在《旅》而過剛，四、五之所不與，則失其所止，有焚其次之象。兑爲毁傷也。旅失其所止，亦可傷也。初艮爲童僕，九三既失其所止，以旅之故，乃巽而與下，失尊卑之宜，初三易位，初失其正，「喪其童僕貞」也。所以喪者，爲旅之義剛柔皆失中，旅如是，寡助也〔一〕矣。六居三不正，危之道。

九四，旅于處，得其資斧，我心不快。《象》曰：「旅于處」，未得位也；「得其資斧」，心未快也。

二、三止而得位，爲次舍。四巽爲入，而未得位，行者處而已。入對出言之爲處，九四非安處也，故曰「旅于處」。離兑爲贏貝，資也。離爲兵，巽木貫之，斧也。得其資以爲利，得其斧以爲斷，上得乎五，下得乎三之助矣。九剛明之才而處四，履謙能下，善處乎旅，故得上下之利，有資貨

〔一〕也，叢刊本、通本、薈要本作「危」。

焉，有器用焉，雖不若六二，亦曰得其所矣。然未得位也，上不足以發五之志，下不足以致九〔一〕二之賢，雖得資斧，未免爲旅人，故我心不快。兑爲决，中爲心，四進而上，道行于五而二應，則快矣。孟子曰：「久於齊，非我志也。」

六五，射雉，一矢亡，終以譽命。《象》曰：「終以譽命」，上逮也。

五在《旅》卦不取君象，君不可旅也。離爲雉，雉，文明之物。文明，人文也，聖人止亂而不以威武者也。離爲兵，伏坎爲弓，伏艮爲手，兵加之弓上，矢也。矢者，射雉之器。五動，弓矢發，離坎毁而雉亡，一矢亡之也。一矢亡雉者，五得中道，動而必中乎理之象。然六五未當位，雖有文明之德，未可以動。上九屈體逮之，則令譽升聞而爵命之矣。兑口在下，與之譽也。巽爲命，上卦之終，由譽而後命之。始也未當位，終也譽命，故曰「終以譽命」。五進上，其在賓師之位。乾，西北，賓之位也。

上九，鳥焚其巢，旅人先笑後號咷，喪牛于易，凶。《象》曰：以旅在上，其義焚也；「喪牛于易」，終莫之聞也。

〔一〕九，各本同，據文義，疑當作「六」。

上九離爲飛鳥，九動變六成震巽，巽爲木，震爲竹葦，鳥隱其中，巢也。上九極剛，以高亢居上，非旅人之宜。巽木離火，鳥焚其巢，失其所也。離目動，震有聲，「笑」也。樂其未焚之前，柔順謙下時也。兑澤流於目，巽號出於口，哀於既焚之後，悔其先之時也。上與三相應之地，上六變而正成坤，坤爲牛，九三應而上降三正〔一〕成坎，坎爲耳。上九高亢不變，坤象隱，「喪牛」也。易，輕易也。火性剽疾，上九極剛，輕易也，故曰「喪牛于易」。九喪柔順，三不往應，坎耳伏矣。輕易者，自塞其耳而聰不明也。陸機羈旅，處群士之上，而不聞牽秀、孟玖之毀，其以高亢輕易而致禍乎？

䷸巽下巽上

巽，小亨，利有攸往，利見大人。《彖》曰：重巽以申命，剛巽乎中正而志行，柔皆順乎剛，是以小亨，利有攸往，利見大人。

柔在下而承二剛，巽也。巽爲風，風者，天之號令。命者，天之令也，故巽爲命。内巽者，命之

〔一〕正，通本、薈要本同，叢刊本作「二」。

始；外巽者，巽而達乎外，申前之命也。重巽之象，唯可施之於申命，先儒謂上下皆巽，不違其令，命乃行也。若施之於佗，則巽已甚矣，故曰「重巽以申命」。此以兩體而言《巽》也。《巽》自《遯》來，《訟》之變，六三之四，上下皆巽。九二之剛巽乎中也，九五之剛巽乎中正也。巽乎中正則其剛不過，而所施當乎人心，是以志行乎上下，故曰「剛中正而志行」。此以三、四相易而言九二、九五之巽也。九二之剛〔一〕巽乎正，則初六之柔順之；九五之剛巽乎中正，則六四之柔順之。上下之柔皆順乎剛，則物无違者，而九二、九五之志行，故曰「柔皆順乎剛」。此以初六、六四言大者巽，則小者无不順也。柔皆順乎剛，雖无違者，然順乎中正乃善，不然失所從矣。六四離目爲見。大人者，九五剛而巽乎中正者也。剛巽乎中正而柔順之，則柔者亦得其正，而小者亨矣，豈非小者之利乎？故曰「利見大人」。此以九五言《巽》之利也。小者亨矣，故六四利有攸往，利見大人，而其道上行，故曰：「是以小亨，利有攸往，利見大人。」徐氏、王昭素考王弼注有「命乃行也」四字，當在「重巽以申命」之下，疑《彖》或脱文，理若有之。在卦氣爲七月，故《太玄》準之以《翕》。

《象》曰：隨風，巽。君子以申命行事。

〔一〕剛，原作「柔」，據叢刊本、通本、薈要本改。

巽爲風，風巽而入者也。前後相隨而至，則歲事行矣，故巽又有亨之象。傳言八風之至，各以四十五日而成一歲是也。君子申命諄諄者，行事也。行事莫如巽，巽則易入。

初六，進退，利武人之貞。《象》曰：「進退」，志疑也；「利武人之貞」，志治也。

《巽》初，行事之始也。居卑體柔不能自立，過於巽者也。退則不安，進則无應，又二剛據之，莫知所從。巽爲不果，故曰：「『進退』，志疑也。」六變九，巽成乾應兑，乾爲健，兑爲決，疑志去矣。健決者，武人之貞。天道尚右，故兑爲武人。志疑者，不先治其志也。君子自治，其動以正，行之以健，決確乎不可移，雖千萬人必往，孰能奪其志哉？故曰：「『利武人之貞』，志治也。」巽爲工，有治之意。《易傳》曰：「治謂修立也。」

九二，巽在床下，用史巫紛若，吉，无咎。《象》曰：紛若之吉，得中也。

《巽》初，坤變乾也，巽爲木，坤西南方，乾爲人，設木於西南之奥，而人即安焉者，牀也。巽股變艮，股見手伏，蒲伏于林下之象。九二不正，卑巽如此，宜有咎。然九二剛中，其動也正，卑巽者非爲利也，將以誠意感動九五而已，故「用史巫紛若，吉」。吉者，正也。九二之動，上之五成震，震爲聲；五之二成兑，兑爲言。上九宗廟，兑口出聲，祝史道人之意以達于鬼神之象。六降于二，巫以鬼神之意告乎人之象。史巫皆尚口而〔一〕巽故也。四巽離爲絲，二五升降，史巫紛若，則卑巽之意達於上下，巽在牀下，何咎之有？此子游重服立諸臣之位以感悟文子之道也。二、五相應〔二〕，九五未應則巽在牀下，用史巫紛若，乃爲得中。

九三，頻巽，吝。《象》曰：頻巽之吝，志窮也。

頻，水厓，與《復》六三「頻復」之「頻」同。兑水澤，三，水澤之際。九三重剛不中，在下體之上，巽極而决躁，不能巽者也，將遂其剛亢歟？則上臨之以巽，四以柔相親，九二之剛近而不相得。將變而爲柔歟？則安其所處，憚於改過，有吝之意。然志已窮，不得已而巽，猶人行至於水之厓，欲前得乎？故曰：「頻巽之吝，志窮也。」《易傳》曰：「雖欲不巽，得乎哉？」

六四，悔亡，田獲三品。《象》曰：「田獲三品」，有功也。

四无應，乘承皆剛，宜有悔。四本《遯》之六二，自二至〔三〕四，一變《訟》，二變《巽》。二，田也，艮爲手。柔道上行，之四得位，處二陽之際，上巽於五，下巽於三，三爻皆正而相得，故田獲三

〔一〕而，叢刊本、通本同，薈要本校改作「兩」。
〔二〕相應，通本、薈要本同，叢刊本作「中也」。
〔三〕至，叢刊本、通本、薈要本作「之」。

品。古之田者，上殺、中殺、下殺爲三品，三品則遍及於上下。兑有刑殺之象[一]，而又伏艮，爲黔喙之屬。巽爲雞，離爲雉，爲三品。以巽事上臨下，上下與之巽而有功，雖无應也，乘承皆剛也，其悔亡矣，故曰「有功也」。《易傳》曰：「天下之事，苟善處，則悔或可以爲功也[二]。」

九五，貞吉，悔亡，无不利。无初有終，先庚三日，後庚三日，吉。《象》曰：九五之吉，位正中也。

九五君位而正中，巽爲號令，有申命之象，故舉全卦以盡一爻之義。五无應宜有悔，正故悔亡。動則二應之，二五皆正，故无不利。初二不正，始未善也；五正，善而有終也。无初，故申命，申命則有終。初未善也，故巽以命之。先庚三日，變《家人》、變《益》之時也。下三爻震，震納庚，離爲日，先於此庚之使善也。後庚三日，變《噬嗑》、變《震》之時也。震納庚，離爲日，後於此庚之慮其未盡善也。先庚後庚，主於中正也。十日之次，以戊己爲中，退中則變，故庚謂之更。更而正中，正則吉，此九五之所以吉歟？《蠱》卦六五柔，故爲蠱，《巽》九五[三]剛，乃有更變之善。更

[一] 象，通本、薈要本同，叢刊本作「意」。
[二] 則悔或可以爲功也，叢刊本、通本、薈要本作「則悔可以有功矣」。
[三] 五，原作「三」，通本、薈要本同底本，據叢刊本改。

天下之弊，其唯剛中乎？

上九，巽在牀下，喪其資斧，貞凶。《象》曰：「巽在牀下」，上窮也；「喪其資斧」，正乎凶也。

上九以巽而居高位，處之不當，窮則變而反下。三以重剛乘之，巽股變艮手，有恐懼自失而蒲伏於牀下之象，故曰「巽在牀下」。離兑爲蠃貝、爲資，所以利也。離爲兵，巽爲木，貫之爲斧，所以斷也。上窮反三，離兑巽毀，故曰「喪其資斧」。喪其所以利，則莫或愛之；喪其所以斷，則莫或畏之，正乎凶矣。上復位，遇坎險，正凶也。魯自襄公三家分其民，其君四世從之，至昭公失國无所竄伏，蓋處上極巽，盡喪[一]其資斧，乃正凶也。方自失之初，告之以凶，詎肯信乎？

䷹兑下兑上

兑，亨，利貞。《彖》曰：兑，説也。剛中而柔外，説以利貞，是以順乎天而應乎人。説以先民，民忘其勞；説以犯難，民忘其死。説之大，民

[一] 喪，通本、薈要本同，叢刊本作「亡」。

勸矣哉。

兑以一陰居二陽之上，陰説於陽而見乎外者也。《兑》，《巽》之反，初六之上，六四之三。柔説於外，二五不失其中，以説行剛，而剛柔皆亨，故曰「兑，亨」，《彖》曰「兑，説也」。此合兩體卦變而言《兑》也。剛中則實，柔外則接物以和，説而正則和而不流。卦九五剛中而正，九二剛中而又戒之以利貞者，二、三、四不正，不正則陷於邪諂，悔吝將至。故説道利貞〔二〕，非道求説不利也，亦何由亨哉？故曰：「剛中而柔外，説以利貞。」此以兩體六爻言《兑》也。乾，天也。上、五，天位也。坤，順也。初六之上而説，「順乎天」也。三、四，人位也。六四、九三相易而説，「應乎人」也。天人殊位，順乎天者，要〔三〕在於應乎人而已。天之説萬物，陰陽相説，降而爲澤。説之非其時，則亦不能説矣。湯、武之征伐，出其民於水火之中，而民大説，是所以順天也。知人則知天，知天則知説之道，故曰「順乎天而應乎人」。此以上六、六三兩爻而言《兑》也。坤爲衆，民也。坎爲勞，兑決坎爲大川，險難也。坤爲死。以内卦言，兑先於坤，「説以先民」也。坤衆從之，兑見坎伏，「民忘其勞」也。以外卦言之，巽股而涉大川之險，坤化爲兑，「民忘其死」也。夫就佚辭勞、好生

〔二〕貞，叢刊本、通本、薈要本作「正」。
〔三〕要，通本、薈要本同，叢刊本作「而」。

惡死，民之常情，用之以説，乃忘四體之勤，決一日之命而不顧，非説之以道能如是乎？古之人有行之者，周公之東征是也。故曰：「説以先民，民忘其勞；説以犯難，民忘其死。」民和則氣和，氣和則天地之和應。説之大，天地不能違，而況於民乎？故曰「民勸矣哉」。此再合兩體兼伏爻而言《兑》也。在卦氣爲秋分，故《太玄》準之以《沈》。

《象》曰：麗澤，兑。君子以朋友講習。

麗，連比也。澤，水所鍾。兩澤相麗，重説也，説之大者也。天下之可説而无斁者，无若朋友講習之爲大也。《易傳》曰：「兩澤相麗，互有滋益，朋友講習，互相益也。」兑與兑同類爲朋，初、上、五始終以正，相助爲友。兑爲口、爲講，兩兑爲習，九五、初九之君子以朋友講其所知，習其所行，相滋相益，體麗澤之象。

初九，和兑，吉。《象》曰：和兑之吉，行未疑也。

初九剛而處説，无偏係之私，能可否[一]相濟者也，故曰「和兑」。九四疾惡，六三小人，然體巽不果。不果，疑也。初九動而上行，以濟其決，而巽毁，九四相易，六亦得位[二]而正，正則吉，故曰

[一] 可否，各本同，《永樂大典》卷一五一四二作「和兑」。

[二] 九四相易六亦得位，叢刊本、通本同，薈要本「易」作「益」，且將「六」校改爲「初」，作「九四相益初亦得位」。

「和兑，吉」。初九遠於六三，无嫌於説小人，九四未疑也，是以能濟其決，否則四疑矣。晉訾祏實直而博，范宣子朝夕顧之以問國事，不正其身，未有能決人之疑者。故曰：「和兑之吉，行未疑也。」

九二，孚兑，吉，悔亡。《象》曰：孚兑之吉，信志也。

六三小人，非道來説，九二比之，以陽説陰，宜有悔且凶。九二誠實自信於中，動則九五應之，信孚於人久矣。雖比於小人，和而不同矣，何疑於相比哉？始雖未孚，終必相説。二動而正，正則吉而悔亡，故曰：「孚兑之吉，信志也。」夫石碏、石厚父子也，叔向、叔魚兄弟也，子産、伯有同族也，雖比也，豈能説之？《易傳》曰：「志存誠信，豈至説小人而自失乎？」

六三，來兑，凶。《象》曰：來兑之凶，位不當也。

《兑》，《巽》之反，初、二、三皆自外來，柔不當位而乘剛，來説於二，説之不以道者也，故曰「來兑」。三，高位也，柔邪而説，高位凶矣，故曰「來兑，凶」。楚費无忌、漢息夫躬、唐伾文乎？

九四，商兑未寧，介疾有喜。《象》曰：九四之喜，有慶也。

離兑爲贏貝，貨財也。四動離爲震。《噬嗑》爲市之象，巽變之，其於市也爲利三倍，商賈之象。商賈度利而動，故又爲商度之象。動成坎，坎勞卦，勞未寧也。「商兑未寧」，未〔一〕擬議所從，度利而未定者乎？介者，陽剛介於三、五之間也，從五正也，從三不正也。陰陽失位爲疾，九四陽失位，六三〔二〕陰失位，九四以君子疾小人，六三以小人疾君子。九四宜有憂矣而有喜，九五陽得位爲喜。四疾六三，不與之交，動而正，上從於五，則君臣相説而有喜矣。夫唐、虞、文、武之際，得人爲盛，而四族三叔未嘗不疾君子，然不害爲治者，從君子而不從小人，可不慎其所從乎？《易傳》曰：「若剛介守正，疾遠邪惡，將得君行道，福慶及物爲有喜也。若四者，得失未有定，繫所從耳。」

九五，孚于剥，有厲。《象》曰：「孚于剥」，位正當也。

陰消陽也，六三在下，進而上則四五消，有剥牀之象，故六三謂之剥。九五在〔三〕天位，有剛健中正之德，當乎位，位與德非不足也，然孚于六三之小人，則九五危矣。六三取説而已，无獻可替否之義。小人道長，則君子之道日消，安得不危？《易傳》曰：巧言令色孔壬，舜且畏之，其可忽諸？

〔一〕未，叢刊本、通本、薈要本作「者」。
〔二〕三，原作「二」，叢刊本、通本同底本。薈要本校改作「三」，據改。
〔三〕在，叢刊本、通本、薈要本作「正」。

上六，引兑。《象》曰：「上六引兑」，未光也。

上，説道之成，六正己輔九五剛健中正之君，宜有膏澤下於民，而未光，何也？以引六三之小人也。三巽爲繩，離爲光，上六之説三，相引之如舉繩然，爲山一簣之虧也。此所以未光歟？六三，兑之小人也，故初九剛正者不疑於三而行也，九二剛中不比於三也而悔亡，九四以三爲疾，九五孚于三而厲，上六引三而亦〔二〕未光。小人以説進而爲害，其可不慮乎？

䷺坎下巽上

渙，亨。王假有廟，利涉大川，利貞。《彖》曰：「渙亨」，剛來而不窮，柔得位乎外而上同。「王假有廟」，王乃在中也。「利涉大川」，乘木有功也。

《渙》，《否》九四之變也。險難離散，否塞解釋，剛柔皆亨，故曰「渙，亨」。此以卦變言乎《渙》也。九二之剛自四而來，動於險中，二陰不能陷，解難散險又處之以中者也，險豈能窮之

〔二〕亦，叢刊本、通本、薈要本作「一」。《永樂大典》卷一五一四二無此字。

哉？五得中道，出乎險外，六四之柔自二而往，正位乎外而以巽順，上同於五，君臣協比，能守其中者也。天下之難，患處之者不以道，及其出險，又或不以道守之，則亂者不解，解者復亂。二五之剛，四之柔，處之守之皆不失中，故曰：「剛來而不窮，柔得位乎外而上同。」此以二、四、五三爻言《涣》之才所以致亨也。天下離散，不安其居者，本於人心失中，鬼神依人而行，離散則鬼神不饗。聖人推原其本，將以聚之，故建國設官以爲民極而宗廟爲先。宗廟者，收其心之涣散而存之也。人孰不有父母，知報本則知祭祀出於人心，復其本心則離散者可合，而天下无事矣，治涣之道也。假，至也，謂五也。上爲宗廟，艮爲門闕，五王位，中者，心之位。九五有入自門闕至宗廟得人心而存之之象。《易傳》曰：「卦之才皆主於中。」王者拯涣之道，在得其中而已。故曰：「『王假有廟』，王乃在中也。」此再以九五而言《涣》之才也。利貞者，五也。坎爲大川，巽爲木、爲股，據正體巽。四、二皆爲我用，以之濟難，而功歸於五，言乘木有功，則利貞在其中矣。合天下之離散，非正其可乎？故曰「利涉大川，利貞」，《彖》曰「乘木有功也」。此再以九五、二、四言《涣》之才也。《易》言木者三，《益》、《涣》、《中孚》，存五行也。在卦氣爲六月，故《太玄》準之以《文》。

《象》曰：風行水上，涣。先王以享于帝，立廟。

風行水上，涣然離散之象。離散之時，天下之險難方作，先王以是享于上帝，以一天下之心，使知无二主也。立廟以合天下之涣散，則人知反本、鬼有所歸。享于帝，立廟，離散者一矣。帝，乾，上九也。上爻爲宗廟，巽股爲立。坤爲牛，坎爲血，「享于帝」也。觀此則知魯用郊，晋祀夏郊，魯有周廟，鄭有厲王之廟，非先王意也。秦位在藩臣，臚於郊祀，天子不能制，反致文武胙，卒併天下。揚雄曰：「僭莫僭於祭，祭莫重於地，地莫重於天。」雄其知《涣》之説矣。

初六，用拯馬壯，吉。《象》曰：初六之吉，順也。

虞翻、陸震本作「壯吉，悔亡」。拯，古本作「抍」，音承，舉也。六四得位近君，正而巽，可以濟涣。然莫或助之，初欲抍四，才柔位下而在坎中，且四不相應，乃捨四用二，用二乃所以抍四也。二剛中之才，坎爲美脊之馬，初、二相易成震，震爲作足，馬美脊而作足，馬之壯健者也。四艮爲手，震爲起，起手以承六四，抍之象。易則足以資六四之剛，而載其上矣，故曰：「用拯馬壯，吉。」正則吉而悔亡，初六處不當位，本有悔也。六坤柔順以陰求陽，始涣而拯之，亦順也。故曰：「初六之吉，順也。」五爻皆言涣，初獨不言。《易傳》曰：「離散[一]之勢，辨之宜早，方涣而拯之，不至於涣也。」

[一] 離散，通本、薈要本同，叢刊本作「涣離」。

九二，涣奔其机，悔亡。《象》曰：「涣奔其机」，得願也。

四巽爲木，坎爲揉，震爲足，艮爲手，在上體爲肱，揉木令曲而有足肱據其上，「机」也。二四合乃有此象。二有剛中之才，處險而不當位，宜有悔。二能奮身出險，上奔於四，四來憑之以安机，憑之以安者也，是以悔亡。震足動，奔也，故曰「奔其机」。二本《否》四在二者。涣散之時也，二之情不忘乎四，猶逃竄之人不忘故國，奔則得中心之所欲。二者，中心之位也[一]，故曰「得願也」。

六三，涣其躬，无悔。《象》曰：「涣其躬」，志在外也。

所以致涣者，險在内也。四、五濟險之位，六三處不當位，近險宜有悔。然不與險争，動而之上，自脱於險，非拯時之涣以濟人者也。其正躬卑巽，以遠於悔者乎？坤爲身，三、上相易，析[二]坤成巽，離目視下，鞠躬之象，故曰「涣其躬，无悔」，《象》曰「志在外也」。之外則无悔，三、上合而得正也。蘧伯玉聞衛亂而之近關，杜洩葬叔孫豹而行之時乎？

六四，涣其群，元吉。涣有丘，匪夷所思。《象》曰：「涣其群，元吉」，

[一] 二者中心之位也，通本、薈要本同，叢刊本作「二中者心之位也」。
[二] 析，通本、薈要本同，叢刊本作「折」。

光大也。

坤爲衆，涣三陰，群也。四巽順而正，居近君之位，上以巽乎五，下以巽乎二。二剛中，有濟涣之才，而二陰比之，四屈己濟難，與衆同患，得九二之助，陰服矣，則散者合，異者同，共圖天下之涣，是以元吉。元吉則濟涣之志光且大矣。坎爲光，陽爲大也。《涣》之時，用剛則不足以懷之，用柔則不足以制之。四、二協力，剛柔共濟，涣而至於群，天下始可以聚矣。五艮爲山，半山爲丘，丘聚也。六四得九二以合其群，其心思之所存者在五。五得位，群陰之所聚，如物之聚於丘。五中正善群，然非四合之，亦不得而群矣。四視二陰等夷也。四正，初與三不正。坤土，思也。所居〔二〕匪若二陰之所思不正，故九二爲用，二陰服之。否則涣散矣，其能效美於君，有丘之實乎？故曰：「涣有丘，匪夷所思。」宣王承厲王之後，天下離散，召伯之徒佐王建國，親諸侯，遣使勞來安集，涣其群也。

九五，涣汗其大號，涣王居，无咎。《象》曰：「王居无咎」，正位也。

有疾者閉塞不通，陽降陰升，浹於腠理，否者亨矣。《否》乾降二，坤陰升四，降者成坎，坎水浹於上下，汗出之象。號令如之，巽爲號，陽爲大，九五出號令者也，故曰「涣汗其大號」。五至三

〔二〕居，叢刊本、通本、薈要本作「思」。

體《升》，有風行地上、省方設教之象。能發新命以順民，上下交通，險難解釋，涣汗其大號也。涣時民思其主，故王居正位乃无咎。在他時安居不能順，動則有咎矣。故禹別九州而終於冀，湯勝夏而歸於亳，武勝商而至于豐，王正位則涣散者知所歸矣。乾五爲王，艮爲居，止也。得正則无咎。然九五非六四之賢，與上同志，安能發大號，居其所而治哉？《易傳》曰：「再言涣者，上爲涣之時，下處涣如此爲无咎。」

上九，涣其血，去逖出，无咎。《象》曰：「涣其血」，遠害也。

先儒讀「涣其血」作一句，「去逖出」作一句，以象考之，當從先儒。九二坎乾爲血，血者，相傷之象。《涣》五爻不應，上九獨應六三，六三近險見傷，上九下應之。三、上相易，上復成坎而傷，故曰「涣其血」，言上、三俱傷也。上九能去六三，遠出乎險之外，自處以巽，不陷於險，則是去而遠害，於義无咎。逖，遠也，故曰：「涣其血，去逖出，无咎。」一本作「去惕出」，巽爲多白眼，有惕懼之象。然《象》曰「遠害」，當從「逖」矣。涣時以合涣爲功，上九居不用之地，故遠害无咎。係於六三而不去，其傷自取也。若施之用事之地，則有咎。仲由死於衛，季羔避患[一]而去，一也。

〔一〕患，叢刊本、通本、薈要本作「禍」。

䷻兌下坎上

節，亨。苦節，不可貞。《彖》曰：「節亨」，剛柔分而剛得中。「苦節，不可貞」，其道窮也。説以行險，當位以節，中正以通。天地節而四時成，節以制度，不傷財，不害民。

《節》，《涣》之反，《泰》之變也。《泰》分九三之五，以節其上之柔；分六五之三，以節其下之剛。剛柔分而有節，二、五之剛得中，上下節之而不過。所謂節者，剛柔有節而不過乎中，不過則亨，故曰「節，亨」。剛柔分而剛得中，不曰柔得中者，剛得中則柔不過矣。此以卦變二、三、五爻言《節》之所以亨也。上六乘剛處險，守而不變，所以不可貞者，《節》之道窮也。《易》窮則變，變則通，通則久。守而不變，「苦節」也。凡物過則苦，味之過正、形之過勞、心之過思，皆曰苦。苦節則違性情[一]之正，物不能堪，豈道也哉？申屠狄之潔，陳仲子之廉，非不正也，立節太苦，不可貞也。夫節者，爲其過於中也，故節之使不失其中。上六正而過矣，安能節乎？故曰：「道之不

〔一〕 性情，叢刊本、通本、薈要本作「情性」。

明〔二〕也，我知之矣。賢者過之，不肖者不及也。」自不肖觀之，過者爲賢；自中言之，過不及一也。謂之正者，貴乎中正也。正而失中，不可正也，故曰：「苦節，不可貞。」其道窮也。此以上六无應，戒苦節也。兑，説也；坎，險也。人情易則行，險則止，凡止而行，皆有險之道。節，止而不行者也。《泰》之九三上行，自兑成坎，以説行險也。以説行險，雖止不失其和矣，和而不流，中立而不倚，故曰「説以行險」。此以九五言《節》之亨也。九五，節之位也；中正，節之道也。當位以中正，爲上下之節，各適其宜，无所不行，故曰：「當位以節，中正以通。」此以九五言節亨者當其〔三〕位也。九三一變《歸妹》，震爲春，離爲夏，節之以春夏也；再變《節》，兑爲秋，坎爲冬，節之以秋冬也。天地有節，則陰陽寒暑不過，而萬物成於艮，故曰「天地節而四時成」。離兑爲貝，貝爲財，乾爲金玉，坤爲民。泰甚則人欲縱，人欲縱則財用匱乏，百姓困窮，故量財之所入，計民之所用，節以制度。自下等級而上，其費有經，其斂有法，財既不傷，民亦不害，是以天地不節，則四時不成，王者不節，則民財不生。无非節亨也。故曰：「節以制度，不傷財，不害民。」此又推原卦變互體以盡《節》之義也。在卦氣爲七月，故《太玄》準之以《度》。

〔二〕明，叢刊本、通本、薈要本作「行」。

〔三〕其，通本、薈要本同，叢刊本作「有」。

《象》曰：澤上有水，節。君子以制數度，議德行。

澤之容水，固有限量，虚則納之，滿則泄之，水以澤爲節也。君子於民亦然，制其多寡，制其隆殺，制數度也。「制數度」者，坎之象也。律、度、量、衡，皆始於黄鍾，冬至之律於辰爲子，於卦爲坎，九五以中正爲節也。乾爲德，震爲行，兑口爲議。「議德行」者，恐其中而未正也。《易傳》曰：「議謂商度求中節也。」

初九，不出户庭，无咎。《象》曰：「不出户庭」，知通塞也。

初九、六四正應也，往來相易不窮，故曰「通」。九二近而不相得，窒其所行，故曰「塞」。初九兑體剛决，動成坎，坎水爲知，故知通塞。五艮爲門闕，交兑爲户，四在門闕之中，爲庭。不出者，自守以正而已。動有險，故不出户庭乃无咎。不出則處也，在言語則默亦是也。不出而處，不語而默，雖有正應，不説也，是之謂節。兑爲口舌，故《繫辭》專以「慎密不出」言之。《易傳》曰：「通則行，塞則止，義當出則出矣。君子貞而不諒。」或曰艮爲門闕，又曰交兑爲户，何也？曰：兑爲户，震爲門，艮土在啟閉之際，故爲門闕。乾始於子，至丑直艮，至寅成《泰》。泰者，天地交通。至卯直震，故震交艮爲門，震即乾之闢户也。是以雷發聲，蟄蟲開户。坤始於午，至未直坤，至申成《否》。否者，天地閉塞。至酉直兑，故兑交艮爲户，兑即坤之闔户也。是以雷收聲，蟄蟲壞户。

九二，不出門庭，凶。《象》曰：「不出門庭，凶」，失時極也。

極，至中也。二動歷四應五成震，震爲門，四在門闕之中，爲庭。二以中應五之中，「極」也。當其可之謂時，故曰「時極」。時極者，時中也。九五剛中當位，酌民情以爲節，九二有剛中之德，動而應，以趨節之時，則中正之節達于下矣，得時極也。若説於三陰，與五異趨，固而不知變，門庭可出而不出，是得時極而自失之也。所以凶者，其節不正也，故聖人戒之。

六三，不節若，則嗟若，无咎。《象》曰：不節之嗟，又誰咎也。

六三柔不當位，説而失中，不能節之以剛者也。有子曰：「知和而和，不以禮節之，亦不可行也。」三不能節，則乘剛失位，以説從人而已，不能堪焉，故憂。發於口，咨嗟而已。三變而剛，剛不失節，而上自應，夫何憂哉？《易傳》曰：「節可以免過，而不能自節以致可嗟，將誰咎乎？」此爻與《離》之九三「不鼓缶而歌，則大耋之嗟，凶」，象異而意同。

六四，安節，亨。《象》曰：安節之亨，承上道也。

節，止也。凡止物，有險之道，險非人情之所安。上三爻皆處險，六四當位履正，安於處險以順承上而止物焉，安於節也。六四能安於節者，以承上中正之道，以此節下，下必應之。節道行乎上下而亨，亨則通矣。非中正豈能安其節哉？《易傳》曰：「節以安爲善，强守而不安，則不能常，豈能亨也？」

九五，甘節，吉，往有尚。《象》曰：甘節之吉，居位中也。

節者，理之不可得而過者也。九五居位以中，爲制節之主，安行於上而不動，「甘節」也。五自《泰》九三變，以説行險，有甘之意，先王建國宅中，均道里，制邦域之時乎？正則吉，二説從之，「往有尚」也。尚，配也。往有配乎中也。《詩》曰「商邑翼翼，四方之極」，往有尚也。故九二不出門庭，凶。《象》言「當位以節，中正以通」，爻止言「居位中」，何也？《象》言九五一爻，此言九五、九二相善〔一〕也。《易傳》曰：「己則安行，天下則説從，節之至善者也。」

上六，苦節，貞凶，悔亡。《象》曰：「苦節貞凶」，其道窮也。

節過乎中，居險之極，人所不堪，下无説而應之者，「苦節」也。不可貞，貞則凶，其道窮也。上六固守乎正，不知俯而就中則悔亡。五，中也。悔則窮，能悔則亡凶矣。《易傳》曰：「悔亡，損過從中之謂也。《節》之『悔亡』，與他卦之『悔亡』，辭同而意異。」

〔一〕善，叢刊本、通本、薈要本作「易」。

䷼兌下巽上

中孚，豚魚吉，利涉大川，利貞。《彖》曰：中孚，柔在內而剛得中，說而巽，孚乃化邦也。「豚魚吉」，信及豚魚也。「利涉大川」，乘木舟虛也。中孚以利貞，乃應乎天也。

《中孚》自《遯》來，《訟》之變也。二、五不應，六三孚于上六，四孚于下，二爻在中而孚，「中孚」也。《易傳》曰：「中孚者，信之本；中實者，信之質。」夫信之未彰无形矣，其中已有信也，非中虛乎？靜而正，發而當，反諸己而不怍，斷然如金石之不可易，非中實乎？故曰「柔在內而剛得中」。此以三四、二五言《中孚》也。上巽施之，下說從之，巽說相與，不期於孚而孚焉，猶鳥之孚卵也。巽伏於上，說從於下，不動而柔者化，剛者應，拚然而飛矣。化邦之道，不幾於是乎？坤在上爲邦國，外巽內說，感之以誠信，久而自化，不爲而成也。其象巽離化坤，巽離者，萬物化成之時。故曰：「說而巽，孚乃化邦也。」此總六爻而言《中孚》也。豚魚，六四也。《中孚》六四即《訟》坎之初，坎爲豕，其初爲豚，三兌爲澤，四巽乎澤爲魚，六四一爻具豚魚之象。而在《中孚》之中，「信及豚魚」也。先王之交萬物无非信也，取之必有時，用之必有節。《風》有《騶虞》，信及豚也；《頌》有《潛》，信及魚也。動物之蓄息者，莫如豚魚，信及豚魚，上下草木鳥獸无所不及，而至誠之道可以贊天地之化育，如是乃吉。六四，正也，正則吉。信至於賞罰而示之者，末矣，非心服也，其終必凶。故曰「豚魚吉」，《彖》曰「信及豚魚也」。此以六四言《中孚》也。坎爲險難，初越二、三涉坎成巽，巽爲股，「涉大川」也。兑澤而爲大川，決而成川也。巽爲木，兑金刳其中，「舟虛」也。舟虛者，中虛之象。九五體巽，其中虛，不以好惡之私〔二〕累其心，其下説而不違，利以濟難也。夫乘木之利，乘桴不如乘舟。重載而乘險者，不如虛舟之爲安。仗誠信而蹈大難，猶乘木而其中枵然，豈復有風波之虞哉？古之人虛己遊世，五兵兕虎不能害，用此道也。故曰：「『利涉大川』，乘木舟虛也。」此以四五言《中孚》之功也。天之道不言而善信，四時自成，萬物自生，正而已矣。正，誠也。六四之正，乃應乎天者，以其心正〔三〕，心正則其意誠，乃應於天之道，非人爲也。故曰：「中孚以利貞，乃應乎天也。」此以六四、初九相應言《中孚》也。初九本九四，乾在上爲天之象。在卦氣爲冬至，故《太玄》準之以《中》。

《象》曰：澤上有風，中孚。君子以議獄緩死。

澤上有風，澤中應之，中孚也。中孚，信也。《中孚》自《訟》變，坎爲獄，九四之初，坎成兑，兑

〔二〕私，原作「利」，據叢刊本、通本、薈要本改。

〔三〕「正」下，叢刊本、通本、薈要本有「其」字。

爲口，「議獄」也。議獄者，議其獄情之正否也。《艮》六變成《中孚》，艮體盡矣，爲遊魂。遊魂，死之象。震爲反生，「緩死」也。緩死者，未必死也。君子議獄緩死，則好生之德孚于上下矣。《傳》曰：「冬至四十五日，條風至，出輕刑，解稽留。」法此象乎？

初九，虞吉，有它不燕。《象》曰：「初九虞吉」，志未變也。

《中孚》之初，戒其審慎其所信。初九、六四正應也，初宜信四，而初、四相易，以失位爲虞〔一〕。以其有憂也，故虞度之。虞乃不失其正應，故吉。虞度而得其所從，宜誠一不貳，有它則擇利而動，心无所主，惑矣。燕謂三也，雷在澤中，有燕息之象。三非初之正應，初與三同體，説乎陰而往應之，爲有它。初之三，《歸妹》象毀而不燕，以其貳也。初九所以虞吉者，得其所從，其志未變於三。變於三矣，何燕之有？

九二，鶴鳴在陰，其子和之。我有好爵，吾與爾靡之。《象》曰：「其子和之」，中心願也。

《訟》離爲飛鳥，變震爲鶴。《説卦》：「震爲鵠。」鵠，古鶴字也。《穆天子傳》、《列子》皆以

〔一〕虞，叢刊本、通本、薈要本作「憂」。

「鵠」爲「鶴」。鶴，震聲感兑，鳴於正秋，九二之象也。九二剛實而中，《中孚》之至者。九居二，「鳴鶴在陰」也。坤爲母，巽四爲子。四與二同體震，而九二陽爲大，六四陰爲小，故四有子之象。二、四志同，二鳴而四和。二中也，四亦中，虚心之象，其應豈强爲哉？出于中心願而已矣。荀子所謂「同焉者合，類焉者應」。故曰：「『其子和之』，中心願也。」巽爲命，五出命者也。陽爲美好，「好爵」者，爵命之美。吾，四自謂也。我，四謂五，猶曰我君也。爾，親乎二也。二誠于中，四自和之，若曰：我君有好爵，吾與爾共靡之。非二有求於四也。四於五，其疏附之臣乎？靡，《子夏傳》、陸績作「縻」。巽爲繩，縻繫之象，當作「縻」。孟子曰：「我善養吾浩然之氣。」莊子曰：「吾无食，我无糧。」古人文章相錯而成，此爻所謂「我」、「吾」亦然。《易傳》曰：「至誠无遠近幽深之間，唯知道者識之。」

六三，得敵，或鼓或罷，或泣或歌。《象》曰：「或鼓或罷」，位不當也。

敵者，勢均而不相下也。《艮》之《象》曰：「上下敵應，不相與也。」言六爻勢均，當應而否。故《子夏傳》曰：「三與四爲敵。」蓋三、四同體而異意，近而不相得。六三不正，小人也；六四正，君子也。三小人不見信於君子，而志在得四，四終不可得。震爲鼓，三動鼓而進，將以張之也，而四不應；既罷而退，將以誘之也，而四不來。三動離爲目，兑澤流目，或泣以感之，而四不憂。

巽爲長，震爲聲，兑口爲言，長聲以永其言，或歌以樂之，而四不悦。或鼓或罷，或泣或歌，小人之情狀盡矣。四守正，終莫得之。處位不當，无以取信於君子也，豈能强得之哉？

六四，月幾望，馬匹亡，无咎。《象》曰：「馬匹亡」，絶類上也。

四處當位近君，其道上行，成孚者也。《訟》離爲日，坎爲月，坎變震，月在東也。離變兑，日在西也。月東日西，望也。五在中，四爲幾望。陰道之盛，盛則敵君，禍敗必至，不可不戒。古者駕車四馬，兩服爲匹，兩驂爲匹，不能四馬則駕兩馬曰駢。駢亦匹也。四震爲作足馬，四應初成坎，坎爲美脊之馬。兩馬，匹也。震坎，陽卦，類也，四之上絶其類而不應，則馬匹亡矣。孚道在一，四上從五，亡其匹，則絶係應之私，无敵君之禍。《易傳》曰：「係初則不進，其能成孚乎？」

九五，有孚攣如，无咎。《象》曰：「有孚攣如」，位正當也。

九五在上，六四在下，君臣之位正也。九五剛健中正，六四柔巽，正而順，君臣之德當乎位也。五四君臣相孚，上下固結如攣然，相易以致用，故无咎。攣，拘攣也。五四相易，有巽股、艮手、離目相就拘攣之象。夫忠爲令德，苟非其人不可。君臣之際，非位正德當，其孚如是，豈能无咎乎？

上九，翰音登于天，貞凶。《象》曰：「翰音登于天」，何可長也。

巽爲雞，剛其翰也，柔其毛也。翰，羽翮也。震爲聲，上動反三成兑，雞振其羽翮而後聲出于口,「翰音」也。乾五爲天,六三往上,陰爲虚,「翰音登于天」也。鳥之類,聲聞于天者,鶴也。雞无是實,虚聲聞于上,雖登于天,須臾則反,其可長乎?巽爲長,三之上巽毀,「何可長」也。不信之極,正乎其凶,故曰「貞凶」。張載曰:「信之无實,窮上必凶。」

䷽ 艮下震上

小過,亨,利貞。可小事,不可大事。飛鳥遺之音,不宜上,宜下。大吉。

《彖》曰:小過,小者過而亨也。過以利貞,與時行也。柔得中,是以小事吉也。剛失位而不中,是以不可大事也。有飛鳥之象焉,飛鳥遺之音,不宜上,宜下,大吉,上逆而下順也。

《小過》與《中孚》相易,其卦四陰二陽,陽爲大,陰爲小,小者過也。六五過四而亨於外,六二過三而亨於内,蓋事有失之於偏,矯其失必待小有所過,然後偏者反於中。謂之過者,比之常理則過也。過反於中,則其用不窮而亨矣,故曰「小過,亨」。《彖》曰「小者過而亨也」。此以四陰之中舉六二、六五言《小過》也。《小過》自《臨》來,《明夷》變也。《臨》九二之三,六三之二成《明夷》,二過乎三也。《明夷》初九之四成《小過》,五過乎四也。二過乎三,正也;五過乎四,不正也。不正者，矯其失而過正也。正者，時所當過，過所以就正也。所謂時者，《臨》之兑，秋也，震，春也。《明夷》之離，夏也，坎，冬也。《小過》之艮，終始也。過與時行，而六二之正不動，於六二不動，乃能小過而亨利貞也。君子制事，以天下之正理，所以小過者，時而已。譬之寒或過於陰，暑或過於陽，冬裘夏葛，无非正也。故曰：「過以利貞，與時行也。」此以六二言《小過》也。二五之柔，皆得中也。五得中得尊位，過而在上者也；二得中得正，過而在下者也。巽爲事，正則吉，《小過》之道不以位之上下，於小事有過而不失其正則吉，「柔得中」也。九四剛失位，九三剛而不中，震爲作，陽爲大。作大事，非剛得位得中不能濟，失位則无所用其剛。不中則才過乎剛，是以《小過》之時，不可以作大事。故曰：「小事吉，不可作大事。」此以二、三、四、五言《小過》也。《明夷》離爲鳥，初往之四，自下而升，有飛鳥之象。四易坤成坤震，震爲聲，聲往於上而止於下，飛鳥遺音之象。巽爲風，飛鳥遺之音，逆而上則難，順而下則易。上逆也，故不宜上；下順也，故宜下。《小過》之時，事有時而當過，所以從宜，不可過越已甚。然亦豈能過哉？譬如飛鳥溯風，決起而上騰，其音安能遠過？俄頃而止矣。大者如是則吉。不然必凶，時不可犯也。故曰：「有飛鳥之象焉，飛鳥遺之音，不宜上，宜下，大吉。」此復以初九之四言《小過》也。《中孚》肖乾，《小過》肖坤，故二卦爲下篇之正。鄭康成曰：「《中孚》爲陽，貞於十一月子，《小過》爲陰，貞於六月未，法於乾坤。」以卦氣言之爲立春，故《太玄》準之以《差》。

《象》曰：山上有雷，小過。君子以行過乎恭，喪過乎哀，用過乎儉。

雷出地上，其壯乘乾，山上有雷，小有所過也。君子有時而小有所過者三：巽乎上下而過，「行過乎恭」也；震巽爲號咷，而上六過之，「喪過乎哀」也；巽爲高，坤爲吝嗇，處高而吝嗇，逼下已甚矣，初六過之，「用過乎儉」也。時當《小過》，君子不得不小有所過，以矯正一時之過。考父之過恭，高柴之過哀，晏平仲之過儉，非過於理也。小過乃所以爲時中也。

初六，飛鳥以凶。《象》曰：「飛鳥以凶」，不可如何也。

《明夷》離爲鳥。初之四，「飛鳥」也。以，如師能左右之曰以。四動體而躁，初艮體不正，柔而止，不當過也。有應在四，爲四所以不當過而過，其過至甚，如飛鳥迅疾，雖欲救止，不可如何，其凶必矣。坎爲可，四以之，坎毀，不可也。兑口，如何也。與《鼎》「信如何也」同象，是謂惡成而不及改者。《易傳》曰：「小人躁易而上應助，過速且遠，不容救止也。」

六二，過其祖，遇其妣，不及其君，遇其臣，无咎。《象》曰：「不及其君」，臣不可過也。

三乾在上爲父，四爲祖。五坤陰居尊位，配乎祖，「妣」也。曰祖曰妣，既過之稱。六二中正，不祖，尊也，妣，亦尊也。祖不中正，於義當過，妣中而過之，義不可也，過則失中矣，故遇之。遇，不期而會。五下應二，以中相會，故遇之，言過而適與中相當也。五，君之位，坤居之。坤，臣也。過而適及於臣之分，則可。過而及於君，過臣之分也，於義爲有咎，故不可不戒。《易傳》曰：「遇，當也，過臣之分，其咎可知。」

九三，弗過防之，從或戕之，凶。《象》曰：「從或戕之」，凶如何也。

九三剛正而應上六，應則過五。五，中也，中不可過。三戒在小不忍，用剛以過中，故弗過。宜正己自守，防小人則吉。兑澤，坤土止之，「防」也。三不防，乃捨所守從之，剛過乎中，上或戕害之矣。離爲戈兵，已動失正，「戕之」也。戕者，外傷之。如何，兑口也，與初六「如何」同象。不能守正，見戕於外，其凶果如何也。晋陽處父易狐射姑之班，伯宗言於朝，而諸大夫莫若，皆過之而弗防，故及於難。

九四，无咎，弗過遇之，往厲必戒，勿用永貞。《象》曰：「弗過遇之」，位不當也；「往厲必戒」，終不可長也。

四不當位，以剛履柔，爲得宜矣，故无咎。四下應初，則過二。二，中也，弗可過也。知二不可過乃與五遇，五亦中也，弗過二則與中適相當，遇得其道矣。若去柔用剛，進而之五，往則危厲，故必以用剛爲戒。往之五成離，戈兵之象。不動，兑爲口，「戒」也。小人過君子之時，不戒而用剛，鮮不爲禍。故丁寧之，既曰「必戒」，又曰「勿用永貞」。當隨時處順，不可固守其正，是以終无咎也。然盛衰相循，无小人當〔一〕過君子之理。巽爲長。陸震曰：「小者之過，終不可長也。戒而慎之，以俟其復。」

六五，密雲不雨，自我西郊，公弋取彼在穴。《象》曰：「密雲不雨」，已上也。

兑澤之氣上而爲雲，兑盛陰也，故爲密雲，澤降爲雨。《小過》自《明夷》變，初九往四成兑，澤氣已上而未降，雲雖密而无雨，故曰：「『密雲不雨』，已上也。」言陰過陽，君子之澤未能下也。四在内外之交而見天際，郊之象。四兑，西也；五震，東也。巽風揚之，雲自西往東，由陰而升，陰唱則陽不和，不雨之象，故曰「自我西郊」。三，公位。《明夷》三坎爲弓，離爲矢，初之四成巽，巽離爲絲，以絲繫矢，「弋」也。弋，取物之器也。坎兑爲穴，坎，幽隱也。艮爲手，取也。彼謂二，六二在穴中，有中正之德，處於幽隱。九三君子，俯而取之，往助於五。然六二、六五同爲陰類，三雖取之，豈能濟大事乎？《小過》之時，柔得尊位，二陽在下，爲陰所過，不能成功，三下取二，用力

〔一〕當，通本、薈要本同，叢刊本作「常」。

多矣，亦豈能濟哉？謂四陽爲我，二陰爲彼，以陽爲主也。若《中孚》，陽謂陽，則謂五曰我，自謂曰吾，謂二曰爾，尊卑之義。《小畜・象》曰：「『密雲不雨』，尚往也；『自我西郊』，施未行也。」其辭與《小過》六五同，蓋《小畜》所畜者小，《小過》則所過者小，皆不可以作大事，過之則畜之矣。二卦雖殊，而大者爲小者所畜而不得施則一也。故關子明曰：「《小畜》一卦之體，當《小過》一爻之義。」然則畜之一也，小大之時異焉。

上六，弗遇過之，飛鳥離之，凶，是謂災眚。《象》曰：「弗遇過之」，已亢也。

上六不與五相當，失中也，又動而過之，則甚矣。而況處《小過》之極，於時爲已亢乎？故曰「弗遇過之」。上動成離，離爲飛鳥、爲目，巽爲繩，以繩爲目，罔罟之象。其違理過常，猶鳥飛〔一〕過甚，自離于罔罟，故曰「飛鳥離之凶」。動則不正，故凶。離有伏坎，「災」也。弗遇過之，災乃自取，非天也，人也。而曰「災眚」者，過之極，窮之災也，於時已亢也。人事過越如此，使知時而守正，未必能免，已亢故也。

〔一〕鳥飛，原作「飛鳥」，通本、薈要本同底本，據叢刊本乙正。

䷾離下坎上

既濟，亨小，利貞。初吉，終亂。《彖》曰：「既濟亨」，小者亨也；「利貞」，剛柔正而位當也。「初吉」，柔得中也。終止則亂，其道窮也。

《既濟》自《泰》來，《豐》九四變也。《泰》兑爲澤，九二之四成《豐》，四已濟險而小者未盡亨，九四之五則小者亨矣。於濟爲既，其卦三陰得位，三陽下之，大者既濟，小者亦亨。《子夏傳》曰：「陽已下陰，萬物既成。」不曰小亨而曰亨小者，大者之濟，爲亨小者而濟，非爲己也。禹思天下之溺，猶己溺之，稷思天下之飢，猶己飢之。亨至於小，則小大畢亨，故曰「既濟，亨小」。《彖》曰：「『既濟亨』，小者亨也。」《彖》文當曰：「『既濟亨小』，小者亨也。」脱一字。此以三陽下三陰而言《既濟》也。以陽下陰非正也，亨之也。剛，君子也；柔，小人也。剛柔不失其正，君子小人各當其位，无犯分躐等之非，守《既濟》之道也，故曰：「『利貞』，剛柔正而位當也。」此以六爻當位而言《既濟》也。自《泰》至《賁》，一二復三變。始於二之四成《豐》，次四之五成《既濟》，其終五之上而成《賁》。濟天下之難莫若剛，過剛亦不可以濟，失人心也。方濟之初，以柔濟剛，則其柔得中，剛者爲用，天下之難有不濟乎？此《既濟》之初所以吉，正則吉也。既濟矣，上六變艮成《賁》。艮，止也，止而不進，不復有爲，文飾而已。濟終則極，衰亂復起，終以亂也，蓋其道已窮，故曰「初吉終亂」，《象》曰：「『初吉』，柔得中也；終止則亂，其道窮也。」終始，時也。治亂者，道之窮通也。晋、隋有天下，不旋踵而亂，不知終止則亂之戒也。《易傳》曰：「唯聖人爲能通其變於未窮，不使至於極也，堯、舜是也，故有終而无亂。」此推原卦變，以九五一爻言《既濟》之終始也。在卦氣爲十月，故《太玄》準之以《成》。

《象》曰：水在火上，既濟。君子以思患而豫防之。

水火相逮而後濟，天地之道以坎離相濟。以日言之，日降則月升；以月言之，日交則月合；以歲言之，寒來則暑往，皆既濟也。坎上離下，既濟矣。然既濟之極，水火將反其初，故既濟之象，未濟藏焉，君子不可不思慮以豫防其患。坤土爲思，坎爲險難，「患」也。土防水，「防」也。在《既濟》之時，而防險難，豫也。思患而豫防之，則難伏而不作。或曰五動坤變，坎成震，體《豫》而《未濟》之象毁矣。

初九，曳其輪，濡其尾，无咎。《象》曰：「曳其輪」，義无咎也。

三坎爲輪。初，卦後爲尾。初九剛而離體，炎上有應，進於上，其志必鋭。時既濟矣，動而進不已，必至於咎，故戒之。初動之四成艮，艮爲手，「曳」也。坎輪在水火爻中，火欲上，水欲下，亦曳也。曳其輪，不輕進。尾濡坎水，不速濟，止之於初，持重緩進，以全其剛，而不至於極，則於

《既濟》之義爲得矣，故曰「義无咎也」。

六二，婦喪其茀，勿逐，七日得。《象》曰：「七日得」，以中道也。

二坤爲輿，三坎爲輪。二之五，離變震坤，離爲文，震爲竹，竹有文，蔽車之前者，「茀」也。離爲婦，婦人乘車不露見，有茀乃可以行。五於《既濟》之時，安其位，无動而有爲之意。二雖有文明中正之德，不得遂其行，「婦喪其茀」也。五坎爲美脊之馬，二五相易，震爲作足之馬，「逐」也。五不下二，二當以中道自守，故戒以勿逐。逐則失其素守而不正。「七日得」，自二數之至上爲五，復自初數之至二，凡七日。「以中道也」，中道者，天地之所不能違，故坤極生乾，七日必復，而況人乎？《易傳》曰：「自古既濟而能用人者，鮮矣。以唐太宗之用人，猶怠於終〔一〕，況其下者乎？雖不爲上所用，而中正之道无終廢之理，不〔二〕行於今，必行於異時。」

九三，高宗伐鬼方，三年克之，小人勿用。《象》曰：「三年克之」，憊也。

〔一〕以唐太宗之用人猶怠於終，叢刊本、通本、薈要本作「以唐太宗之用言猶怠於其終」。

〔二〕「不」下，叢刊本有「得」字，通本、薈要本同底本。

坤爲鬼、爲方，五坎爲險。《帝繫》有鬼方氏，鬼方，蓋國名。小國於《既濟》之時，恃險不來，九五離體有戈兵，用九三往伐之。坤爲年，自四數之，歷三爻。三之上成巽，巽爲入，入其險也。上之三成坤，順也。既入其險，鬼方來順，「三年克之」也。克，難辭[一]也。九三剛正，君子也。上六之三，柔而不正，「小人」也。高宗，中興之賢君，伐鬼方氏之小國，歷時之久，至於三年而後克之，其力亦憊矣，況用小人乎？坎爲勞，重坎，「憊」也。小人非貪欲不爲，其禍至於殘民肆欲，遂喪其邦，故戒以小人勿用。爻言勿用小人，《象》曰「憊」者，聖人慮後世勤兵於遠，托高宗久伐以濟其欲，勞民動衆，三年克之，雖高宗行之，亦憊也。

六四，繻有衣袽，終日戒。《象》曰：「終日戒」，有所疑也。

四坎水也，初之四成巽，巽木在水上，舟之象。四未交初，巽毀坎見，舟漏也。四坤爲裳，繻裳也。初乾爲衣，艮爲手，袽塞也。離日在下，「終日」也。兑爲口，「戒」也。巽爲不果，「疑」也。六四近君而正，明於防患，資初九之賢，彌縫九五之闕，終日相戒，如奉漏舟，不唯自竭，而初九助之，如有裳及衣袽塞其漏。苟可以豫防者，无不爲，斯能濟乎重險矣。制治保邦之道，患至而後慮之

[一] 辭，原作「亂」，通本、薈要本同底本，據叢刊本改。

无及。己心有所疑，知禍亂之源，必先事而塞之，乃保既濟之道，故曰：「『終日戒』，有所疑也。」《易傳》曰：「不言吉者，方免於患也。《既濟》之時，免患足矣，无復有加矣。」

九五，東鄰殺牛，不如西鄰之禴祭，實受其福。《象》曰：「東鄰殺牛」，不如西鄰之時也；「實受其福」，吉大來也。

《泰》震爲東，兑爲西。三、四，鄰也。兑爲刑殺，坤爲牛，坎爲血，離爲夏，震爲聲，上爲宗廟，九二[一]之五，有長子奉祀，東鄰殺牛，西鄰禴祭之象。殺牛，盛祭也。禴，尚聲，薄祭也。盛不如薄者，時也。二五均有中正之德，然二未濟，有進也。九自五來，二以虚受，故曰「實受其福」。正吉，陽爲大，吉大來也。五既濟，无所進也，盈則當虚，故曰「不如西鄰之禴祭」也。理无極而不反者，既濟極矣，時已往矣。五以中正守之，能未至於反而已。《易傳》曰：「至於極，則雖善處，无如之何矣。」

上六，濡其首，厲。《象》曰：「濡其首厲」，何可久也。

上，《既濟》之極。以剛處之，猶恐其反，六安其位而不變，必有顛隕陷溺之患。上反三，乾爲

[一] 二，原作「三」，通本、薈要本同底本，據叢刊本改。

首，濡於坎水之中，濟而至於水濡其首，危極矣，濟之窮也，其可長乎？巽爲長。《易傳》曰：「《既濟》之終，小人處之，其敗可立而須也。」

䷿坎下離上

未濟，亨。小狐汔濟，濡其尾，无攸利。《彖》曰：「未濟亨」，柔得中也。「小狐汔濟」，未出中也。「濡其尾，无攸利」，不續終也。雖不當位，剛柔應也。

《未濟》自《否》來，《既濟》之反也。否塞之時，六二之柔得中而上行，天地相交，否者亨矣。柔而不中，則介於二剛，其能亨乎？故曰：「『未濟亨』，柔得中也。」此以二五言《未濟》也。艮坎爲狐，小狐，初爻也。艮之初爻爲小狐，猶《中孚》之豚亦初爻也。《爾雅》曰：「饑，汔也。」《詩》曰「汔可小康」，鄭康成曰：「汔，幾也。」四爲坎險，五爲中，出險也。初往之四，幾濟而未及於五，「未出中」也。狐首輕尾重，老狐聽冰[一]，負尾而濟，其剛不息，是以終濟。卦以成卦言之，上

[一] 冰，薈要本同，叢刊本、通本作「水」。

爲首、爲前，初爲尾、爲後。以畫卦言之，初爲始、爲本，上爲終、爲末。上九，剛也；初六，柔也。小狐不度而進，未能審慎，其前則剛，其後乃柔。四坎濡其尾，往无攸利，以其剛不足，不續終也。然則濟險者，其在於審慎，始終如一，剛健不息者乎？孟喜曰：「小狐濟水，未濟一步，下其尾。」故曰：「『小狐汔濟』，未出中也；『濡其尾，无攸利』，不續終也。」此以初六、九四相易言初六之柔不足以濟險難也。未濟六爻雖不當位，而剛柔相應，苟量力度時，慮善而動，上下内外相與，未有不濟者也，故曰：「雖不當位，剛柔應也。」此以六爻申未濟有可濟之理也。在卦氣爲十一月，故《太玄》準之以《將》。

《象》曰：火在水上，未濟。君子以慎辨物居方。

《未濟》自《否》變，《否》艮止也，慎之象。離爲明，辨也。火，陰物也，居南；水，陽物也，居北。二物有相濟之理，火上水下，各居其所，未濟也。君子觀此，慎辨萬物，使各居其所。有辨然後有交，辨之以正其體，交之以致其用，不辨則不交。有未濟乃有既濟，而未濟含既濟之象。

初六，濡其尾，吝。《象》曰：「濡其尾」，亦不知極也。

卦後爲尾，坎水濡之，「濡其尾」也。初處險下而上有應，其志欲動。在《未濟》之時，剛動則出險，於濟爲得其分量矣。極，分量之極也。初柔，九二又以剛在前阨之，雖有應可動，而柔不能動，「吝」也。於是而欲濟之[二]，亦不知極也。猶獸欲濟而力柔，水濡其尾，則不能舉，終亦不出乎險矣。坎水爲知。

九二，曳其輪，貞吉。《象》曰：九二貞吉，中以行正也。

坎爲輪，二往五應，艮爲手，「曳其輪」也。坎輪在水火交之中，水欲下，火欲上，亦曳也。二，中也，九二之五，「中以行正」也。《未濟》時，六五柔處尊位，五所賴者，九二剛中也。剛非臣德之正也。剛或好犯，恭順之道或有不足，故戒以曳其輪，則緩進以盡恭順，於臣爲中，於道爲上行。中以行正者，正未必中，中以行正則盡矣。《易傳》曰：「唐郭子儀、李晟當艱難未濟之時，能保其終吉者，用此道也。」

六三，未濟，征凶，利涉大川。《象》曰：「未濟征凶」，位不當也。

三處險中，唯至剛乃可以出險。六柔不當位，「未濟」也。以柔而行，外援上九，則乾首没於坎中，淪胥以溺之象，雖正亦凶。竇武、何進是也。故曰「征凶」。三、四非應，當《未濟》之時，三資其助，四近而協力，巽股出險，利涉大川矣。

[二] 之，叢刊本、通本、薈要本作「是」。

九四，貞吉，悔亡，震用伐鬼方，三年有賞于大國。《象》曰：「貞吉悔亡」，志行也。

九居四有悔，動而正，正則吉而悔亡。四動體震，震爲威怒，坤爲鬼方，坎爲險。四近君，剛而明，有濟之道。初恃險未順，四用其威怒以入其阻，「伐鬼方」也。自三至初，歷三爻，坤爲年，三年而後順克之也。克，難詞。艮山，坎川，坤土，田賞之象。坤四爲國，陽爲大，「有賞于大國」。非貞吉悔亡，其志於上下乎？二卦言伐鬼方者，借此以明必濟之義。天下之弊，固有盤結而難去者，四凶頑民，歷世既久，乃能去之。故曰「貞吉，悔亡」。《易傳》曰：「古之人用力之甚者，伐鬼方也。故以義動而遠伐，至於三年然後成功，而行大國之賞，必如是乃能濟。四居柔，故戒以此。」

六五，貞吉无悔，君子之光，有孚，吉。《象》曰：「君子之光」，其暉吉也。

六五，文明之主，柔居尊位，「悔」也。虚中而下九二，二往五正，以剛濟柔，故貞吉无悔。坎爲光，君子之光，謂九二也。五離爲明，二與五應，光明相燭，「有孚」也。暉者，光之散。管輅曰：「日中爲光，朝日爲暉。」朝日初出，其光暉散也。言二五未交，其德暉之所及已孚于上下則吉。濟險難者，君必剛正，臣必有不言之信，然後委任篤，下无間言，功濟天下而无後患，不然凶必至矣。

上九，有孚于飲酒，无咎。濡其首，有孚失是。《象》曰：飲酒濡首，亦不知節也。

上孚于三，三震坎爲酒，上反三成兑，坎流于兑口，有孚于酒也。三之上得正，「无咎」也。《未濟》之極，无極而自濟之理，非剛健之才，得時得位，上下孚應，終不濟也。上九君子，有才而不當位，與六三相應，而无可濟之資。以其有孚矣，相與飲酒，樂天順命，以俟可濟之時，則於義无咎。上反三，乾首濡于酒中，則從樂耽肆，亦不知節矣。坎兑，節之象也。有孚若然，失是義矣。晋魏之交，士多逃于麴蘖，无濟時之志，以故世復大亂。聖人之戒，不其深乎！《易傳》曰：「人之處患，知其无可奈何，而放意不反者，豈安于義命者哉？」